9급 공무원 한국사 시험대비

박문각 공무원

특별판

노범석 한국사 기선제압 OX

노범석 편저

15개년 기출문제 핵심 선지 총정리

명쾌한 오답 해설 & 취약 부분 self check

기출 선지를 제대로 압축하다!

동영상 강의 www.pmg.co.kr

이 책의 머리말
PREFACE

끝날 때까지는 끝난 것이 아니다.

잠깐 멈추어서 당신 인생의 "소중한 것"에 대하여 진지하게 생각해 보라. 그것은 무엇인가? 당신은 그 소중한 것에 진정 관심을 갖고, 중점을 두고, 시간을 쏟고 있는가? 아마도 이 책을 선택한 당신이라면 "그렇다"라고 답할 것이다. 그러나 "잘 되고 있는가?"라고 되묻는다면 아마도 대부분은 "그렇지 않다"고 할 것이다.

그렇다면 왜 의지와 상관없이 성취의 과정은 항상 시간에 쫓기거나 부족하게 느껴지는 것일까? 그것은 의지의 문제도 아니고 효율성과 방법의 문제도 아니다. 바로 목표에 대한 확고함의 결여와 원칙의 부재에서 비롯된다. 우리는 어떤 목표를 성취하기 위해 지름길 같은 쉬운 방법을 좋아하는 현대 사회에 살고 있다. 그러나 값지고 절실한 목표는 적당한 지름길을 택한다고 해서 이룰 수 있는 것이 아니다. '더 빨리, 더 열심히, 더 영리하게, 더 많이'라는 상투적인 학습 조언 역시 값진 목표를 이루기 위해서는 아무리 많이 해도 부족하다. 나의 강의와 교재는 당신에게 시계를 하나 더 주는 것이 아니라, 나침반을 줄 것이다. 당신이 '얼마나 빨리 가느냐'보다 '어디로 가고 있느냐'가 더 중요하기 때문이다.

한국사 공부의 기본은 기본서를 얼마나 효과적이고 꾸준하게 회독하느냐에 있다. 그러나 그렇다고 무조건 참고 또 참으면서 회독의 수를 늘리는 것만이 능사는 아니다. 알고 있는 사항들만 계속 체크하고 놓치는 부분들은 계속 놓치거나, 시간을 너무 많이 투자하여 기회 비용이 커진다면 제한된 시간 내에 성적을 올려야 하는 수험생의 입장에서는 잃는 것이 너무 많을 수밖에 없다. 그래서 빠르고 효과적이면서도 결코 가볍지 않게 한국사를 정리하는 또 하나의 나침반을 제시해야 한다는 목적에서 본 책을 저술하게 되었다.

본서는 최근 시행된 2024년 기출 지문까지 포함하여 15개년 기출 지문을 총 망라하여 구성하였으며, 모든 테마는 단원별 주제별로 분류하였고 출제 주제별로 자주 출제되는 기출 선지는 ★로 표시하여 대표 기출 선지로 선정하였다. 각 테마별 ○×문제의 구성은 국가직, 지방직에서 출제된 지문들을 출제 순서대로 구성하였으며 특히, 중복된 기출 지문도 수록하여 특정 지문이 반복되는 출제 경향도 엿볼 수 있도록 하였다. 그리고 빠른 시간에 여러 번 반복하여 풀어 보고 또 왜 틀렸는지를 스스로 체크할 수 있도록 페이지 양쪽 여백에 자가진단 Self Check 표를 구성하여 다시 틀리는 경우를 최대한 방지하는 데 중점을 두어 구성하였다.

수험 생활에 지름길은 없지만, 올바른 길은 있다. 그 길은 성공한 여러 선배들의 경험에서 존중되어온 원칙들에 근거를 두고 있다. 수험 생활에서 중요한 것은 당신이 '어떤 일을 얼마나 빨리 하느냐'가 아니라, 당신이 '무슨 일을 하고 왜 그 일을 하느냐'이다. 즉, 확고한 목표 의식 속에 얼마만큼의 노력과 집중력을 가지고 수험 생활에 임하고 있느냐이다.

이 책의 효과를 최대한으로 보려면, 이 책에 깊이 몰두해야 한다. 단순히 실전 감각을 익히고 문제를 푸는 것을 넘어 강의와 함께 꾸준히 기본 지식을 연마해야 한다. 이제 이 책은 나의 책이 아닌 합격을 향해 쉼 없는 도전을 하고 있는 여러 수험생들의 책이다. 다시 한 번 여러분들의 믿음을 응원한다.

마지막으로 이 책이 나오기까지 너무나 애쓰고 노력해준 연구실 직원들, 늘 학원에서 사는 저를 이해해준 가족들, 도서 출판 박문각 직원 분들께 감사하며 글을 마친다.

노량진 연구실에서 해법국사 **노범석**

당신의 믿음을 응원합니다.

이 책의 구성과 특징

GUIDE

1 기출 선지들로 구성된 OX 문제를 출제 연도 순으로 분류

ㄴ 주제별로 자주 출제되는 대표 기출 선지는 ★ 표시

★ 05 광개토대왕은 마립간이라는 왕호를 처음 사용하였다. 24. 법원 9급 O | X

06 광개토대왕은 요동을 포함한 만주 일대를 장악하였다. 24. 법원 9급 O | X

07 고국천왕은 낙랑군을 축출하였다. 23. 국가 9급 O | X

★ 08 고국천왕은 진대법을 시행하였다. 23. 국가 9급 O | X

09 고국천왕은 백제의 침입으로 전사하였다. 23. 국가 9급 O | X

★ 10 고국천왕은 영락이라는 독자적인 연호를 사용하였다. 23. 국가 9급 O | X

2 기출필수코드 표시

ㄴ 노범석 한국사만의 노하우로 정리한 기출필수코드를 넣어 기출 빈출 주제 확인 가능

테마 6 통일 신라의 발전

기출필수코드 05 | 기출필수코드 06

01 김헌창의 난은 천민이 중심이 된 신분 해방 운동 성격을 가졌다.
24. 국가 9급 O | X

02 김헌창 난의 반란 세력은 국호를 '장안', 연호를 '경운'이라 하였다.
24. 국가 9급 O | X

★ 03 김헌창의 난은 주동자의 아버지가 왕이 되지 못한 것에 대한 불만으로 일어났다.
24. 국가 9급 O | X

3 틀린 기출 선지에 대한 간결하고 정확한 해설

오답 확인하기

01 고려 현종 때의 일이다.
02 고려 경종 때의 일이다.
04 광종의 업적이다.
05 노비환천법 이후인 목종 때의 일이다.
07 노비안검법 이전인 고려 태조 때의 일이다.
08 고려 인종 때의 일이다.
09 고려 문종 때의 일이다.
12 19세기 세도 정치 때의 일이다.
13 원종 때 전민변정도감을 처음 설치하였다.
14 경종 때 전시과 제도를 처음 실시하였다.

08 고려 성종 재위 기간에 이자겸이 난을 일으켰다.

09 고려 성종 재위 기간에 최충이 9재 학당을 설치하였다.

★10 고려 성종 때 중앙 관제를 2성 6부로 정비하였다.

11 고려 초기에는 지방 세력으로 호족이 존재하였다.

12 고려 초기에는 풍양 조씨 등 특정 가문이 정권을 장악하

4 자가진단 Self Check 표

ㄴ 취약한 부분을 한눈에 파악

Self Check ☑

문항	○	×	틀린 이유
01	○	×	
02	○	×	
03	○	×	
04	○	×	
05	○	×	
06	○	×	
07	○	×	
08	○	×	
09	○	×	
10	○	×	
11	○	×	
12	○	×	
13	○	×	
14	○	×	

테마 1 고려 초기 국왕 업적

01 성종 때 개경에 나성을 쌓았다.

02 성종 때 전시과 제도를 처음 실시하였다.

★03 성종 때 전국의 주요 지역에 12목을 설치하였다.

★04 성종 때 노비안검법을 실시하여 호족 세력을 약화시켰다.

05 노비안검법과 노비환천법 사이의 시기에 강조가 정변을 일

이 책의 차례
CONTENTS

제1막 한국사의 이해와 선사 시대

제2막 고대 사회의 발전

제 3 막 중세 사회의 발전

제 4 막 근세 사회의 발전

이 책의 차례
CONTENTS

노범석 한국사 기출필수코드 한눈에 보기

CONTENTS

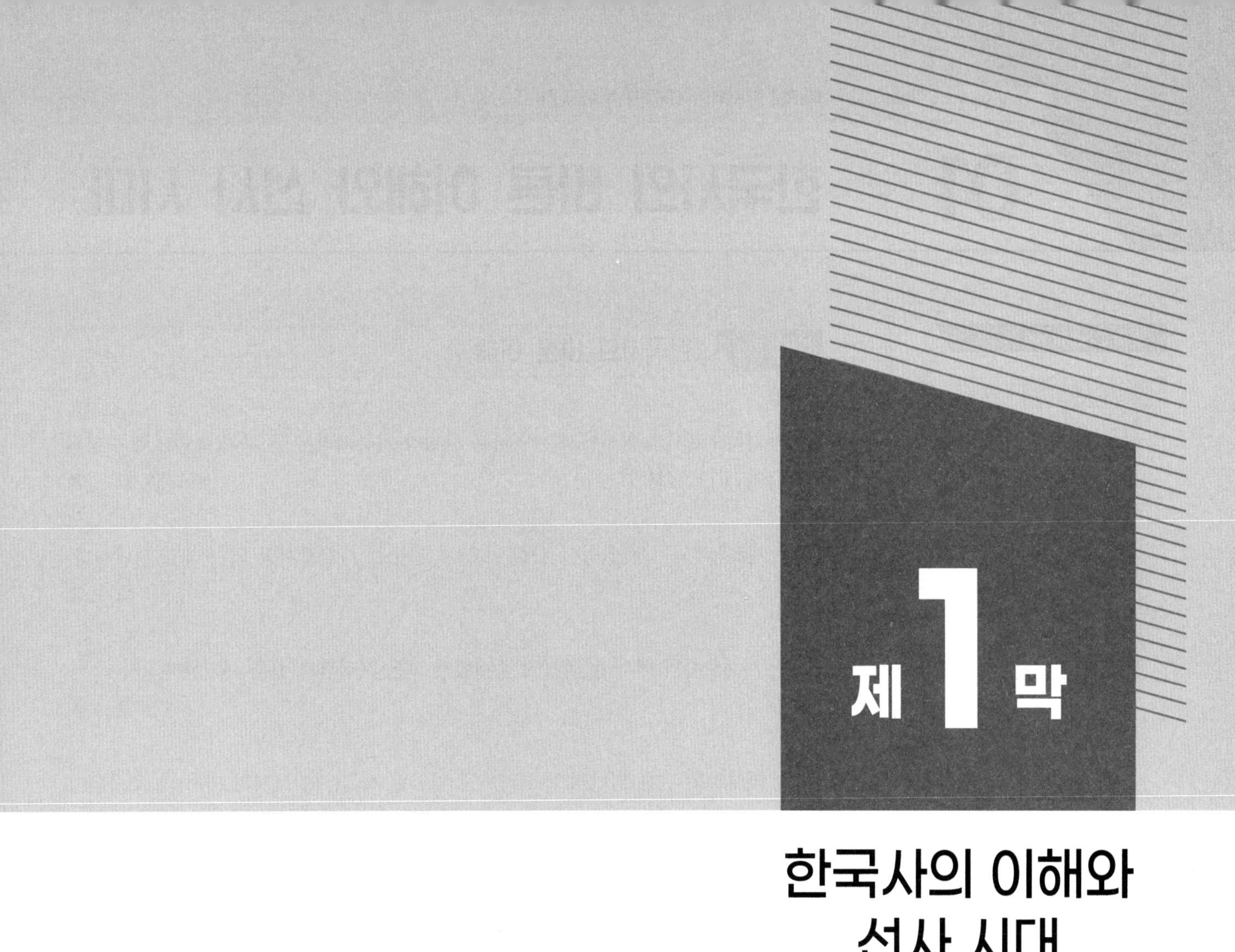

한국사의 이해와 선사 시대

제1장 한국사의 바른 이해와 선사 시대

01 한국사의 바른 이해와 선사 시대

Self Check ☑

문항	○	×	틀린 이유
01	○	×	
02	○	×	
03	○	×	
04	○	×	
05	○	×	
01	○	×	
02	○	×	
03	○	×	
04	○	×	
05	○	×	

테마 1 한국사의 바른 이해

★ **01** 기록으로서의 역사에서는 역사는 사실과 기록이라는 두 가지 측면으로 구성되어 있다고 보았다. 19. 경찰 1차 O | X

02 사료는 '과거에 있었던 사실'이므로 그대로 '사실로서의 역사'라고 판단한다. 16. 국가 9급 O | X

03 '사실로서의 역사'란 과거에 존재했던 모든 사실과 사건을 의미한다. 10. 지방 9급 O | X

★ **04** 역사라는 말은 일반적으로 과거에 있었던 사실(사실로서의 역사)과 조사되어 기록된 과거(기록으로서의 역사)라는 두 가지 의미를 지니고 있다. 10. 서울시 9급 O | X

★ **05** 기록으로서의 역사는 과거의 사실을 토대로 역사가가 이를 조사하고 연구하여 주관적으로 재구성한 것을 말한다. 10. 서울시 9급 O | X

테마 2 구석기 시대

기출필수코드 01

★ **01** 동굴이나 바위 그늘, 강가의 막집 등에서 살았다. 23. 지방 9급 O | X

02 내부에 화덕이 있는 움집이 일반적인 주거 형태였다. 23. 지방 9급 O | X

03 토기를 만들어 음식을 조리하거나 식량을 저장하였다. 23. 지방 9급 O | X

04 구릉에 마을을 형성하고 그 주변에 도랑을 파고 목책을 둘렀다. 23. 지방 9급 O | X

★ **05** 반달 돌칼을 이용하여 벼를 수확하였다. 20. 국가 9급 O | X

오답 확인하기

02 사료는 당대 사람들의 주관에 의해 재구성된 것으로 그대로 '사실로서의 역사'로 판단할 수 없다.

02 신석기·청동기 시대에 대한 설명이다.
03 신석기 시대에 대한 설명이다.
04 청동기 시대에 대한 설명이다.
05 청동기 시대에 대한 설명이다.

정답

01 O 02 X 03 O 04 O 05 O

01 O 02 X 03 X 04 X 05 X

06 넓적한 돌 갈판에 옥수수를 갈아서 먹었다. 20. 국가 9급 O | X

07 사냥이나 물고기잡이 등을 통해 식량을 얻었다. 20. 국가 9급 O | X

08 연천 전곡리 유적에서는 아슐리안형 주먹 도끼가 발굴되었다. 18. 서울시 7급 O | X

★ 09 구석기 시대 전기에는 주먹 도끼와 슴베찌르개 등이 사용되었다. 17. 지방 9급 O | X

★ 10 동물의 뼈로 만든 뼈도구와 뗀석기를 도구로 사용하였다. 12. 지방 9급 O | X

11 무리를 지어 살면서 공동체적 생활을 영위하였다. 12. 경찰 2차 O | X

테마 3 신석기 시대

기출필수코드 01

★ 01 가락바퀴와 뼈바늘로 옷이나 그물을 만들었다. 24. 지방 9급 O | X

02 군장이 죽으면 그의 권력을 상징하는 고인돌을 만들었다. 24. 지방 9급 O | X

★ 03 동물 뼈나 조개껍데기로 된 목걸이나 팔찌를 만들어 착용하였다. 24. 지방 9급 O | X

★ 04 일부 지역에서는 농경이 시작되어 조, 피, 수수 등을 재배하였다. 24. 지방 9급 O | X

05 처음으로 농경이 시작되었다. 21. 법원 9급 O | X

★ 06 권력을 가진 지배자가 등장하였다. 21. 법원 9급 O | X

07 뗀석기를 주로 이용하였다. 21. 법원 9급 O | X

08 주로 동굴에 거주하거나 막집에 살았다. 21. 법원 9급 O | X

09 제주 고산리나 양양 오산리 등에서 목책, 환호 등의 시설이 만들어졌다. 20. 경찰 1차 O | X

Self Check

문항	○	×	틀린 이유
06	○	×	
07	○	×	
08	○	×	
09	○	×	
10	○	×	
11	○	×	
01	○	×	
02	○	×	
03	○	×	
04	○	×	
05	○	×	
06	○	×	
07	○	×	
08	○	×	
09	○	×	

제1막

오답 확인하기

06 신석기 시대에 대한 설명이다.
09 슴베찌르개는 구석기 후기에 등장한 석기이다.

02 청동기 시대에 대한 설명이다.
06 청동기 시대에 대한 설명이다.
07 구석기 시대에 대한 설명이다.
08 구석기 시대에 대한 설명이다.
09 목책, 환호 등의 시설이 만들어진 것은 청동기 시대의 일이다.

정답

06 X 07 O 08 O 09 X 10 O 11 O

01 O 02 X 03 O 04 O 05 O 06 X 07 X 08 X 09 X

Self Check

문항	○	×	틀린 이유
10	○	×	
11	○	×	
12	○	×	
13	○	×	
14	○	×	
15	○	×	
16	○	×	
17	○	×	
18	○	×	
19	○	×	
20	○	×	
21	○	×	
22	○	×	
23	○	×	
24	○	×	
25	○	×	
26	○	×	
27	○	×	

10 갈돌과 갈판을 이용해 석기를 갈아서 사용하였다. 20. 경찰 2차 O | X

★ **11** 움집을 만들고, 정착 생활을 하였다. 20. 경찰 2차 O | X

12 검은 간 토기를 함께 사용하였다. 19. 국가 7급 O | X

★ **13** 가락바퀴를 이용해 옷을 만들었다. 19. 국가 7급 O | X

14 고인돌에 간돌검을 부장하였다. 19. 지방 7급 O | X

15 명도전, 반량전 등의 화폐를 사용하였다. 19. 지방 7급 O | X

★ **16** 반달 돌칼을 사용하여 이삭을 수확하였다. 19. 지방 7급 O | X

17 집터는 대부분 움집으로 바닥은 원형이나 모서리가 둥근 사각형이다. 17. 지방 9급 O | X

18 조개류를 많이 먹었으며, 때로는 장식으로 이용하기도 하였다. 17. 지방 9급 O | X

19 고인돌이나 돌널무덤을 만들었다. 16. 지방 9급 O | X

20 빈부의 격차가 나타나고 계급이 발생하였다. 16. 지방 9급 O | X

21 독무덤과 널무덤이 유행하였다. 16. 지방 7급 O | X

22 이른 민무늬 토기, 덧무늬 토기 등을 사용하였다. 16. 지방 7급 O | X

23 영혼 숭배와 조상 숭배가 나타났다. 16. 지방 7급 O | X

24 농기구는 주로 석기로 만들어졌는데, 반달 돌칼, 바퀴날 도끼, 홈자귀 등이 대표적이다. 16. 경찰 2차 O | X

25 생산물의 분배 과정에서 사유 재산 제도가 등장하였다. 15. 국가 9급 O | X

26 마을 주변에 방어 및 의례 목적으로 환호(도랑)를 두르기도 하였다. 15. 국가 9급 O | X

27 흑요석의 출토 사례로 보아 원거리 교류나 교역이 있었음을 알 수 있다. 15. 국가 9급 O | X

오답 **확인하기**

12 검은 간 토기는 초기 철기 시대에 사용된 토기이다.
14 청동기 시대에 대한 설명이다.
15 초기 철기 때의 일이다.
16 청동기 시대의 일이다.
19 청동기 시대에 대한 설명이다.
20 청동기 시대에 대한 설명이다.
21 초기 철기 때의 일이다.
24 반달 돌칼, 바퀴날 도끼, 홈자귀 등은 청동기 시대의 농기구이다.
25 청동기 시대에 대한 설명이다.
26 청동기 시대에 대한 설명이다.

정답

10 O 11 O 12 X 13 O 14 X
15 X 16 X 17 O 18 O 19 X
20 X 21 X 22 O 23 O 24 X
25 X 26 X 27 O

28 집자리는 주거용 외에 창고, 작업장, 집회소, 공공 의식 장소 등도 확인되었다.
15. 국가 9급 O | X

29 부산 동삼동 패총에서 조와 기장이 수습되었다. 15. 국가 7급 O | X

30 한자의 전래로 붓이 사용되었다. 14. 지방 9급 O | X

31 소를 이용한 밭갈이 농사를 하였다. 13. 지방 9급 O | X

★ **32** 빗살무늬 토기와 가락바퀴가 제작되었다. 13. 지방 9급 O | X

33 한국식 동검이라 일컫는 세형 동검을 사용하였다. 13. 지방 9급 O | X

34 자연 현상이나 자연물에도 정령이 있다고 믿는 애니미즘이 생겨났다.
12. 경북교행 O | X

테마 4 청동기 · 철기 시대

기출필수코드 01

★ **01** 청동기 시대에는 비파형 동검이 사용되었다. 23. 국가 9급 O | X

02 청동기 시대에는 오수전 등의 화폐가 사용되었다. 23. 국가 9급 O | X

03 청동기 시대에는 아슐리안형 주먹 도끼가 사용되었다. 23. 국가 9급 O | X

04 청동기 시대에는 철이 많이 생산되어 낙랑과 왜에 수출되었다.
23. 국가 9급 O | X

★ **05** 청동기 시대에는 계급이 발생하고 부족장이 출현하였다. 20. 국가 7급 O | X

06 청동기 시대에는 빗살무늬 토기를 만들기 시작하였다. 20. 국가 7급 O | X

07 청동기 시대에는 철제 무기로 주변 나라를 정복하였다. 20. 국가 7급 O | X

08 청동기 시대에는 주로 동굴에서 사냥과 채집 생활을 영위하였다.
20. 국가 7급 O | X

Self Check ☑

문항	○	×	틀린 이유
28	○	×	
29	○	×	
30	○	×	
31	○	×	
32	○	×	
33	○	×	
34	○	×	
01	○	×	
02	○	×	
03	○	×	
04	○	×	
05	○	×	
06	○	×	
07	○	×	
08	○	×	

오답 확인하기

28 청동기 시대의 일이다.
30 초기 철기 시대의 일이다.
31 우경은 철기 시대부터 시작되었다.
33 신석기가 아니라 초기 철기다.

02 초기 철기 시대의 일이다.
03 구석기 시대에 대한 설명이다.
04 변한에 대한 설명이다.
06 신석기 시대에 대한 설명이다.
07 철기 시대에 대한 설명이다.
08 구석기 시대에 대한 설명이다.

정답

28 X 29 O 30 X 31 X 32 O
33 X 34 O

01 O 02 X 03 X 04 X 05 O
06 X 07 X 08 X

09 청동기 시대의 유적지인 연천 전곡리에서는 사냥 도구인 주먹 도끼가 출토되었다. 19. 국가 9급 O | X

10 청동기 시대의 유적지인 창원 다호리에서는 문자를 적는 붓이 출토되었다. 19. 국가 9급 O | X

11 청동기 시대에 농경이 시작되었다. 19. 법원 9급 O | X

12 청동기 시대에는 주로 동굴이나 막집에서 살았다. 19. 법원 9급 O | X

★13 청동기 시대에는 고인돌이 등장하고 미송리식 토기가 사용되었다. 19. 경찰 2차 O | X

14 청동기 시대의 전형적인 유물로는 비파형 동검, 붉은 간 토기, 반달 돌칼, 홈자귀 등이 있다. 17. 지방 9급 O | X

15 청동기 시대에는 정교하고 날카로운 간돌검을 사용하였다. 16. 국가 7급 O | X

16 빗살무늬 토기에 도토리 등을 저장하였다. 16. 국가 7급 O | X

★17 정치 권력을 가진 군장이 출현하였다. 16. 교육행정 O | X

18 고창·화순·강화의 고인돌 유적은 청동기 시대의 돌무덤이다. 13. 국가 9급 O | X

19 불에 탄 쌀이 여주 흔암리, 부여 송국리 유적에서 발견되었다. 13. 서울시 9급 O | X

20 청동기 시대 유적은 한반도 지역에 국한하여 주로 분포되어 있다. 13. 서울시 9급 O | X

★21 청동기 시대에는 추수용 도구로 반달 돌칼을 사용하였다. 12. 지방 9급 O | X

22 초기 철기 시대에는 부뚜막이 등장하였다. 11. 지방 9급 O | X

23 초기 철기 시대에는 원형의 송국리형 주거가 등장하였다. 11. 지방 9급 O | X

Self Check

문항	○	×	틀린 이유
09	○	×	
10	○	×	
11	○	×	
12	○	×	
13	○	×	
14	○	×	
15	○	×	
16	○	×	
17	○	×	
18	○	×	
19	○	×	
20	○	×	
21	○	×	
22	○	×	
23	○	×	

오답 확인하기

09 구석기 시대의 유적지에 대한 설명이다.
10 창원 다호리는 초기 철기 시대의 유적지이다.
11 신석기 시대의 일이다.
12 구석기 시대에 대한 설명이다.
16 신석기 시대에 대한 설명이다.
20 한반도에서 요동 반도까지 걸쳐 있다.
23 송국리 유적은 청동기 시대 유적지이다.

정답

09 X 10 X 11 X 12 X 13 O
14 O 15 O 16 X 17 O 18 O
19 O 20 X 21 O 22 O 23 X

제1부

테마 5 고조선

기출필수코드 02

01 동맹이라는 제천 행사가 있었다. 24. 지방 9급 O | X

★02 상, 대부, 장군 등의 관직을 두었다. 24. 지방 9급 O | X

03 위만이 준왕을 몰아내고 왕이 되었다. 24. 지방 9급 O | X

★04 중국의 한과 한반도 남부 사이에서 중계 무역을 하였다. 24. 지방 9급 O | X

05 서옥제라는 혼인 풍습이 있었다. 23. 법원 9급 O | X

★06 해마다 영고라는 제천 행사를 열었다. 23. 법원 9급 O | X

07 목지국의 지배자가 왕으로 추대되었다. 23. 법원 9급 O | X

★08 한 무제가 보낸 군대의 침공으로 멸망하였다. 23. 법원 9급 O | X

★09 '단군 신화'에서의 '단군왕검'은 정치적 지배자와 제사장이 일치된 사회였음을 보여 준다. 21. 법원 9급 O | X

10 10월에 무천이라는 제천 행사를 개최하였다. 20. 법원 9급 O | X

11 형이 죽으면 형수를 아내로 삼는 풍습이 있었다. 20. 법원 9급 O | X

★12 중대한 범죄자는 제가 회의를 열어 사형에 처했다. 20. 법원 9급 O | X

13 왕 밑에서 국무를 관장하던 상이라는 관직이 있었다. 20. 법원 9급 O | X

14 비파형 동검과 고인돌이 출토된 지역의 분포를 통해 고조선의 문화 범위를 알 수 있다. 20. 경찰 2차 O | X

★15 『삼국사기』와 『동국통감』에 고조선 관련 기록이 남아있다. 20. 경찰 2차 O | X

16 마가・우가・저가・구가가 존재했다. 20. 경찰 2차 O | X

17 최초로 고조선을 언급하는 문헌은 춘추 전국 시대에 편찬된 『관자(管子)』이다. 19. 경찰 1차 O | X

Self Check

문항	○	×	틀린 이유
01	○	×	
02	○	×	
03	○	×	
04	○	×	
05	○	×	
06	○	×	
07	○	×	
08	○	×	
09	○	×	
10	○	×	
11	○	×	
12	○	×	
13	○	×	
14	○	×	
15	○	×	
16	○	×	
17	○	×	

오답 확인하기

01 초기 고구려에 대한 설명이다.
05 고구려에 대한 설명이다.
06 부여에 대한 설명이다.
07 삼한에 대한 설명이다.
10 무천은 동예의 제천 행사이다.
11 형사취수제는 부여와 고구려의 혼인 풍습이다.
12 고구려의 법률에 대한 설명이다.
15 『삼국사기』에는 고조선에 관련된 기록이 없다.
16 마가・우가・저가・구가가 존재한 국가는 부여이다.

정답

01 X 02 O 03 O 04 O 05 X
06 X 07 X 08 O 09 O 10 X
11 X 12 X 13 O 14 O 15 X
16 X 17 O

18 전연의 공격을 받아 심한 타격을 받았다. 18. 국가 7급 O | X

★ **19** 8조의 법을 제정하였는데 세 조항만 전해진다. 18. 국가 7급 O | X

20 신지, 읍차로 불리는 군장들이 70여 개의 소국을 다스렸다. 17. 하반기 국가 7급 O | X

21 단군 조선은 상, 대신, 장군 등의 관직을 두었으며, 연과 대립하였다. 17. 하반기 국가 7급 O | X

★ **22** 왕 아래 대부, 박사 등의 직책이 있었다. 16. 국가 9급 O | X

★ **23** 위만 조선 시기, 철기 문화를 본격적으로 수용하며 중계 무역의 이득을 취하였다. 16. 국가 9급 O | X

24 위만의 고조선 망명~위만 조선의 멸망 사이의 시기에 중국 연(燕)의 침략으로 요서 지역을 잃었다. 16. 법원 9급 O | X

25 옥저와 동예를 정복하였다. 15. 지방 9급 O | X

26 족외혼과 책화의 풍습이 있었다. 15. 지방 9급 O | X

★ **27** 단군 조선 시기에 중국의 한과 대립할 정도로 성장하였다. 15. 지방 9급 O | X

28 위만 조선 시기에 졸본성에서 국내성으로 도읍을 옮겼다. 15. 교육행정 O | X

29 위만 조선 시기에 부왕, 준왕과 같은 강력한 왕이 등장하여 왕위를 세습하였다. 14. 사회복지 O | X

30 『삼국사기』에 따르면 요 임금 때 건국되었다. 12. 지방 9급 O | X

Self Check

문항	○	×	틀린 이유
18	○	×	
19	○	×	
20	○	×	
21	○	×	
22	○	×	
23	○	×	
24	○	×	
25	○	×	
26	○	×	
27	○	×	
28	○	×	
29	○	×	
30	○	×	

오답 확인하기

18 부여에 대한 설명이다.
20 삼한에 대한 설명이다.
24 기원전 3세기의 일로, 위만의 고조선 망명 이전이다.
25 고구려에 대한 설명이다.
26 동예에 대한 설명이다.
27 위만 조선 시기에 해당한다.
28 고구려에 대한 설명이다.
29 단군 조선 시기에 해당한다.
30 『삼국사기』가 아니라 『삼국유사』이다.

정답

18 X 19 O 20 X 21 O 22 O
23 O 24 X 25 X 26 X 27 X
28 X 29 X 30 X

테마 6 여러 나라의 성장(부여)

기출필수코드 02

★ **01** 사람이 죽으면 뼈만 추려 가족 공동 무덤인 목곽에 안치하였다. 21. 지방 9급 O | X

02 읍군이나 삼로라고 불린 군장이 자기 영역을 다스렸다. 21. 지방 9급 O | X

★ **03** 가축 이름을 딴 마가, 우가, 저가, 구가 등이 있었다. 21. 지방 9급 O | X

04 천신을 섬기는 제사장인 천군이 있었다. 21. 지방 9급 O | X

★ **05** 매년 12월에 영고라는 제천 행사를 열었다. 20. 법원 9급 O | X

06 서옥제라는 혼인 풍습이 있었다. 20. 법원 9급 O | X

07 특산물로 단궁, 과하마, 반어피가 유명하였다. 20. 법원 9급 O | X

08 신지, 읍차라고 불리는 지배자들이 다스렸다. 20. 법원 9급 O | X

09 5부가 있었으며, 계루부에서 왕위를 차지하였다. 19. 국가 9급 O | X

★ **10** 사출도라는 구역이 있었다. 19. 지방 9급 O | X

11 철이 많이 생산되어 낙랑과 왜에 수출하였다. 19. 지방 9급 O | X

12 소와 말을 순장하였고 큰 새의 깃털을 장례에 사용하였다. 19. 상반기 서울시 9급 O | X

13 국왕의 장례에는 옥갑(玉匣)을 사용하였다. 17. 국가 7급 O | X

14 집집마다 '부경'이라는 작은 창고를 갖고 있었다. 17. 국가 7급 O | X

15 국력이 쇠퇴하여 광개토대왕 때 고구려에 완전 병합되었다. 16. 서울시 9급 O | X

16 왕이 죽으면 많은 사람을 껴묻거리와 함께 묻는 순장의 풍습이 있었다. 15. 지방 7급 O | X

17 왕 아래에는 상가, 고추가 등의 대가가 있었다. 14. 지방 9급 O | X

Self Check

문항	○	×	틀린 이유
01	○	×	
02	○	×	
03	○	×	
04	○	×	
05	○	×	
06	○	×	
07	○	×	
08	○	×	
09	○	×	
10	○	×	
11	○	×	
12	○	×	
13	○	×	
14	○	×	
15	○	×	
16	○	×	
17	○	×	

오답 확인하기

01 옥저에 대한 설명이다.
02 옥저·동예에 대한 설명이다.
04 삼한에 대한 설명이다.
06 서옥제는 고구려의 혼인 풍습이다.
07 동예의 특산물에 대한 설명이다.
08 삼한에 대한 설명이다.
09 고구려에 대한 설명이다.
11 변한에 대한 설명이다.
12 삼한의 풍습이다.
14 고구려에 대한 설명이다.
15 문자왕 때 고구려에 완전히 병합되었다.
17 고구려에 대한 설명이다.

정답

01 X 02 X 03 O 04 X 05 O
06 X 07 X 08 X 09 X 10 O
11 X 12 X 13 O 14 X 15 X
16 O 17 X

제1막

Self Check

문항	○	×	틀린 이유
18	○	×	
19	○	×	
20	○	×	
21	○	×	
22	○	×	
01	○	×	
02	○	×	
03	○	×	
04	○	×	
05	○	×	
06	○	×	
07	○	×	
08	○	×	
09	○	×	
10	○	×	

18 농사가 흉년이 들면 국왕을 바꾸거나 죽이기도 하였다. 14. 지방 9급 O | X

19 이미 1세기 초에 왕호를 사용하였다. 14. 경찰 1차 O | X

★ **20** 송화강 유역의 평야 지대에서 성장하였다. 14. 경찰 1차 O | X

21 형이 죽으면 동생이 형수를 취하는 취수혼이 널리 행해지고 있었다. 13. 지방 7급 O | X

22 길흉을 점치기 위해 소를 죽였고, 매년 10월에 제천 행사를 열었다. 12. 지방 9급 O | X

테마 7 여러 나라의 성장(고구려)

기출필수코드 02

★ **01** 신성 지역인 소도가 존재하였다. 22. 소방직 O | X

★ **02** 서옥제라는 혼인 풍습이 있었다. 22. 소방직 O | X

03 가(加)들이 사출도를 나누어 다스렸다. 22. 소방직 O | X

04 8조법을 만들어 사회 질서를 유지하였다. 22. 소방직 O | X

05 관리가 뇌물을 받으면 3배를 추징하였다. 21. 경찰 1차 O | X

06 민며느리제라는 독특한 혼인 풍습이 있었다. 20. 지방 7급 O | X

★ **07** 왕 아래에 가축의 이름을 딴 마가, 우가, 저가 등의 관리가 있었다. 20. 지방 7급 O | X

★ **08** 10월에 제천 행사를 성대하게 치르고, 국동대혈에 모여 제사를 지냈다. 20. 지방 7급 O | X

09 철이 많이 생산되어 왜에 수출하였다. 17. 법원 9급 O | X

10 집집마다 부경이라는 작은 창고가 있었다. 17. 법원 9급 O | X

오답 확인하기

22 부여에서는 매년 12월에 제천 행사를 열었다.

01 삼한에 대한 설명이다.
03 부여에 대한 설명이다.
04 고조선에 대한 설명이다.
05 백제의 법률에 대한 설명이다.
06 옥저에 대한 설명이다.
07 부여에 대한 설명이다.
09 삼한에 대한 설명이다.

정답

18 O 19 O 20 O 21 O 22 X

01 X 02 O 03 X 04 X 05 X
06 X 07 X 08 O 09 X 10 O

11 이미 1세기 초에 왕호를 사용하였다. 16. 경찰 2차 O | X

12 남의 부족의 영역을 침범하면 소나 말 등으로 변상하는 책화라는 풍습이 있었다. 12. 국가 9급 O | X

13 왕 아래 상가, 고추가 등의 대가들이 있었으며, 각기 사자, 조의, 선인 등 관리를 거느렸다. 12. 국가 9급 O | X

14 압록강 유역의 졸본 지방에 자리 잡고 활발한 정복 전쟁을 통해 한의 군현을 공략하면서 세력을 확장하였다. 12. 서울시 9급 O | X

★ **15** 관직명으로 상·대부·박사·장군 등이 있었다. 11. 국가 9급 O | X

16 중대한 범죄자가 있으면 제가 회의를 통해 사형에 처하고, 그 가족을 노비로 삼았다. 11. 국가 9급 O | X

테마 8 여러 나라의 성장(옥저)

기출필수코드 02

★ **01** 민며느리제라는 혼인 풍습이 있었다. 22. 국가 9급 O | X

02 제가가 별도로 사출도를 다스렸다. 22. 국가 9급 O | X

03 소도라는 신성 구역이 존재하였다. 22. 국가 9급 O | X

★ **04** 무천이라는 제천 행사를 열었다. 22. 국가 9급 O | X

05 단궁, 반어피(바다표범 가죽), 과하마 등의 특산물로 중국과 교역하였다. 21. 소방직 O | X

06 시체를 가매장하였다가 뼈만 추려 가족 공동 무덤인 큰 나무 덧널에 넣었다. 21. 소방직 O | X

07 계루부 집단이 권력을 장악하였다. 19. 지방 9급 O | X

08 농경이 발달하였고, 어물과 소금 등 해산물이 풍부하였다. 17. 서울시 9급 O | X

09 형사취수혼과 서옥제가 행해졌다. 16. 사회복지 O | X

Self Check

문항	○	×	틀린 이유
11	○	×	
12	○	×	
13	○	×	
14	○	×	
15	○	×	
16	○	×	
01	○	×	
02	○	×	
03	○	×	
04	○	×	
05	○	×	
06	○	×	
07	○	×	
08	○	×	
09	○	×	

오답 확인하기

12 동예에 대한 설명이다.
15 고조선에 대한 설명이다.

02 부여에 대한 설명이다.
03 삼한에 대한 설명이다.
04 동예에 대한 설명이다.
05 동예의 특산물에 대한 설명이다.
07 고구려에 대한 설명이다.
09 고구려에 대한 설명이다.

정답

11 O 12 X 13 O 14 O 15 X 16 O

01 O 02 X 03 X 04 X 05 X 06 O 07 X 08 O 09 X

10 철이 많이 생산되어 낙랑, 왜 등에 수출하였다. 16. 사회복지 O | X

11 12월에 제천 행사가 열렸으며, 1세기 초에 왕호를 사용하였다. 16. 사회복지 O | X

12 대가들이 각기 사자·조의·선인을 거느렸다. 14. 국가 7급 O | X

테마 9 여러 나라의 성장(동예)

기출필수코드 02

01 마가, 우가, 저가 등 관직을 두었다. 22. 서울 9급 O | X

★ 02 철이 많이 생산되어 왜, 낙랑 등에 수출하였다. 22. 서울 9급 O | X

★ 03 다른 읍락을 함부로 침범하면 노비, 소 등으로 변상하는 책화가 있었다. 22. 서울 9급 O | X

04 1세기 초 왕호를 사용하였다. 21. 법원 9급 O | X

★ 05 민며느리제라는 혼인 풍습이 있었다. 21. 법원 9급 O | X

★ 06 해마다 무천이라는 제천 행사를 열었다. 21. 법원 9급 O | X

07 죄를 지은 사람이 소도에 들어가면 잡아가지 못하였다. 19. 국가 9급 O | X

08 남의 물건을 훔치면 물건 값의 12배를 배상하게 하였다. 19. 경찰 2차 O | X

09 특산물로 단궁, 반어피, 과하마 등이 유명하였다. 19. 경찰 2차 O | X

10 10월에는 동맹이라고 하는 제천 행사를 거행하였다. 19. 경찰 2차 O | X

11 범금팔조가 시행되어 살인, 상해, 절도 등을 처벌하였다. 18. 교육행정 O | X

★ 12 후·읍군·삼로 등이 하호를 통치하였다. 17. 국가 9급 O | X

13 사람이 죽으면 가매장한 다음 뼈만 추려 목곽에 안치하였다. 17. 국가 9급 O | X

14 아이가 출생하면 돌로 머리를 눌러 납작하게 하는 풍습이 있었다. 17. 국가 9급 O | X

Self Check ☑

문항	○	×	틀린 이유
10	○	×	
11	○	×	
12	○	×	
01	○	×	
02	○	×	
03	○	×	
04	○	×	
05	○	×	
06	○	×	
07	○	×	
08	○	×	
09	○	×	
10	○	×	
11	○	×	
12	○	×	
13	○	×	
14	○	×	

오답 확인하기

10 변한에 대한 설명이다.
11 부여에 대한 설명이다.
12 고구려에 대한 설명이다.

01 부여에 대한 설명이다.
02 삼한(변한)에 대한 설명이다.
04 부여와 고구려에 대한 설명이다.
05 옥저에 대한 설명이다.
07 삼한에 대한 설명이다.
08 부여와 고구려에 대한 설명이다.
10 고구려에 대한 설명이다.
11 고조선에 대한 설명이다.
13 옥저에 대한 설명이다.
14 삼한(진한과 변한)에 대한 설명이다.

정답

10 X 11 X 12 X

01 X 02 X 03 O 04 X 05 X
06 O 07 X 08 X 09 O 10 X
11 X 12 O 13 X 14 X

테마 10 여러 나라의 성장(삼한)

기출필수코드 02

★ **01** 무천이라는 제천 행사가 있었다. 24. 법원 9급 O | X

02 화백 회의에서 중요한 일을 결정하였다. 24. 법원 9급 O | X

03 여러 개의 소국으로 구성된 연맹체였다. 24. 법원 9급 O | X

04 사출도라 불리는 독자적인 영역이 있었다. 24. 법원 9급 O | X

★ **05** 남의 물건을 훔친 자는 12배의 배상을 하게 하였다. 17. 하반기 국가 9급 O | X

06 집집마다 부경이라는 창고를 두었다. 17. 하반기 국가 9급 O | X

★ **07** 정치적 지배자 외에 제사장인 천군이 있었다. 17. 지방 7급 O | X

08 간음한 자와 투기가 심한 부인은 사형에 처하였다. 17. 지방 7급 O | X

09 국읍에 각각 한 사람씩 세워 천신의 제사를 주관하게 하였다. 17. 서울시 9급 O | X

★ **10** 제천 행사는 5월과 10월의 계절제로 구성되어 있었다. 14. 지방 9급 O | X

11 동이(東夷) 지역에서 가장 넓고 평탄한 곳이라 기록되어 있었다. 14. 지방 9급 O | X

12 철제 농기구의 사용으로 농경이 발달하였고 벼농사를 지었다. 13. 지방 7급 O | X

★ **13** 철이 많이 생산되어 낙랑과 왜 등에 수출하였다. 12. 국가 9급 O | X

14 지배자 중에서 세력이 큰 것은 신지, 작은 것은 읍차 등으로 불렸다. 12. 경찰 2차 O | X

Self Check

문항	○	×	틀린 이유
01	○	×	
02	○	×	
03	○	×	
04	○	×	
05	○	×	
06	○	×	
07	○	×	
08	○	×	
09	○	×	
10	○	×	
11	○	×	
12	○	×	
13	○	×	
14	○	×	

제1막

오답 확인하기

01 동예에 대한 설명이다.
02 신라에 대한 설명이다.
04 부여에 대한 설명이다.
05 부여와 고구려에 대한 설명이다.
06 고구려에 대한 설명이다.
08 부여에 대한 설명이다.
11 부여에 대한 설명이다.

정답

01 X 02 X 03 O 04 X 05 X
06 X 07 O 08 X 09 O 10 O
11 X 12 O 13 O 14 O

고대 사회의 발전

01 고대의 정치

Self Check

문항	○	×	틀린 이유
01	○	×	
02	○	×	
03	○	×	
04	○	×	
05	○	×	
06	○	×	
07	○	×	
08	○	×	
09	○	×	
10	○	×	
11	○	×	
12	○	×	
13	○	×	
14	○	×	
15	○	×	

테마 1 고구려의 정치적 발전

기출필수코드 03

01 4세기~6세기 때 태조왕이 옥저를 복속하였다. 24. 법원 9급 O | X

02 4세기~6세기 때 장수왕이 남진 정책을 추진하였다. 24. 법원 9급 O | X

★ 03 광개토대왕은 태학을 설립하고 율령을 반포하였다. 24. 법원 9급 O | X

04 광개토대왕은 마한을 병합하고 평양을 공격하였다. 24. 법원 9급 O | X

★ 05 광개토대왕은 마립간이라는 왕호를 처음 사용하였다. 24. 법원 9급 O | X

06 광개토대왕은 요동을 포함한 만주 일대를 장악하였다. 24. 법원 9급 O | X

07 고국천왕은 낙랑군을 축출하였다. 23. 국가 9급 O | X

★ 08 고국천왕은 진대법을 시행하였다. 23. 국가 9급 O | X

09 고국천왕은 백제의 침입으로 전사하였다. 23. 국가 9급 O | X

★ 10 고국천왕은 영락이라는 독자적인 연호를 사용하였다. 23. 국가 9급 O | X

11 호우명 그릇을 통해 5세기 초 신라와 밀접한 관계를 맺고 있었음을 알 수 있다. 23. 지방 9급 O | X

★ 12 장수왕은 평양으로 도읍을 천도하였다. 22. 국가 9급 O | X

13 장수왕은 낙랑군을 점령하고 한 군현 세력을 몰아내었다. 22. 국가 9급 O | X

★ 14 장수왕 때 신라에 침입한 왜군을 낙동강 유역에서 물리쳤다. 22. 국가 9급 O | X

15 백제의 근초고왕과 대립하였던 고구려의 왕은 고국원왕이다. 22. 서울 9급 O | X

오답 확인하기

01 1세기 후반~2세기 초반에 집권했던 고구려 태조왕의 업적이다.
03 소수림왕의 업적이다.
04 백제 근초고왕의 업적이다.
05 신라 내물 마립간에 대한 설명이다.
07 4세기 미천왕 때의 일이다.
09 4세기 고국원왕에 대한 설명이다.
10 5세기 광개토대왕의 업적이다.
13 미천왕 때의 일이다.
14 광개토대왕의 업적이다.

정답

01 X 02 O 03 X 04 X 05 X
06 O 07 X 08 O 09 X 10 X
11 O 12 O 13 X 14 X 15 O

16 유리왕은 졸본에서 국내성으로 천도하였다. 21. 국가 9급 O | X

17 유리왕은 율령을 반포하여 중앙 집권 체제를 강화하였다. 21. 국가 9급 O | X

18 연개소문은 당나라와 동맹을 체결하였다. 21. 지방 9급 O | X

19 연개소문은 천리장성의 축조를 맡아 수행하였다. 21. 지방 9급 O | X

20 연개소문은 수나라의 군대를 살수에서 격퇴하였다. 21. 지방 9급 O | X

21 연개소문은 남진 정책을 추진하여 한성을 점령하였다. 21. 지방 9급 O | X

22 광개토대왕은 태학을 설립하였다. 21. 소방직 O | X

23 광개토대왕은 대가야를 정복하였다. 21. 소방직 O | X

24 광개토대왕은 관산성에서 전사하였다. 21. 소방직 O | X

★ 25 광개토대왕은 독자적인 연호를 사용하였다. 21. 소방직 O | X

26 광개토대왕릉비 건립~살수 대첩 승리 사이의 시기에 고구려 영양왕이 요서 지방을 선제공격하였다. 20. 국가 9급 O | X

★ 27 고구려는 수 양제의 침략에 대비하기 위해 천리장성을 축조하였다. 19. 상반기 서울시 9급 O | X

28 장수왕은 국내성에서 평양으로 도읍을 옮겼다. 19. 경찰 2차 O | X

29 장수왕은 부여를 복속하여 고구려 최대 영토를 확보했다. 19. 경찰 2차 O | X

30 광개토대왕이 신라에 침입한 왜를 격퇴한 후 신라에 내정 간섭을 강화하였다. 18. 국가 9급 O | X

31 장수왕 때 거란족 비려의 3개 부락을 격파하고 소, 말, 양을 노획하였다. 18. 상반기 서울시 7급 O | X

32 광개토대왕 때 모용황의 공격을 받았다. 17. 하반기 국가 9급 O | X

Self Check

문항	○	×	틀린 이유
16	○	×	
17	○	×	
18	○	×	
19	○	×	
20	○	×	
21	○	×	
22	○	×	
23	○	×	
24	○	×	
25	○	×	
26	○	×	
27	○	×	
28	○	×	
29	○	×	
30	○	×	
31	○	×	
32	○	×	

오답 확인하기

17 소수림왕의 업적이다.
18 신라의 김춘추이다.
20 고구려의 을지문덕이다.
21 장수왕의 업적이다.
22 소수림왕의 업적이다.
23 신라 진흥왕의 업적이다.
24 백제 성왕에 대한 설명이다.
27 고구려는 당나라의 침략에 대비하고자 국경에 천리장성을 쌓았다.
29 문자왕 때의 일이다.
31 광개토대왕에 대한 설명이다.
32 4세기 고국원왕 때의 일이다.

정답

16 O 17 X 18 X 19 O 20 X
21 X 22 X 23 X 24 X 25 O
26 O 27 X 28 O 29 X 30 O
31 X 32 X

Self Check ☑

문항	○	×	틀린 이유
33	○	×	
34	○	×	
35	○	×	
36	○	×	
37	○	×	
38	○	×	
39	○	×	
40	○	×	
41	○	×	
42	○	×	
43	○	×	
44	○	×	
45	○	×	

33 광개토대왕 때 북쪽으로 숙신을 정복하였다. 17. 하반기 국가 9급 O | X

★ **34** 광개토대왕 때 신라를 도와 낙동강 유역에서 왜병을 대파하였다. 17. 하반기 국가 9급 O | X

35 고구려 태조왕은 계루부 고씨의 왕위 세습권을 확립하였으며, 옥저를 복속시켰다. 17. 경찰 1차 O | X

36 3세기 고구려 동천왕은 서안평을 공격하였다. 17. 경찰 1차 O | X

37 5세기 장수왕 때 위(魏)의 장수 관구검에 의해 환도성이 함락당했다. 17. 경찰 2차 O | X

38 소수림왕 때 역사서인 『신집』을 편찬하였다. 16. 국가 9급 O | X

★ **39** 소수림왕 때 유학 교육 기관인 태학을 설치하였다. 16. 국가 9급 O | X

40 광개토대왕은 칠지도를 제작하여 왜왕에게 보내주었다. 15. 교육행정 O | X

41 광개토대왕은 한강 유역을 점령하고 북한산에 순수비를 세웠다. 15. 교육행정 O | X

42 광개토대왕은 후연과 거란을 격파하여 요동과 만주 지역을 차지하였다. 15. 교육행정 O | X

43 장수왕이 재위할 때 백제가 국호를 남부여로 고쳤다. 15. 서울시 9급 O | X

44 광개토대왕은 백제 수도 한성을 함락하고 개로왕을 죽였다. 12. 지방 7급 O | X

45 [순서나열] 광개토왕비의 건립 → 고구려의 평양 천도 → 백제의 웅진 천도 → 나·제 동맹 결성 12. 경찰 2차 O | X

오답 **확인하기**

37 3세기 동천왕 때의 일이다.
38 7세기 영양왕 때의 일이다.
40 백제 근초고왕에 대한 설명이다.
41 신라 진흥왕에 대한 설명이다.
43 6세기 백제 성왕 때인 538년의 일로, 고구려는 안원왕의 재위 기간이었다.
44 장수왕에 대한 설명이다.
45 광개토왕비의 건립 → 고구려의 평양 천도 → 나·제 동맹 결성 → 백제의 웅진 천도

정답

33 O 34 O 35 O 36 O 37 X
38 X 39 O 40 X 41 X 42 O
43 X 44 X 45 X

테마 2 백제의 정치적 발전

기출필수코드 03

★ **01** 인안이라는 독자적인 연호를 사용하였다. 24. 지방 9급 O | X

02 매소성 전투 이후 웅진 도독부가 설치되었다. 23. 국가 9급 O | X

03 매소성 전투 이후 복신과 도침이 부여풍과 함께 백제 부흥 운동을 일으켰다. 23. 국가 9급 O | X

★ **04** 근초고왕은 동진으로부터 불교를 받아들여 공인하였다. 23. 지방 9급 O | X

05 고구려의 한성 점령~관산성 전투 사이의 시기에 백제가 22담로에 왕족을 파견하였다. 22. 소방직 O | X

★ **06** 근초고왕 때 왕위의 부자 상속이 확립되었다. 21. 법원 9급 O | X

07 근초고왕은 중앙 관청을 22부로 확대하였다. 21. 법원 9급 O | X

08 근초고왕은 좌평 제도와 관등제를 마련하였다. 21. 법원 9급 O | X

09 낙랑군 축출~광개토대왕릉비 건립 사이의 시기에 백제 침류왕이 불교를 받아들였다. 20. 국가 9급 O | X

10 살수 대첩 승리~안시성 전투 승리 사이의 시기에 백제가 신라 대야성을 공격하여 함락시켰다. 20. 국가 9급 O | X

11 신라의 율령 반포~고구려의 살수 대첩 사이의 시기에 백제가 사비로 천도하였다. 20. 국가 7급 O | X

★ **12** 무령왕 때 수도는 5부, 지방은 5방으로 나누어 정비하였다. 20. 지방 7급 O | X

13 무령왕은 남으로 마한을 통합하고, 북으로 고구려 평양성을 공격하였다. 20. 지방 7급 O | X

★ **14** 백제 성왕은 22담로에 왕족을 파견하였다. 20. 법원 9급 O | X

15 백제 성왕은 화랑도를 국가적 조직으로 개편하였다. 20. 법원 9급 O | X

Self Check

문항	○	×	틀린 이유
01	○	×	
02	○	×	
03	○	×	
04	○	×	
05	○	×	
06	○	×	
07	○	×	
08	○	×	
09	○	×	
10	○	×	
11	○	×	
12	○	×	
13	○	×	
14	○	×	
15	○	×	

오답 확인하기

01 발해에 대한 설명이다.
02 매소성 전투는 675년이고, 웅진 도독부 설치는 663년이다.
03 매소성 전투는 675년이고, 660년 백제가 멸망한 직후 백제 승려 도침과 장수 복신이 왕자 부여풍을 왕으로 추대하고 백제 부흥 운동을 전개하였다.
04 침류왕에 대한 설명이다.
07 6세기 백제 성왕의 업적이다.
08 3세기 백제 고이왕 때의 일이다.
12 백제 성왕 때의 일이다.
13 근초고왕 때의 일이다.
14 백제 무령왕에 대한 설명이다.
15 신라 진흥왕에 대한 설명이다.

정답

01 X 02 X 03 X 04 X 05 O
06 O 07 X 08 X 09 O 10 O
11 O 12 X 13 X 14 X 15 X

제2막

Self Check ☑

문항	○	×	틀린 이유
16	○	×	
17	○	×	
18	○	×	
19	○	×	
20	○	×	
21	○	×	
22	○	×	
23	○	×	
24	○	×	
25	○	×	
26	○	×	
27	○	×	
28	○	×	
29	○	×	
30	○	×	
31	○	×	

★**16** 백제 성왕은 국호를 남부여로 바꾸었다. 20. 법원 9급 O | X

17 무령왕은 신라와 결혼 동맹을 맺어 이벌찬 비지의 딸을 왕비로 맞이하였다. 19. 서울시 7급 O | X

18 무령왕은 양나라에 사신을 보내 여러 차례 고구려를 격파했다는 서신을 전했다. 19. 서울시 7급 O | X

19 백제 성왕 때 북위에 국서를 보내 고구려를 공격해줄 것을 요청했다. 17. 하반기 지방 9급 O | X

20 백제 성왕 때 불교를 공인하였다. 17. 하반기 지방 9급 O | X

21 평양성 공격~웅진 천도 사이의 시기에 신라의 눌지왕과 동맹을 맺었다. 17. 교육행정 O | X

22 5세기 백제 동성왕은 고구려를 피해 금강 유역의 웅진으로 도읍을 옮겼다. 17. 경찰 1차 O | X

★**23** 무령왕 때 고구려의 남진 정책에 맞서 나·제 동맹을 처음 결성하였다. 16. 지방 9급 O | X

24 백제 무왕 때 박사 고흥이 『서기』를 편찬하였다. 16. 국가 7급 O | X

25 백제 무왕 때 노리사치계가 왜에 불상과 불경을 전하였다. 16. 국가 7급 O | X

26 근초고왕은 미륵사를 창건하였다. 16. 지방 7급 O | X

27 근초고왕 때 부자 상속에 의한 왕위 계승이 시작되었다. 16. 경찰 2차 O | X

28 무령왕은 남조의 양과 교류하고 가야 지역으로 진출하였다. 15. 교육행정 O | X

29 고이왕은 목지국을 병합하여 마한의 중심 세력이 되었다. 13. 서울시 7급 O | X

30 백제 의자왕은 신라의 대야성을 비롯한 40여 성을 빼앗았다. 13. 서울시 7급 O | X

★**31** [순서나열] 칠지도 제작 → 백제의 불교 수용 → 나·제 동맹의 성립 → 백제의 웅진 천도 11. 국가 7급 O | X

오답 **확인하기**

17 백제 동성왕의 업적이다.
19 개로왕 때의 일이다.
20 침류왕 때의 일이다.
22 문주왕에 대한 설명이다.
23 5세기 비유왕에 대한 설명이다.
24 무왕이 아니라 근초고왕이다.
25 무왕이 아니라 성왕이다.
26 무왕에 대한 설명이다.

정답

16 O 17 X 18 O 19 X 20 X
21 O 22 X 23 X 24 X 25 X
26 X 27 O 28 O 29 O 30 O
31 O

테마 3 신라의 정치적 발전

기출필수코드 03

★ **01** 4세기 중반~6세기 후반 시기에 지증왕이 국호를 '신라'로 정하였다. 24. 법원 9급 O | X

02 4세기 중반~6세기 후반 시기에 진흥왕이 화랑도를 개편하였다. 24. 법원 9급 O | X

03 [순서나열] 고구려의 서안평 점령 → 신라의 우산국 복속 → 신라의 금관가야 병합 → 백제의 대야성 점령 23. 국가 9급 O | X

★ **04** 진흥왕은 화랑도를 국가적 조직으로 개편하였다. 23. 지방 9급 O | X

★ **05** 진흥왕은 병부를 처음으로 설치하여 군권을 장악하였다. 23. 지방 9급 O | X

06 지증왕은 독서삼품과를 실시하였다. 22. 지방 9급 O | X

07 지증왕은 국호를 '신라'로 확정하였다. 22. 지방 9급 O | X

★ **08** 지증왕은 관료전을 지급하고 녹읍을 폐지하였다. 22. 지방 9급 O | X

09 지증왕은 장문휴를 보내 당의 등주를 공격하였다. 22. 지방 9급 O | X

10 김유신은 살수에서 수의 군대를 물리쳤다. 22. 지방 9급 O | X

11 김유신은 김춘추의 신라 왕위 계승을 지원하였다. 22. 지방 9급 O | X

12 김유신은 청해진을 설치하고 해상 무역을 전개하였다. 22. 지방 9급 O | X

13 김유신은 대가야를 정벌하여 낙동강 유역을 확보하였다. 22. 지방 9급 O | X

★ **14** [순서나열] 고구려의 평양 천도 → 백제의 웅진 천도 → 신라의 한강 유역 확보 → 관산성 전투 22. 지방 9급 O | X

15 백제의 웅진 천도~백제의 사비 천도 사이의 시기에 신라는 대가야를 정복하였다. 21. 국가 9급 O | X

16 안시성 전투 승리~고구려 멸망 사이의 시기에 신라가 매소성에서 당군을 격파하였다. 20. 국가 9급 O | X

★ **17** 김유신은 황산벌에서 백제군을 물리쳤다. 20. 국가 9급 O | X

Self Check

문항	○	×	틀린 이유
01	○	×	
02	○	×	
03	○	×	
04	○	×	
05	○	×	
06	○	×	
07	○	×	
08	○	×	
09	○	×	
10	○	×	
11	○	×	
12	○	×	
13	○	×	
14	○	×	
15	○	×	
16	○	×	
17	○	×	

오답 확인하기

05 법흥왕에 대한 설명이다.
06 원성왕의 업적이다.
08 신문왕의 업적이다.
09 발해 무왕 때의 일이다.
10 을지문덕에 대한 설명이다.
12 장보고에 대한 설명이다.
13 진흥왕 때 이사부를 보내 대가야를 정복하였다.
15 대가야 정복은 진흥왕 때인 562년의 일로, 백제의 사비 천도 이후이다.
16 매소성 전투는 고구려 멸망 이후인 675년의 일이다.

정답

01 O 02 O 03 O 04 O 05 X
06 X 07 O 08 X 09 X 10 X
11 O 12 X 13 X 14 O 15 X
16 X 17 O

Self Check

문항	○	×	틀린 이유
18	○	×	
19	○	×	
20	○	×	
21	○	×	
22	○	×	
23	○	×	
24	○	×	
25	○	×	
26	○	×	
27	○	×	
28	○	×	
29	○	×	
30	○	×	
31	○	×	
32	○	×	
33	○	×	
34	○	×	

18 김유신은 화랑이 지켜야 할 세속오계를 제시하였다. 20. 국가 9급 O | X

19 김유신은 진덕여왕의 뒤를 이어 신라왕으로 즉위하였다. 20. 국가 9급 O | X

20 선덕여왕 때 단양 적성비를 세웠다. 20. 법원 9급 O | X

★ **21** 선덕여왕 때 황룡사 9층 목탑을 건립하였다. 20. 법원 9급 O | X

★ **22** 선덕여왕은 이차돈의 순교를 계기로 불교를 공인하였다. 20. 법원 9급 O | X

23 법흥왕 때 '신라 육부'가 새겨진 울진 봉평 신라비가 세워졌다. 19. 상반기 서울시 9급 O | X

24 지증왕 때 아시촌에 소경을 설치하였다. 18. 국가 7급 O | X

25 지증왕은 고구려 승려 혜량을 승통으로 삼았다. 18. 국가 7급 O | X

26 지증왕은 사방에 우역(郵驛)을 처음으로 두었다. 18. 국가 7급 O | X

★ **27** 지증왕 때 이사부의 건의로 『국사』를 편찬하였다. 18. 경찰 2차 O | X

28 마립간 왕호를 사용하던 시기에 왕위의 부자 상속제가 확립되었다. 17. 하반기 국가 7급 O | X

29 진흥왕은 개국, 대창이라는 연호를 사용하였다. 17. 경찰 2차 O | X

30 [순서나열] 신라는 율령을 반포하고 백관의 공복을 제정 → 백제는 사비로 도읍을 옮기고 국호를 남부여로 함. → 대가야가 신라의 공격으로 멸망 → 고구려는 살수에서 수 양제의 군대를 격파 16. 지방 9급 O | X

★ **31** 법흥왕은 율령을 공포하고, 백관의 공복을 제정하였다. 16. 사회복지 O | X

32 법흥왕은 원광에게 수나라에 군사를 청하는 걸사표를 짓게 하였다. 16. 사회복지 O | X

33 법흥왕 재위 기간에 금관가야가 신라에 항복하였다. 16. 교육행정 O | X

34 법흥왕 재위 기간에 백제가 신라의 대야성을 함락하였다. 16. 교육행정 O | X

오답 확인하기

18 원광에 대한 설명이다.
19 태종 무열왕(김춘추)에 대한 설명이다.
20 진흥왕 때의 일이다.
22 법흥왕 때의 일이다.
25 진흥왕 때의 일이다.
26 소지 마립간 때의 일이다.
27 진흥왕 때의 일이다.
32 진평왕에 대한 설명이다.
34 7세기 선덕여왕 때의 일이다.

정답

18 X 19 X 20 X 21 O 22 X
23 O 24 O 25 X 26 X 27 X
28 O 29 O 30 O 31 O 32 X
33 O 34 X

35 법흥왕 때 백제 동성왕과 혼인 동맹을 맺었다. 15. 지방 9급 O | X

36 법흥왕 때 김씨에 의한 왕위 세습권이 확립되었다. 15. 지방 9급 O | X

37 법흥왕 때 진골 귀족 세력의 반발로 녹읍이 부활하였다. 15. 지방 9급 O | X

38 선덕여왕은 오언태평송(五言太平頌)을 지어 당에 보냈다. 15. 국가 7급 O | X

★ 39 지증왕은 국호를 신라로 바꾸고, 왕의 칭호도 마립간에서 왕으로 고쳤다. 15. 경찰 1차 O | X

★ 40 법흥왕은 '건원'이란 연호를 사용하였다. 13. 국가 9급 O | X

41 법흥왕은 이사부를 시켜 우산국을 정복하였다. 13. 국가 9급 O | X

테마 4 가야 연맹의 발전

기출필수코드 04

★ 01 대가야는 진흥왕에 의해 멸망하였다. 24. 국가 9급 O | X

★ 02 대가야는 사비로 천도하고 국호를 남부여로 하였다. 24. 국가 9급 O | X

03 대가야는 지방 행정 구역을 5경 15부 62주로 나누었다. 24. 국가 9급 O | X

04 대가야는 평양으로 수도를 옮기고 남진 정책을 추진하였다. 24. 국가 9급 O | X

05 낙동강 하류의 변한 지역에서 성장하였다. 24. 법원 9급 O | X

06 철기를 활발히 생산하여 주변국에 수출하였다. 24. 법원 9급 O | X

07 골품에 따라 관등이나 관직 승진에 제한이 있었다. 24. 법원 9급 O | X

★ 08 금관가야를 중심으로 전기 가야 연맹이 결성되었다. 24. 법원 9급 O | X

★ 09 금관가야는 해상 교역을 통해 우수한 철을 수출하였다. 21. 지방 9급 O | X

10 금관가야에서는 박, 석, 김씨가 교대로 왕위를 계승하였다. 21. 지방 9급 O | X

Self Check

문항	○	×	틀린 이유
35	○	×	
36	○	×	
37	○	×	
38	○	×	
39	○	×	
40	○	×	
41	○	×	
01	○	×	
02	○	×	
03	○	×	
04	○	×	
05	○	×	
06	○	×	
07	○	×	
08	○	×	
09	○	×	
10	○	×	

오답 확인하기

35 소지왕에 대한 설명이다.
36 내물왕에 대한 설명이다.
37 경덕왕에 대한 설명이다.
38 진덕여왕에 대한 설명이다.
41 지증왕에 대한 설명이다.

02 백제에 대한 설명이다.
03 발해에 대한 설명이다.
04 고구려에 대한 설명이다.
07 신라의 골품제에 대한 설명이다.
10 초기 신라에 대한 설명이다.

정답

35 X 36 X 37 X 38 X 39 O 40 O 41 X

01 O 02 X 03 X 04 X 05 O 06 O 07 X 08 O 09 O 10 X

11 금관가야는 경당을 설치하여 학문과 무예를 가르쳤다. 21. 지방 9급 O | X

12 금관가야는 정사암 회의를 통해 재상을 선발하였다. 21. 지방 9급 O | X

★ **13** 관산성 전투에서 대가야의 국왕이 전사하였다. 20. 지방 9급 O | X

14 대가야는 울릉도를 정복해서 영토로 편입하였다. 20. 지방 9급 O | X

15 대가야는 호남 동부 지역까지 세력을 확장하였다. 20. 지방 9급 O | X

★ **16** 대가야는 신라를 도와 낙동강 유역에 진출한 왜를 격파하였다. 20. 지방 9급 O | X

17 대가야의 시조는 수로왕이며 구지봉 전설이 있다. 17. 지방 7급 O | X

18 대가야는 낙동강 하류에 도읍하고 해상 교역을 중계하였다. 17. 지방 7급 O | X

★ **19** 대가야의 국주(國主) 김구해가 항복하자 신라왕이 본국을 식읍으로 주었다. 17. 지방 7급 O | X

테마 5 삼국의 금석문

01 사택지적비를 통해 백제가 영산강 유역까지 영역을 확장했음을 알 수 있다. 23. 지방 9급 O | X

02 임신서기석을 통해 신라에서 청년들이 유교 경전을 공부했음을 알 수 있다. 23. 지방 9급 O | X

★ **03** 충주 고구려비를 통해 고구려가 5세기에 남한강 유역까지 진출했음을 알 수 있다. 23. 지방 9급 O | X

04 신라 진흥왕의 재위 기간 중 축조된 비석으로는 울진 봉평비, 단양 적성비, 영일 냉수리비 등이 있다. 20. 경찰 1차 O | X

★ **05** 광개토대왕릉비를 통해 고구려의 독자적인 천하관을 알 수 있다. 19. 서울시 7급 O | X

Self Check

문항	○	×	틀린 이유
11	○	×	
12	○	×	
13	○	×	
14	○	×	
15	○	×	
16	○	×	
17	○	×	
18	○	×	
19	○	×	
01	○	×	
02	○	×	
03	○	×	
04	○	×	
05	○	×	

오답 확인하기

11 고구려에 대한 설명이다.
12 백제에 대한 설명이다.
13 관산성 전투에서 백제 성왕이 전사하였다.
14 신라 지증왕의 업적이다.
16 고구려 광개토대왕의 업적이다.
17 금관가야에 대한 설명이다.
18 금관가야에 대한 설명이다.
19 김구해는 금관가야의 마지막 국왕이다.

01 백제 사택지적비는 인생의 무상함을 이야기한 것으로, 영산강 유역 진출과는 관련이 없다.
04 울진 봉평비는 신라 법흥왕 때, 영일 냉수리비는 지증왕 때 건립되었다.

정답

11 X 12 X 13 X 14 X 15 O
16 X 17 X 18 X 19 X

01 X 02 O 03 O 04 X 05 O

06 울진 봉평리 신라비를 통해 신라가 동해안의 북쪽 방면으로 세력을 확장하였음을 알 수 있다. 14. 지방 9급 O | X

07 충주 고구려비(중원 고구려비)를 통해 신라가 고구려에게 자신을 '동이(東夷)'라고 낮추어 표현했음을 알 수 있다. 14. 지방 9급 O | X

★ **08** 중원 고구려비는 광개토대왕의 정복 활동 성과를 기록한 비문이다. 11. 지방 7급 O | X

테마 6 통일 신라의 발전

기출필수코드05 기출필수코드06

01 김헌창의 난은 천민이 중심이 된 신분 해방 운동 성격을 가졌다. 24. 국가 9급 O | X

02 김헌창 난의 반란 세력은 국호를 '장안', 연호를 '경운'이라 하였다. 24. 국가 9급 O | X

★ **03** 김헌창의 난은 주동자의 아버지가 왕이 되지 못한 것에 대한 불만으로 일어났다. 24. 국가 9급 O | X

04 김헌창의 난은 무열왕 직계가 단절되고 내물왕계가 다시 왕위를 차지하는 결과를 가져왔다. 24. 국가 9급 O | X

05 진성여왕 때 적고적의 난이 발생하였다. 24. 법원 9급 O | X

06 진성여왕 때 김헌창의 반란이 진압되었다. 24. 법원 9급 O | X

07 진성여왕 때 만적이 신분 해방을 주창하였다. 24. 법원 9급 O | X

★ **08** 진성여왕 때 원종과 애노가 사벌주에서 봉기하였다. 24. 법원 9급 O | X

09 매소성 전투 이후 김흠돌이 반란을 일으켰다. 23. 국가 9급 O | X

10 매소성 전투 이후 교육 기관인 국학이 설립되었다. 23. 국가 9급 O | X

★ **11** 신문왕 때 독서삼품과를 실시하였다. 22. 서울 9급 O | X

Self Check

문항	○	×	틀린 이유
06	○	×	
07	○	×	
08	○	×	
01	○	×	
02	○	×	
03	○	×	
04	○	×	
05	○	×	
06	○	×	
07	○	×	
08	○	×	
09	○	×	
10	○	×	
11	○	×	

제2막

오답 확인하기

07 고구려가 신라를 '동이'로 칭하였다.
08 광개토대왕릉비에 대한 설명이다.

01 만적의 난에 대한 설명이다.
04 혜공왕이 살해된 이후에 무열왕 직계가 단절되고 내물왕계가 왕위를 차지하였다.
06 9세기 전반 헌덕왕 때의 일이다.
07 고려 무신 정권(최충헌) 때의 일이다.
11 원성왕 때의 일이다.

정답

06 O 07 X 08 X

01 X 02 O 03 O 04 X 05 O
06 X 07 X 08 O 09 O 10 O
11 X

Self Check ☑

문항	○	×	틀린 이유
12	○	×	
13	○	×	
14	○	×	
15	○	×	
16	○	×	
17	○	×	
18	○	×	
19	○	×	
20	○	×	
21	○	×	
22	○	×	
23	○	×	
24	○	×	
25	○	×	
26	○	×	
27	○	×	
28	○	×	

12 신문왕 때 국학을 태학감으로 고치고 박사와 조교 등을 두었다. 22. 서울 9급 O | X

★**13** 신문왕은 건원이라는 독자적인 연호를 사용하였다. 21. 지방 9급 O | X

★**14** 신문왕은 국학을 설립하여 유학을 교육하였다. 21. 지방 9급 O | X

★**15** 신문왕은 백성에게 처음으로 정전을 지급하였다. 21. 지방 9급 O | X

16 신문왕은 진골 출신으로서 처음 왕위에 올랐다. 21. 지방 9급 O | X

17 [순서나열] 김헌창의 난 → 대공의 난 → 장보고의 난 → 원종과 애노의 난 21. 경찰 1차 O | X

18 신문왕은 한강을 차지하고, 북한산에 순수비를 세웠다. 21. 소방직 O | X

19 신문왕은 국호를 신라로 확정하고, 왕의 호칭을 사용하였다. 21. 소방직 O | X

20 진성여왕 때 발해가 멸망하였다. 20. 국가 9급 O | X

★**21** 진성여왕 때 최치원이 시무책 10여조를 건의하였다. 20. 국가 9급 O | X

★**22** 진성여왕 때 장보고의 건의에 따라 청해진이 설치되었다. 20. 국가 9급 O | X

23 태종 무열왕 때 갈문왕 제도가 사실상 폐지되고 상대등의 권한이 약화되었다. 20. 경찰 1차 O | X

24 태종 무열왕 때 비담과 염종 등 귀족 세력의 반란이 일어났다. 20. 경찰 1차 O | X

★**25** 경덕왕 때 녹읍이 부활되었다. 19. 지방 7급 O | X

26 신문왕 때 전국을 9개의 주로 나누고 5개의 소경을 두는 체제로 정비하였다. 19. 서울시 7급 O | X

27 문무왕은 백제와의 마지막 전쟁 때 태자로서 참전하여 백제를 멸망시켰다. 18. 국가 9급 O | X

28 문무왕은 당나라 군대와 함께 고구려를 멸망시켰다. 18. 국가 9급 O | X

오답 **확인하기**

12 경덕왕 때의 일이다.
13 법흥왕 때의 일이다.
15 성덕왕 때의 일이다.
16 태종 무열왕에 대한 설명이다.
17 대공의 난 → 김헌창의 난 → 장보고의 난 → 원종과 애노의 난
18 진흥왕의 업적이다.
19 지증왕의 업적이다.
20 발해는 15대 애왕(대인선) 때인 926년에 멸망했는데, 이때 신라는 경애왕이 재위하고 있었다.
22 흥덕왕 때의 일이다.
24 선덕여왕 때의 일이다.

정답

12 X 13 X 14 O 15 X 16 X
17 X 18 X 19 X 20 X 21 O
22 X 23 O 24 X 25 O 26 O
27 O 28 O

29 문무왕은 백제 부흥 운동을 주도한 복신을 공격하였다. 18. 국가 9급 O | X

★ **30** 신문왕 때 중앙군을 9개의 서당으로 개편하였다. 17. 하반기 국가 9급 O | X

31 장보고는 웅주를 근거지로 반란을 일으켜 장안(長安)이라는 나라를 세웠다. 17. 지방 9급 O | X

32 진성여왕 때 견훤이 무진주에서 군사를 일으켰다. 17. 국가 7급 O | X

33 진성여왕 때 궁예가 국호 마진을 태봉으로 바꾸었다. 17. 국가 7급 O | X

★ **34** 경덕왕 때 9주의 명칭을 중국식으로 바꾸었다. 17. 하반기 국가 7급 O | X

★ **35** 신문왕 때 관료전을 지급하고 녹읍을 폐지하였다. 17. 서울시 7급 O | X

★ **36** 신문왕 때 김헌창의 난이 발생하였다. 17. 법원 9급 O | X

37 신문왕 때 완도에 청해진이 설치되었다. 17. 법원 9급 O | X

38 흥덕왕 때 대조영이 고구려 유민을 이끌고 동모산에서 국가를 세웠다. 17. 경기 북부 여경 O | X

39 흥덕왕 때 견훤이 완산주에 도읍을 정하고 후백제를 건국하였다. 17. 경기 북부 여경 O | X

40 신문왕 때 김흠돌의 반란을 진압하고 왕권을 강화하였다. 16. 법원 9급 O | X

★ **41** 신문왕 때 당의 세력을 몰아내고 삼국 통일을 완수하였다. 16. 법원 9급 O | X

42 신라 하대에는 지방에서 군사력과 경제력을 갖춘 호족 세력이 성장하였다. 13. 경찰 1차 O | X

43 중대는 혜공왕까지이고, 하대는 선덕왕부터이다. 13. 경찰 2차 O | X

44 진성여왕이 재위하던 시기에 원종·애노가 사벌주에서 반란을 일으켰다. 13. 경찰 2차 O | X

45 진성여왕이 재위하던 시기에 붉은 바지를 입은 도적인 적고적의 반란이 일어났다. 13. 경찰 2차 O | X

Self Check

문항	○	×	틀린 이유
29	○	×	
30	○	×	
31	○	×	
32	○	×	
33	○	×	
34	○	×	
35	○	×	
36	○	×	
37	○	×	
38	○	×	
39	○	×	
40	○	×	
41	○	×	
42	○	×	
43	○	×	
44	○	×	
45	○	×	

오답 확인하기

31 김헌창에 대한 설명이다.
33 효공왕 때의 일이다.
36 헌덕왕 때의 일이다.
37 흥덕왕 때의 일이다.
38 대조영이 발해를 건국한 것은 698년으로, 효소왕 때의 일이다.
39 견훤이 후백제를 건국한 것은 900년으로, 효공왕 때의 일이다.
41 삼국 통일을 완수한 왕은 문무왕이다.

정답

29 O 30 O 31 X 32 O 33 X
34 O 35 O 36 X 37 X 38 X
39 X 40 O 41 X 42 O 43 O
44 O 45 O

테마 7 발해의 건국과 발전

기출필수코드 07

01 대조영은 고구려의 왕족 출신이다. 24. 법원 9급 O | X

★ 02 대조영은 당의 산둥반도를 공격하였다. 24. 법원 9급 O | X

03 거란의 침략으로 멸망하였다. 24. 법원 9급 O | X

★ 04 무왕은 수도를 상경성으로 옮겼다. 22. 국가 9급 O | X

★ 05 무왕 때 '해동성국'이라고 불릴 만큼 전성기를 이루었다. 22. 국가 9급 O | X

★ 06 무왕은 장문휴를 시켜 당의 등주(산둥성)를 공격하였다. 22. 국가 9급 O | X

07 무왕은 고구려 유민과 말갈족을 이끌고 동모산에 도읍을 정하였다. 22. 국가 9급 O | X

08 중앙에 6좌평의 관제를 마련하였다. 22. 지방 9급 O | X

09 9서당 10정의 군사 조직을 갖추었다. 22. 지방 9급 O | X

★ 10 지방을 5경 15부 62주로 편성하였다. 22. 지방 9급 O | X

11 제가 회의에서 국가의 중대사를 결정하였다. 22. 지방 9급 O | X

12 문왕 재위 시기에 신라에서는 녹읍이 폐지되었다. 20. 지방 9급 O | X

13 문왕 재위 시기에 신라에서는 청해진이 설치되었다. 20. 지방 9급 O | X

14 문왕 재위 시기에 신라에서는 『삼대목』이 편찬되었다. 20. 지방 9급 O | X

15 문왕 재위 시기에 신라에서는 독서삼품과가 설치되었다. 20. 지방 9급 O | X

16 무왕 때 국호를 진국에서 발해로 바꾸었다. 19. 국가 9급 O | X

★ 17 무왕 때 대흥이라는 독자적인 연호를 사용하였다. 19. 국가 9급 O | X

18 무왕은 요동 지역까지 영토를 확장하고 5경 15부 62주의 행정 구역을 완비하였다. 19. 국가 7급 O | X

Self Check ☑

문항	○	×	틀린 이유
01	○	×	
02	○	×	
03	○	×	
04	○	×	
05	○	×	
06	○	×	
07	○	×	
08	○	×	
09	○	×	
10	○	×	
11	○	×	
12	○	×	
13	○	×	
14	○	×	
15	○	×	
16	○	×	
17	○	×	
18	○	×	

오답 확인하기

01 대조영은 고구려의 장군 출신이다.
02 발해 무왕에 대한 설명이다.
04 수도를 상경성으로 옮긴 것은 발해 문왕과 발해 성왕이다.
05 발해 선왕 때의 일이다.
07 대조영(발해 고왕)에 대한 설명이다.
08 백제에 대한 설명이다.
09 통일 신라에 대한 설명이다.
11 고구려에 대한 설명이다.
12 녹읍 폐지는 신라 신문왕 때의 일로, 발해 문왕이 즉위하기 이전의 일이다.
13 청해진 설치는 9세기 흥덕왕 때의 일로, 발해 문왕 이후의 일이다.
14 『삼대목』 편찬은 9세기 후반 진성여왕 때의 일로, 발해 문왕 이후의 일이다.
16 발해 고왕(대조영) 때의 일이다.
17 대흥은 발해 문왕 때 사용된 연호이다.
18 선왕에 대한 설명이다.

정답

01 X 02 X 03 O 04 X 05 X
06 O 07 X 08 X 09 X 10 O
11 X 12 X 13 X 14 X 15 O
16 X 17 X 18 X

19 무왕은 전륜성왕을 자처하고 황상, 황후 등의 용어를 사용하였다.
19. 서울시 7급 O | X

20 [순서나열] 장문휴가 당의 산동 지방 등주를 공격 → 당으로부터 '발해군왕'에서 '발해국왕'으로 봉해짐. → 수도를 중경 현덕부에서 북쪽의 상경 용천부로 옮김. → '건흥'이라는 연호를 사용함.
17. 국가 9급 O | X

21 발해는 일본에 보낸 국서에서 천손임을 자부하였다.
17. 하반기 국가 7급 O | X

22 인안, 대흥 등 독자적인 연호를 사용하였다.
17. 지방 7급 O | X

23 무왕 때 일본에 보낸 외교 문서에서 고구려 계승 의식을 천명하였다.
16. 서울시 9급 O | X

24 무왕 때 동북방의 여러 세력을 복속하고 북만주 일대를 장악하였다.
15. 사회복지 O | X

★ **25** 선왕은 '건흥' 연호를 사용하고, 지방 행정 조직을 정비하였다.
14. 지방 9급 O | X

★ **26** 무왕 때에 돌궐, 일본 등과 외교 관계를 맺어 당과 신라를 견제하였다.
13. 국가 7급 O | X

★ **27** 문왕 때에 신라와의 상설 교통로를 설치하여 대립 관계를 해소하려 하였다.
13. 국가 7급 O | X

28 선왕 때에 대부분의 거란족을 복속시키고 요서 지역으로 진출하였다.
13. 국가 7급 O | X

29 발해는 일본에 보낸 국서에 고려국왕이라는 명칭을 사용하였다.
13. 국가 7급 O | X

30 선왕 때 수도를 동경 용원부에서 상경 용천부로 옮겼다.
12. 국가 7급 O | X

31 선왕 때 남쪽으로 신라와 국경을 접할 정도로 넓은 영토를 차지하였다.
12. 국가 7급 O | X

Self Check

문항	○	×	틀린 이유
19	○	×	
20	○	×	
21	○	×	
22	○	×	
23	○	×	
24	○	×	
25	○	×	
26	○	×	
27	○	×	
28	○	×	
29	○	×	
30	○	×	
31	○	×	

오답 확인하기

19 발해 문왕 때의 일이다.
20 장문휴가 당의 산동 지방 등주를 공격 → 수도를 중경 현덕부에서 북쪽의 상경 용천부로 옮김. → 당으로부터 '발해군왕'에서 '발해국왕'으로 봉해짐. → '건흥'이라는 연호를 사용함.
28 대부분의 '말갈'족을 복속시키고 '요동' 지역으로 진출하였다.
30 발해 성왕에 대한 설명이다.

정답

19 X 20 X 21 O 22 O 23 O
24 O 25 O 26 O 27 O 28 X
29 O 30 X 31 O

Self Check

문항	○	×	틀린 이유
01	○	×	
02	○	×	
03	○	×	
04	○	×	
05	○	×	
06	○	×	
07	○	×	
08	○	×	
09	○	×	
10	○	×	
11	○	×	
12	○	×	
13	○	×	
14	○	×	
15	○	×	

테마 8 고대의 통치 조직과 정비

기출필수코드18

★ **01** 백제는 6좌평과 16관등제를 마련하였다. 24. 지방 9급 O | X

02 백제는 태학이라는 교육 기관을 설립하였다. 24. 지방 9급 O | X

★ **03** 백제에서는 골품에 따라 관등이나 관직 승진에 제한이 있었다. 24. 지방 9급 O | X

04 발해의 군사 제도로 9서당 10정이 있었다. 24. 법원 9급 O | X

05 신라는 방군제를 실시하여 지방 제도를 재정비하였다. 21. 경찰 1차 O | X

★ **06** 신라는 담로에 왕족을 파견하여 지방에 대한 통제를 강화하였다. 21. 경찰 1차 O | X

★ **07** 발해의 중앙 정치 조직은 3성 6부이며, 지방 행정 구역은 5경 15부 62주이다. 20. 경찰 2차 O | X

08 통일 신라 시대, 촌의 행정은 촌주가 담당하였다. 18. 국가 9급 O | X

09 발해는 전국 330여 개의 모든 군현에 수령을 파견하였다. 18. 국가 9급 O | X

10 삼국의 관등제와 관직 제도 운영은 신분제에 의하여 제약을 받았다. 18. 지방 9급 O | X

11 고구려는 대성(大城)에는 처려근지, 그 다음 규모의 성에는 욕살을 파견하였다. 18. 지방 9급 O | X

12 백제는 도성에 5부, 지방에 방(方)－군(郡) 행정 제도를 시행하였다. 18. 지방 9급 O | X

13 발해는 5도에 안찰사를, 양계에 병마사를 파견하였다. 18. 교육행정 O | X

★ **14** 백제는 중앙 관청을 22개로 확대하고 수도는 5부, 지방은 5방으로 정비하였다. 17. 지방 9급 O | X

15 백제는 16품의 관등제를 시행하고, 품계에 따라 옷의 색을 구별하여 입도록 하였다. 17. 지방 9급 O | X

오답 확인하기

02 태학은 고구려의 교육 기관이다.
03 신라에 대한 설명이다.
04 통일 신라의 군사 제도에 대한 설명이다.
05 방군제는 백제의 지방 제도이다.
06 백제에 대한 설명이다.
09 전국 모든 군현에 지방관을 파견한 것은 조선 시대부터이다.
11 고구려는 부(대성)에 지방 장관인 욕살을 파견하였고, 그 다음 규모의 성에는 처려근지 등을 파견하였다.
13 고려 시대의 지방 제도에 대한 설명이다.

정답

01 O 02 X 03 X 04 X 05 X
06 X 07 O 08 O 09 X 10 O
11 X 12 O 13 X 14 O 15 O

★ **16** 발해는 중앙과 지방에 각각 6부와 9주를 두어 다스렸다. 17. 하반기 지방 9급 O | X

17 발해는 정당성 아래에 있는 6부가 정책을 집행하였다. 17. 하반기 지방 9급 O | X

18 발해는 사정부를 두어 관리를 감찰하였다. 17. 하반기 지방 9급 O | X

★ **19** 백제는 관품 구별에 따라 자 · 단 · 비 · 녹색의 공복을 입었다. 17. 서울시 사복 O | X

★ **20** 국상, 대대로, 막리지 등은 고구려에서 재상의 직위를 지칭한다. 17. 서울시 사복 O | X

21 발해는 좌평이 국정을 총괄하였다. 17. 법원 9급 O | X

★ **22** 발해는 중앙군으로 10위를 두었다. 17. 법원 9급 O | X

23 발해는 12목에 지방관을 파견하였다. 17. 법원 9급 O | X

24 발해에서는 상대등이 귀족 회의를 주관하였다. 17. 법원 9급 O | X

25 발해는 위화부를 두고 관리 인사 업무를 담당케 하였다. 16. 교육행정 O | X

26 통일 신라는 13개의 관부가 병렬적으로 독립되어 있었으며 각 부의 장관은 여러 명인 경우가 많았다. 16. 서울시 7급 O | X

★ **27** 통일 신라 신문왕 대에 9주 5소경 체제로 정비하였다. 15. 국가 9급 O | X

28 통일 신라의 주(州)에는 지방 감찰관으로 보이는 외사정이 배치되었다. 15. 국가 9급 O | X

29 통일 신라는 촌주가 관할하는 촌 이외에 향 · 부곡이라는 행정 구역도 있었다. 15. 국가 9급 O | X

30 발해의 중앙 정치 조직은 3성 6부를 근간으로 중대성의 장관인 대내상이 국정을 총괄하였다. 15. 경찰 3차 O | X

31 신라의 관등은 크게 솔계 관등과 덕계 관등으로 나뉜다. 10. 국가 7급 O | X

32 고구려의 관등은 크게 형계 관등과 사자계 관등으로 나뉜다. 10. 국가 7급 O | X

Self Check ☑

문항	○	×	틀린 이유
16	○	×	
17	○	×	
18	○	×	
19	○	×	
20	○	×	
21	○	×	
22	○	×	
23	○	×	
24	○	×	
25	○	×	
26	○	×	
27	○	×	
28	○	×	
29	○	×	
30	○	×	
31	○	×	
32	○	×	

오답 **확인하기**

16 신라의 통치 체제에 대한 설명이다.
18 사정부는 통일 신라의 관부이다.
19 백제의 공복은 자 · 비 · 청색 순이다.
21 백제에 대한 설명이다.
23 고려에 대한 설명이다.
24 신라는 수상으로 상대등을 두어 국사를 총괄하고, 화백 회의를 주관하게 하였다.
25 통일 신라에 대한 설명이다.
30 중대성이 아니라 정당성이다.
31 백제에 대한 설명이다.

정답

16 X 17 O 18 X 19 X 20 O
21 X 22 O 23 X 24 X 25 X
26 O 27 O 28 O 29 O 30 X
31 X 32 O

02 고대의 경제 · 사회 · 문화

Self Check

문항	○	×	틀린 이유
01	○	×	
02	○	×	
03	○	×	
04	○	×	
05	○	×	
06	○	×	
07	○	×	
08	○	×	
09	○	×	
10	○	×	
11	○	×	

테마 1 고대의 경제 정책

기출필수코드 41 | 기출필수코드 42

★ **01** 신문왕은 관료전을 지급하고 녹읍을 폐지하였다. 20. 국가 7급 O | X

★ **02** 통일 신라 때 촌락의 토지 결수, 인구 수, 소와 말의 수 등을 파악하였다. 19. 지방직 9급 O | X

03 녹읍은 지역을 단위로 설정되어 수취가 허용되었다. 18. 교육행정 O | X

04 통일 신라 때 지방에서 수취한 조세를 수도로 이송하는 조운 체계가 확립되었다. 18. 지방 7급 O | X

05 [순서나열] 중앙과 지방 관리들의 녹읍을 폐지 → 교서를 내려 문무 관료들에게 토지를 차등있게 지급 → 처음으로 백성들에게 정전(丁田)을 지급 → 중앙과 지방의 여러 관리에게 지급한 녹봉을 없애고 다시 녹읍을 지급 18. 서울시 9급 O | X

06 민정 문서는 인구를 중시하여 소아의 수까지 파악했다. 17. 하반기 지방 9급 O | X

★ **07** 민정 문서에 따르면 촌락을 통제하기 위해서 지방관으로 촌주가 파견되었다. 17. 하반기 지방 9급 O | X

★ **08** 성덕왕 때 일반 백성들에게 정전을 지급하였다. 17. 서울시 사복 O | X

09 민정 문서가 작성되었던 시대에 인구는 남녀 모두 연령에 따라 6등급으로 나누어 파악하였다. 16. 지방 9급 O | X

10 민정 문서가 작성되었던 시대에는 국가에 봉사하는 대가로 관료에게 토지를 나누어 주는 전시과 제도를 운영하였다. 16. 지방 9급 O | X

11 민정 문서에서는 호구와는 달리 전답 면적의 증감은 기록되어 있지 않다. 15. 국가 7급 O | X

오답 확인하기

04 조운 체계가 처음 확립된 것은 고려 시대의 일이다.
05 교서를 내려 문무 관료들에게 토지를 차등있게 지급 → 중앙과 지방 관리들의 녹읍을 폐지 → 처음으로 백성들에게 정전(丁田)을 지급 → 중앙과 지방의 여러 관리에게 지급한 녹봉을 없애고 다시 녹읍을 지급
07 촌주는 지방관이 아니라 토착민 중에서 임명되었으며, 3년마다 민정 문서를 작성하였다.
10 전시과 제도는 고려 시대에 운영되었다.

정답

01 O 02 O 03 O 04 X 05 X
06 O 07 X 08 O 09 O 10 X
11 O

12 민정 문서는 비옥도와 풍흉의 정도에 따라 토지의 종류와 면적을 기록하였다.
15. 경찰 1차 O | X

★ **13** 민정 문서는 토착 세력인 촌주가 변동 사항을 조사하여 3년마다 작성하였다.
15. 경찰 1차 O | X

14 녹읍은 수급자가 토지로부터 조(租)를 받을 뿐 아니라, 그 지역의 주민을 노역(勞役)에 동원할 수 있었다.
14. 국가 9급 O | X

15 민정 문서에서는 인구, 가호, 노비 및 소와 말의 증감까지 매년 작성하였다.
14. 지방 9급 O | X

16 민정 문서의 토지에는 연수유전답, 촌주위답, 내시령답이 포함되어 있다.
14. 지방 9급 O | X

★ **17** 민정 문서에서 사람은 남녀로 나누고, 연령을 기준으로 하여 6등급으로 구분하였다.
14. 지방 9급 O | X

★ **18** 민정 문서에서 호(戶)는 상상호(上上戶)에서 하하호(下下戶)까지 9등급으로 구분하였다.
14. 지방 9급 O | X

테마 2 고대의 경제 생활

기출필수코드 43

★ **01** 통일 신라의 장보고가 청해진을 설치하여 해상권을 장악하였다.
21. 국가 9급 O | X

02 통일 신라 때 시비법과 이앙법 등의 발달로 농민층에서 광작이 성행하였다.
19. 지방직 9급 O | X

03 통일 신라 때 울산항은 국제 무역항으로 크게 번성하여 아라비아 상인들도 왕래하였다.
19. 경찰간부 O | X

04 통일 신라 때 수도에 서시(西市)와 남시(南市)가 새로이 설치되었다.
18. 지방 7급 O | X

05 통일 신라는 교통로인 신라도를 통하여 당과 직접 교역하였다.
16. 국가 7급 O | X

Self Check

문항	○	×	틀린 이유
12	○	×	
13	○	×	
14	○	×	
15	○	×	
16	○	×	
17	○	×	
18	○	×	
01	○	×	
02	○	×	
03	○	×	
04	○	×	
05	○	×	

제2막

오답 확인하기

12 비옥도와 풍흉의 정도는 기록하지 않았다.
15 매년이 아니라 3년이다.

02 조선 후기의 일이다.
05 신라도는 통일 신라와 발해의 교역로이다.

정답

12 X 13 O 14 O 15 X 16 O 17 O 18 O

01 O 02 X 03 O 04 O 05 X

06 발해는 목축이 발달하였고, 농업은 밭농사 중심이었지만 일부 지역에서는 벼농사도 지었다. 15. 경찰 3차 O | X

07 백제는 남중국 및 왜와 무역을 활발하게 전개하였다. 14. 지방 7급 O | X

08 통일 신라 시대에는 향이나 부곡에서 생활하는 농민들도 있었다. 13. 지방 7급 O | X

09 발해는 말(馬)이 주요한 수출품이었다. 13. 서울시 9급 O | X

10 통일 신라 귀족들은 소, 말, 돼지를 바다 가운데 섬에서 길러 필요한 때 화살로 쏘아 잡아먹기도 하였다. 11. 지방 7급 O | X

테마 3 고대의 신분 제도

기출필수코드 44

01 골품 제도는 통일 신라기에 성립하였다. 19. 상반기 서울시 9급 O | X

02 6두품은 관등 승진에서 중위제(重位制)를 적용받았다. 17. 국가 9급 O | X

★ 03 6두품은 중앙 관부의 최고 책임자를 독점하였다. 17. 국가 9급 O | X

★ 04 6두품은 자색(紫色)의 공복을 착용하였다. 17. 국가 9급 O | X

05 6두품은 왕이 될 수 있는 신분이었다. 17. 국가 9급 O | X

06 '나말 3최'로 유명한 최치원, 최승우, 최언위는 당나라에 유학하여 빈공과에 급제하였다. 17. 지방 9급 O | X

07 진골 귀족들은 관등과 상관없이 특정 색깔의 관복을 입었다. 17. 하반기 지방 9급 O | X

08 진골 귀족들은 골품제의 모순을 비판하여 과거제 도입을 주장하였다. 17. 하반기 지방 9급 O | X

09 진골 귀족들은 죄를 지으면 본관지로 귀향시키는 형벌이 적용되었다. 17. 하반기 지방 9급 O | X

Self Check

문항	○	×	틀린 이유
06	○	×	
07	○	×	
08	○	×	
09	○	×	
10	○	×	
01	○	×	
02	○	×	
03	○	×	
04	○	×	
05	○	×	
06	○	×	
07	○	×	
08	○	×	
09	○	×	

오답 확인하기

01 골품제는 신라가 삼국을 통일하기 이전부터 존재하였다.
03 진골 귀족에 대한 설명이다.
04 자색 공복은 착용할 수 없었다.
05 성골, 진골에 대한 설명이다.
07 진골 귀족들은 관등에 따라 자·비·청·황색의 공복을 입을 수 있었다.
08 골품제의 모순을 비판한 계층은 주로 6두품이다.
09 고려 시대의 귀족에 대한 설명이다.

정답

06 O 07 O 08 O 09 O 10 O

01 X 02 O 03 X 04 X 05 X
06 O 07 X 08 X 09 X

★ **10** 진골 귀족들은 중앙 관부와 지방 행정 조직의 장관직에 오를 수 있었다.
17. 하반기 지방 9급 O | X

★ **11** 골품제에 따라 관등 승진의 상한선이 정해져 있었다. 17. 지방 7급 O | X

★ **12** 통일 신라 진골 귀족의 관등 승진의 상한은 아찬까지였다. 16. 국가 9급 O | X

13 신라의 6두품은 어려서부터 경당에 들어가 유학과 활쏘기를 배웠다.
16. 교육행정 O | X

14 백제의 지배층은 왕족인 부여씨와 8성의 귀족으로 이루어졌다.
14. 경찰 1차 O | X

15 육두품은 득난(得難)이라고도 하였는데, 진골 다음 가는 신분이었다.
13. 지방 7급 O | X

16 신라에서 복색의 기준은 신분에 따라 자색－단색－비색－녹색의 순서로 정하였다. 13. 지방 7급 O | X

★ **17** 신라의 골품 제도는 가옥의 규모와 장식물 등 신라인의 일상 생활까지 규제하였다. 12. 지방 9급 O | X

테마 4 고대의 사회 모습

기출필수코드 45

01 신라 하대, 봄에 곡식을 빌려 주고 가을에 돌려받는 진대법이 시행되었다.
19. 경찰 1차 O | X

★ **02** 화랑도는 진흥왕 때 인재 양성을 위한 제도로 정착되었다. 17. 지방 7급 O | X

★ **03** 신라 하대, 지방에서는 호족 세력이 성장하였다. 16. 지방 9급 O | X

04 신라 하대에는 신진 사대부가 대두하여 권문세족을 비판하였다.
16. 지방 9급 O | X

05 발해의 주민 중 다수는 말갈인이었는데 이들은 지배층에 편입되지 못하였다.
14. 사회복지 O | X

Self Check

문항	○	×	틀린 이유
10	○	×	
11	○	×	
12	○	×	
13	○	×	
14	○	×	
15	○	×	
16	○	×	
17	○	×	
01	○	×	
02	○	×	
03	○	×	
04	○	×	
05	○	×	

오답 확인하기

12 진골 귀족이 아니라 6두품이다.
13 고구려에 대한 설명이다.
16 자색 – 단색 – 비색 – 녹색이 아니라 자색 – 비색 – 청색 – 황색이다.

01 진대법은 고구려 고국천왕 때 시행되었다.
04 신라 하대가 아니라 고려 말이다.
05 말갈인 중 일부는 지배층이 되거나 촌장(수령)이 되기도 하였다.

정답

10 O 11 O 12 X 13 X 14 O
15 O 16 X 17 O

01 X 02 O 03 O 04 X 05 X

Self Check

문항	○	×	틀린 이유
06	○	×	
07	○	×	
08	○	×	
09	○	×	
01	○	×	
02	○	×	
03	○	×	
04	○	×	
05	○	×	
06	○	×	
07	○	×	
08	○	×	
09	○	×	

06 통일 신라의 화랑도는 진골 귀족에서 평민까지 포함하는 조직이었다.
13. 서울시 7급 O | X

07 백제의 관리는 뇌물을 받거나 국가의 재물을 횡령했을 때 3배를 배상하고, 죽을 때까지 금고형에 처하였다. 12. 지방 9급 O | X

08 백제의 지배층은 투호와 바둑 및 장기와 같은 오락을 즐겼다.
12. 국가 7급 O | X

09 백제의 지배층은 중국의 고전과 역사책을 읽고 한문을 구사하였다.
12. 국가 7급 O | X

테마 5 고대의 불교

기출필수코드 46

01 혜초는 중앙아시아와 인도 지역을 순례하고 지리, 풍속, 산물 등에 관한 기행문을 남겼다. 24. 지방 9급 O | X

★ **02** 의상은 무애가를 지어 불교 대중화에 기여하였다. 23. 법원 9급 O | X

03 의상은 불교 교단을 통합하기 위해 천태종을 개창하였다. 23. 법원 9급 O | X

★ **04** 의상은 모든 것이 한마음에서 나온다는 일심 사상을 제시하였다.
22. 국가 9급 O | X

★ **05** 의상은 화엄일승법계도를 만들었다. 22. 국가 9급 O | X

★ **06** 자장은 『왕오천축국전』이라는 여행기를 남겼다. 22. 국가 9급 O | X

07 자장은 이론과 실천을 같이 강조하는 교관겸수를 제시하였다.
22. 국가 9급 O | X

08 원광은 화엄 사상을 연구하여 「화엄일승법계도」를 작성하였다.
21. 지방 9급 O | X

09 원광은 왕에게 수나라에 군사를 청하는 글을 지어 바쳤다. 21. 지방 9급 O | X

오답 확인하기

02 원효에 대한 설명이다.
03 의천에 대한 설명이다.
04 원효에 대한 설명이다.
06 혜초에 대한 설명이다.
07 의천에 대한 설명이다.
08 의상에 대한 설명이다.

정답

06 O 07 O 08 O 09 O

01 O 02 X 03 X 04 X 05 O
06 X 07 X 08 X 09 O

10 원광은 인도를 여행하여 『왕오천축국전』을 썼다. 21. 지방 9급 O | X

11 자장은 대국통으로 있으면서 계율을 지키는 일에 힘을 보탰다. 19. 지방직 9급 O | X

★ **12** 원광은 왕에게 건의하여 황룡사 9층 탑을 세웠다. 19. 지방 7급 O | X

★ **13** 원광은 화랑이 지켜야 할 세속오계를 만들었다. 19. 지방 7급 O | X

★ **14** 의상은 당에서 유학하고 돌아와 부석사를 창건하였다. 18. 국가 7급 O | X

15 백제에서는 계율종이 크게 성행하였는데, 겸익이 대표적인 승려이다. 17. 서울시 7급 O | X

16 원효는 『십문화쟁론』을 저술하였다. 17. 법원 9급 O | X

17 원효는 수선사 결사를 제창하였다. 17. 법원 9급 O | X

18 의상은 국왕이 큰 공사를 일으켜 도성을 새로이 정비하려 할 때 백성을 위해 이를 만류하였다. 15. 국가 9급 O | X

19 의상은 「화엄일승법계도」를 저술하여 화엄 사상을 정리하였다. 15. 지방 9급 O | X

20 의상은 중국에서 풍수지리설을 들여와 지세의 중요성을 일깨웠다. 15. 지방 9급 O | X

21 의상은 『십문화쟁론』을 지어 종파 간의 대립을 해소하고자 하였다. 15. 지방 9급 O | X

22 원효는 중관 사상과 유식 사상의 대립을 해소하고자 화쟁 사상을 전개하였다. 15. 교육행정 O | X

23 원효는 『대승기신론소』, 『금강삼매경론』을 저술하였다. 15. 경찰 3차 O | X

24 선종은 지방에서 새로이 대두한 호족들의 사상으로 받아들여졌다. 14. 국가 9급 O | X

25 의상은 현세에서 고난을 구제받고자 하는 관음 신앙을 이끌었다. 14. 지방 7급 O | X

Self Check

문항	○	×	틀린 이유
10	○	×	
11	○	×	
12	○	×	
13	○	×	
14	○	×	
15	○	×	
16	○	×	
17	○	×	
18	○	×	
19	○	×	
20	○	×	
21	○	×	
22	○	×	
23	○	×	
24	○	×	
25	○	×	

제2막

오답 **확인하기**

10 혜초에 대한 설명이다.
12 자장에 대한 설명이다.
17 지눌에 대한 설명이다.
20 의상이 아니라 도선 등 선종 승려에 대한 설명이다.
21 의상이 아니라 원효이다.

정답

10 X 11 O 12 X 13 O 14 O
15 O 16 O 17 X 18 O 19 O
20 X 21 X 22 O 23 O 24 O
25 O

★ **26** 원효는 교종과 선종을 통합하고자 하였다. 14. 지방 7급 O | X

27 원효는 극락에 가고자 하는 아미타 신앙을 전도하며 불교 대중화의 길을 열었다. 14. 경찰 1차 O | X

28 원효는 자신의 행동을 진정으로 참회하는 법화 신앙에 중점을 둔 백련 결사를 제창하였다. 13. 국가 7급 O | X

29 의상은 김제 금산사를 중심으로 미륵불이 지상에 와서 이상 사회를 건설한다는 믿음을 가르쳤다. 12. 지방 9급 O | X

30 의상은 진골 귀족 출신으로 원융 사상을 설파하였다. 10. 지방 9급 O | X

테마 6 고대의 유학과 교육, 역사서

기출필수코드 50

01 고구려는 영양왕 때 이문진이 『유기』를 간추려 『신집』 5권을 편찬했다. 19. 서울시 9급 O | X

★ **02** 발해는 유학 교육을 목적으로 주자감을 설치하고 귀족 자제들에게 유학을 가르쳤다. 16. 서울시 7급 O | X

★ **03** 백제에서는 근초고왕 때 고흥이 『서기』를 편찬하였다. 16. 경찰 1차 O | X

★ **04** 신라에서는 진흥왕 때 거칠부가 『국사』를 편찬하였다. 16. 경찰 1차 O | X

05 진골 출신의 설총은 이두를 정리하고 신문왕에게 『화왕계』라는 글을 바쳤다. 16. 경찰 2차 O | X

★ **06** 최치원은 당의 빈공과에 급제하고 문장가로 이름을 떨친 뒤 귀국하여 성덕왕에게 개혁안 10여 조를 건의하였다. 16. 경찰 2차 O | X

07 신문왕 대에는 국학을 태학으로 고치고, 박사와 조교를 두어 『논어』와 『효경』 등의 유교 경전을 가르쳤다. 14. 경찰 1차 O | X

08 신라에서는 경당에서 유교와 활쏘기 등 무예를 배웠다. 12. 지방 9급 O | X

09 백제에는 박사 제도가 있었으며, 일본에 유교 경전을 전해주었다. 12. 국가 7급 O | X

Self Check

문항	○	×	틀린 이유
26	○	×	
27	○	×	
28	○	×	
29	○	×	
30	○	×	
01	○	×	
02	○	×	
03	○	×	
04	○	×	
05	○	×	
06	○	×	
07	○	×	
08	○	×	
09	○	×	

오답 확인하기

26 교종과 선종이 아니라 중관파와 유식파이다.
28 원효가 아니라 고려 요세이다.
29 의상이 아니라 진표다.

05 설총은 6두품 출신이다.
06 성덕왕이 아니라 진성여왕이다.
07 신문왕이 아니라 경덕왕이다.
08 신라가 아니라 고구려이다.

정답

26 X 27 O 28 X 29 X 30 O

01 O 02 O 03 O 04 O 05 X
06 X 07 X 08 X 09 O

테마 7 고대의 고분과 과학 기술, 문화재 기출필수코드 53 기출필수코드 54

★ **01** 미륵사에는 목탑의 양식을 간직한 석탑이 있다. 24. 국가 9급 O | X

02 미륵사에는 대리석으로 만든 10층 석탑이 있다. 24. 국가 9급 O | X

03 미륵사에는 성주산문을 개창한 낭혜 화상의 탑비가 있다. 24. 국가 9급 O | X

04 미륵사에는 돌을 벽돌 모양으로 만들어 쌓은 모전 석탑이 있다. 24. 국가 9급 O | X

05 정림사지에는 백제의 5층 석탑이 남아 있다. 22. 국가 9급 O | X

06 능산리 고분군에는 계단식 돌무지무덤이 있다. 22. 국가 9급 O | X

★ **07** 무령왕릉에는 무덤 주인공을 알려주는 지석이 있었다. 22. 국가 9급 O | X

★ **08** 공주 송산리 고분군에는 전축분인 6호분과 무령왕릉이 있다. 21. 국가 9급 O | X

09 무령왕릉과 송산리 6호분은 중국 남조의 영향을 받은 벽돌무덤이다. 20. 경찰 1차 O | X

10 부여 정림사지 5층 석탑에서는 백제 무왕의 왕후가 넣은 사리기가 발견되었다. 19. 국가 9급 O | X

11 선덕여왕 때 첨성대를 세웠다. 19. 지방 9급 O | X

12 삼국 시대에 목탑 양식의 미륵사지 석탑이 건립되었다. 19. 지방 9급 O | X

13 삼국 시대에 가야 출신의 우륵에 의해 가야금이 신라에 전파되었다. 19. 지방 9급 O | X

★ **14** 백제 무령왕릉과 발해 정효 공주 묘는 중국 문화의 영향을 받아 만들어진 벽돌무덤이다. 19. 국가 7급 O | X

15 백제 무령왕릉과 발해 정효 공주 묘의 천장은 각을 줄여 쌓는 평행 고임 구조로 되어 있다. 19. 국가 7급 O | X

Self Check

문항	○	×	틀린 이유
01	○	×	
02	○	×	
03	○	×	
04	○	×	
05	○	×	
06	○	×	
07	○	×	
08	○	×	
09	○	×	
10	○	×	
11	○	×	
12	○	×	
13	○	×	
14	○	×	
15	○	×	

오답 확인하기

02 원각사에 대한 설명이다.
03 낭혜 화상 탑비는 성주사에 있다.
04 분황사에 대한 설명이다.
06 계단식 돌무지무덤은 서울 석촌동 고분군에서 발견되었다. 부여 능산리 고분군에는 굴식 돌방무덤이 있다.
10 정림사지 5층 석탑이 아니라 미륵사지 석탑에 대한 설명이다.
15 정효 공주 묘에만 해당되는 내용이다.

정답

01 O 02 X 03 X 04 X 05 O
06 X 07 O 08 O 09 O 10 X
11 O 12 O 13 O 14 O 15 X

16 백제 무령왕릉과 발해 정효 공주 묘는 무덤방의 네 벽면에 회가 칠해지고 벽화가 그려져 있다. 19. 국가 7급 O | X

17 백제 무령왕릉과 발해 정효 공주 묘는 무덤에 묻힌 인물에 대해 알려 주는 문자 자료가 발견되었다. 19. 국가 7급 O | X

18 돌무지덧널무덤은 중국 남조의 영향을 받았다. 19. 법원 9급 O | X

19 돌무지덧널무덤은 고구려의 초기 무덤 형태이다. 19. 법원 9급 O | X

20 돌무지덧널무덤에는 천마도가 벽화로 그려져 있다. 19. 법원 9급 O | X

21 돌무지덧널무덤은 구조상 널방이 없어 벽화를 그릴 수가 없었다. 19. 경찰간부 O | X

22 장군총의 널방 벽에서 사신도(四神圖)가 발견되었다. 18. 교육행정 O | X

★23 장군총은 화강암을 다듬어 쌓은 계단식 돌무지무덤이다. 18. 교육행정 O | X

24 장군총에서 광개토 대왕 제사 때 쓰인 호우명 그릇이 출토되었다. 18. 교육행정 O | X

25 유네스코 세계 유산으로 지정된 백제 역사 유적 지구 문화유산 중 부여군에 속한 것은 정림사지, 공산성, 부소산성과 관북리 유적, 송산리 고분군 등이 있다. 18. 국가 7급 O | X

26 무령왕릉은 충남 부여에 있다. 18. 경찰 2차 O | X

27 정효 공주 묘에는 죽은 자의 가족 관계를 기록한 묘지(墓誌)가 있다. 18. 경찰 2차 O | X

★28 정효 공주 묘는 벽돌로 축조되어 있다. 18. 경찰 2차 O | X

29 황룡사 9층탑은 목조탑의 양식을 간직하고 있는 석탑이다. 17. 하반기 지방 9급 O | X

30 황룡사 9층탑은 돌을 벽돌 모양으로 다듬어 쌓은 탑이다. 17. 하반기 지방 9급 O | X

Self Check ☑

문항	○	×	틀린 이유
16	○	×	
17	○	×	
18	○	×	
19	○	×	
20	○	×	
21	○	×	
22	○	×	
23	○	×	
24	○	×	
25	○	×	
26	○	×	
27	○	×	
28	○	×	
29	○	×	
30	○	×	

오답 확인하기

16 벽화는 정효 공주 묘에서만 발견되었다. 무령왕릉에는 벽화가 존재하지 않는다.
18 중국 남조의 영향을 받아 만든 벽돌무덤으로는 무령왕릉 등이 있다.
19 고구려의 초기 무덤 형태는 돌무지무덤 양식이다.
20 천마도는 벽화가 아니라 말 배가리개에 그려진 그림이다.
22 장군총에는 벽화가 없다.
24 신라 고분인 호우총에 대한 설명이다.
25 공산성과 송산리 고분군은 공주시에 속하는 문화유산이다.
26 무령왕릉이 발견된 송산리 고분군은 부여가 아니라 공주에 있다.
29 미륵사지 석탑에 대한 설명이다.
30 분황사 모전 석탑에 대한 설명이다.

정답

16 X 17 O 18 X 19 X 20 X
21 O 22 X 23 O 24 X 25 X
26 X 27 O 28 O 29 X 30 X

★ **31** 황룡사 9층탑은 자장 율사가 건의하여 세워졌다. 17. 하반기 지방 9급 O | X

32 무령왕릉의 무덤 안에는 왕과 왕비의 지석이 발견되었다. 17. 국가 7급 O | X

33 무령왕릉에서는 무덤 안의 네 벽면을 장식한 사신도 벽화가 발견되었다. 17. 국가 7급 O | X

34 정효 공주 묘는 굴식 돌방과 모줄임 천장 구조로 축조되었다. 17. 하반기 국가 7급 O | X

★ **35** 발해의 도읍에서는 직사각형의 내·외성, 주작대로를 만들었다. 16. 국가 7급 O | X

36 고구려 수도인 평양에는 장안성이 축조되었다. 16. 지방 7급 O | X

37 백제 사비도성에는 중심 지역 외곽에 나성을 둘렀다. 16. 지방 7급 O | X

38 발해의 영광탑은 고구려의 영향을 받은 석탑이다. 16. 서울시 7급 O | X

★ **39** 돌무지덧널무덤은 도굴이 어려워 금관 등 많은 껴묻거리가 남아 있다. 15. 지방 7급 O | X

40 통일 신라 시대에는 불교의 영향으로 화장이 유행하였고, 고분 양식도 돌무지덧널무덤에서 점차 규모가 작은 굴식 돌방무덤으로 바뀌었다. 15. 경찰 2차 O | X

★ **41** 신라 하대에는 선종의 영향을 받은 승탑과 탑비가 유행하였다. 14. 지방 7급 O | X

42 무령왕릉은 중국 남조의 영향을 받아 벽돌로 무덤 내부를 쌓았다. 14. 경찰 2차 O | X

43 통일 신라 시대 석탑은 다각 다층탑이 많았고 석탑의 몸체를 받치는 받침이 보편화되었다. 13. 국가 7급 O | X

44 백제는 초기에 고구려의 영향으로 계단식 돌무지무덤을 만들었다. 12. 경찰 1차 O | X

Self Check ☑

문항	○	×	틀린 이유
31	○	×	
32	○	×	
33	○	×	
34	○	×	
35	○	×	
36	○	×	
37	○	×	
38	○	×	
39	○	×	
40	○	×	
41	○	×	
42	○	×	
43	○	×	
44	○	×	

오답 확인하기

33 무령왕릉에는 벽화가 없다.
34 정효 공주 묘가 아니라 정혜 공주 묘에 대한 설명이다.
38 당의 영향을 받은 전탑(벽돌탑)이다.
43 통일 신라 시대가 아니라 고려 시대에 대한 설명이다.

정답

31 O 32 O 33 X 34 X 35 O
36 O 37 O 38 X 39 O 40 O
41 O 42 O 43 X 44 O

Self Check

문항	○	×	틀린 이유
01	○	×	
02	○	×	
03	○	×	
04	○	×	
05	○	×	

테마 8 삼국 문화의 일본 전파

★ **01** 백제의 노리사치계가 일본에 불경과 불상을 전하였다. 21. 국가 9급 O | X

02 신라인들은 배를 만드는 조선술과 제방을 만드는 축제술을 일본에 전해 주었다. 18. 서울시 7급 O | X

03 고구려의 승려 혜자는 쇼토쿠 태자의 스승이 되었다. 18. 서울시 7급 O | X

04 백제의 아직기가 일본 태자에게 한자를 가르쳤다. 17. 하반기 국가 7급 O | X

05 백제의 고안무가 일본에 유학을 전해 주었다. 17. 하반기 국가 7급 O | X

정답

01 O 02 O 03 O 04 O 05 O

중세 사회의 발전

01 중세의 정치

테마 1 고려 초기 국왕 업적

기출필수코드 08

01 성종 때 개경에 나성을 쌓았다. 24. 지방 9급 O | X

02 성종 때 전시과 제도를 처음 실시하였다. 24. 지방 9급 O | X

★ 03 성종 때 전국의 주요 지역에 12목을 설치하였다. 24. 지방 9급 O | X

★ 04 성종 때 노비안검법을 실시하여 호족 세력을 약화시켰다. 24. 지방 9급 O | X

05 노비안검법과 노비환천법 사이의 시기에 강조가 정변을 일으켰다. 24. 법원 9급 O | X

06 노비안검법과 노비환천법 사이의 시기에 전시과가 처음으로 제정되었다. 24. 법원 9급 O | X

07 노비안검법과 노비환천법 사이의 시기에 공신들에게 역분전이 지급되었다. 24. 법원 9급 O | X

08 고려 성종 재위 기간에 이자겸이 난을 일으켰다. 23. 법원 9급 O | X

09 고려 성종 재위 기간에 최충이 9재 학당을 설치하였다. 23. 법원 9급 O | X

★ 10 고려 성종 때 중앙 관제를 2성 6부로 정비하였다. 23. 법원 9급 O | X

11 고려 초기에는 지방 세력으로 호족이 존재하였다. 22. 지방 9급 O | X

12 고려 초기에는 풍양 조씨 등 특정 가문이 정권을 장악하였다. 22. 지방 9급 O | X

13 광종은 전민변정도감을 설치하였다. 22. 지방 9급 O | X

★ 14 광종은 토지 제도로서 전시과를 시행하였다. 22. 지방 9급 O | X

Self Check

문항	○	×	틀린 이유
01	○	×	
02	○	×	
03	○	×	
04	○	×	
05	○	×	
06	○	×	
07	○	×	
08	○	×	
09	○	×	
10	○	×	
11	○	×	
12	○	×	
13	○	×	
14	○	×	

오답 확인하기

01 고려 현종 때의 일이다.
02 고려 경종 때의 일이다.
04 광종의 업적이다.
05 노비환천법 이후인 목종 때의 일이다.
07 노비안검법 이전인 고려 태조 때의 일이다.
08 고려 인종 때의 일이다.
09 고려 문종 때의 일이다.
12 19세기 세도 정치 때의 일이다.
13 원종 때 전민변정도감을 처음 설치하였다.
14 경종 때 전시과 제도를 처음 실시하였다.

정답

01 X 02 X 03 O 04 X 05 X
06 O 07 X 08 X 09 X 10 O
11 O 12 X 13 X 14 X

15 광종은 12목을 설치하고 지방관을 파견하였다. 22. 지방 9급 O | X

16 태조는 귀순한 호족에게 성(姓)을 내려주어 포섭하였다. 22. 서울 9급 O | X

17 태조는 공복(公服)을 등급에 따라 제정하였다. 22. 서울 9급 O | X

18 견훤은 고려에 귀순하였다. 22. 소방직 O | X

19 견훤은 철원에 수도를 정하였다. 22. 소방직 O | X

20 견훤은 '천수'라는 연호를 사용하였다. 22. 소방직 O | X

★21 성종 때 양경과 12목에 상평창을 설치하였다. 21. 국가 9급 O | X

22 성종 때 균여를 귀법사 주지로 삼아 불교를 정비하였다. 21. 국가 9급 O | X

★23 성종 때 국자감에 7재를 두어 관학을 부흥하고자 하였다. 21. 국가 9급 O | X

★24 성종 때 전지(田地)와 시지(柴地)를 지급하는 경정 전시과를 실시하였다. 21. 국가 9급 O | X

25 태조 왕건 즉위~신검의 항복 사이의 시기에 신라의 경순왕은 스스로 나라를 고려에 넘겨주었다. 21. 법원 9급 O | X

26 태조 왕건 즉위~신검의 항복 사이의 시기에 발해국 세자 대광현과 수만 명이 고려에 귀화하였다. 21. 법원 9급 O | X

27 태조 때 왕규의 난이 일어났다. 21. 경찰 1차 O | X

28 광종은 정방을 폐지하였다. 21. 소방직 O | X

29 태조는 남경을 북진 정책의 전진 기지로 삼았다. 20. 국가 9급 O | X

★30 광종은 노비안검법을 시행하였다. 20. 지방 9급 O | X

★31 광종은 개경에 국자감을 설립하였다. 20. 지방 9급 O | X

★32 광종은 제위보를 설치하였다. 20. 국가 7급 O | X

Self Check ☑

문항	○	×	틀린 이유
15	○	×	
16	○	×	
17	○	×	
18	○	×	
19	○	×	
20	○	×	
21	○	×	
22	○	×	
23	○	×	
24	○	×	
25	○	×	
26	○	×	
27	○	×	
28	○	×	
29	○	×	
30	○	×	
31	○	×	
32	○	×	

오답 확인하기

15 고려 성종의 업적이다.
17 광종의 업적이다.
19 궁예에 대한 설명이다.
20 고려 태조(왕건)에 대한 설명이다.
22 고려 광종 때의 일이다.
23 고려 예종 때의 일이다.
24 고려 문종 때의 일이다.
27 고려 혜종 때의 일이다.
28 정방은 최우 집권기에 설치되어 원 간섭기에 설치와 폐지를 반복하였다.
29 서경(평양)에 대한 설명이다.
31 고려 성종은 개경에 국자감을 설치하였다.

정답

15 X 16 O 17 X 18 O 19 X
20 X 21 O 22 X 23 X 24 X
25 O 26 O 27 X 28 X 29 X
30 O 31 X 32 O

제3편

Self Check ☑

문항	○	×	틀린 이유
33	○	×	
34	○	×	
35	○	×	
36	○	×	
37	○	×	
38	○	×	
39	○	×	
40	○	×	
41	○	×	
42	○	×	
43	○	×	
44	○	×	
45	○	×	
46	○	×	
47	○	×	
48	○	×	
49	○	×	
50	○	×	

33 광종은 귀법사를 창건하였다. 20. 국가 7급 O | X

34 광종은 준풍 등 연호를 사용하였다. 20. 국가 7급 O | X

★ **35** 광종은 과거제를 시행하였다. 20. 법원 9급 O | X

36 광종은 개경을 황도로 칭하였다. 20. 법원 9급 O | X

37 광종 때 의창과 상평창을 설립하였다. 20. 법원 9급 O | X

38 태조는 물가 조절을 위해 상평창을 설치하였다. 19. 지방 9급 O | X

39 태조는 기인·사심관제와 함께 과거제를 실시하였다. 19. 지방 9급 O | X

★ **40** 태조는 혼인 정책과 사성 정책을 통해 호족을 포섭하였다. 19. 지방 9급 O | X

41 태조는 광군 30만을 조직하여 거란의 침략에 대비하였다. 19. 지방 9급 O | X

42 태조 때 역분전이라는 토지 제도를 처음으로 시행하였다. 19. 지방 7급 O | X

★ **43** 성종은 연등회를 축소하고 팔관회를 폐지하여 국가적인 불교 행사를 억제하였다. 19. 서울시 9급 O | X

★ **44** 광종은 관리의 등급에 따라 자색, 단색, 비색, 녹색으로 공복을 구분하였다. 19. 경찰 2차 O | X

45 광종은 구제도감을 설치하였다. 18. 지방 7급 O | X

46 광종은 문신월과법을 실시하였다. 18. 지방 7급 O | X

47 성종 때 중앙 문관에게는 문산계를, 지방 호족인 향리와 노병 등에게는 무산계를 부여하였다. 18. 경찰 1차 O | X

★ **48** 태조는 훈요 10조를 남겼다. 17. 법원 9급 O | X

★ **49** 태조는 향리 제도를 마련하였다. 17. 법원 9급 O | X

50 광종은 노비환천법을 실시하였다. 17. 경찰 2차 O | X

오답 **확인하기**

37 고려 성종 때의 일이다.
38 고려 성종 때의 일이다.
39 과거제가 실시된 것은 광종 때의 일이다.
41 정종 때의 일이다.
45 예종 때의 사실이다.
46 고려 성종 때의 사실이다.
49 고려 성종의 업적이다.
50 고려 성종 때의 일이다.

정답

33 O 34 O 35 O 36 O 37 X
38 X 39 X 40 O 41 X 42 O
43 O 44 O 45 X 46 X 47 O
48 O 49 X 50 X

51 성종 때 국자감을 설치하였다. 16. 법원 9급 O | X

★52 태조는 지방 통제를 위하여 사심관 제도를 실시하였다. 16. 교육행정 O | X

53 성종은 서경 천도를 추진하였다. 15. 국가 9급 O | X

★54 성종은 5도 양계의 지방 제도를 확립하였다. 15. 국가 9급 O | X

55 성종은 북쪽 국경 일대에 천리장성을 쌓아 외적의 침략에 대비하였다. 15. 경찰 2차 O | X

56 광종은 『정계』와 『계백료서』를 지어 관리가 지켜야 할 규범을 제시하였다. 15. 경찰 3차 O | X

57 훈요 10조의 내용으로는 연등회와 팔관회의 행사를 축소할 것이 있다. 14. 국가 7급 O | X

테마 2 고려의 정치 제도

기출필수코드 18

★01 대간은 왕의 잘못을 논하는 간쟁 업무를 수행하였다. 24. 법원 9급 O | X

02 대간은 중추원의 추밀과 함께 법제와 격식을 제정하였다. 24. 법원 9급 O | X

★03 대간은 관원 임명시 동의 여부에 서명할 수 있는 서경의 권한이 있었다. 24. 법원 9급 O | X

04 대간은 잘못된 왕명을 시행하지 않고 되돌려 보내는 봉박 업무를 수행하였다. 24. 법원 9급 O | X

05 전민변정도감은 시전의 물가를 감독하는 임무를 담당하는 기구이다. 23. 국가 9급 O | X

06 전민변정도감은 국가 재정의 출납과 회계 업무를 총괄하는 기구이다. 23. 국가 9급 O | X

Self Check

문항	○	×	틀린 이유
51	○	×	
52	○	×	
53	○	×	
54	○	×	
55	○	×	
56	○	×	
57	○	×	
01	○	×	
02	○	×	
03	○	×	
04	○	×	
05	○	×	
06	○	×	

제3막

오답 확인하기

53 정종과 인종에 대한 설명이다.
54 현종에 대한 설명이다.
55 천리장성은 덕종~정종 때 지어졌다.
56 태조에 대한 설명이다.
57 시무 28조에 대한 설명이다.

02 고려의 대간이 아니라 중서문하성의 재신에 대한 설명이다.
05 고려의 경시서에 대한 설명이다.
06 고려의 삼사에 대한 설명이다.

정답

51 O 52 O 53 X 54 X 55 X 56 X 57 X

01 O 02 X 03 O 04 O 05 X 06 X

Self Check

문항	○	×	틀린 이유
07	○	×	
08	○	×	
09	○	×	
10	○	×	
11	○	×	
12	○	×	
13	○	×	
14	○	×	
15	○	×	
16	○	×	
17	○	×	
18	○	×	
19	○	×	
20	○	×	
21	○	×	
22	○	×	
23	○	×	
24	○	×	

07 전민변정도감은 불법적으로 점유된 토지와 노비를 조사하는 기구이다. 23. 국가 9급 O | X

★ **08** 모든 군현에 수령이 파견되었다. 23. 법원 9급 O | X

★ **09** 전국을 8도로 나누고 그 아래 부·목·군·현을 두었다. 23. 법원 9급 O | X

10 중서문하성의 낭사는 어사대와 함께 대간으로 불렸다. 23. 법원 9급 O | X

11 별무반은 정종 때에 설치되었다. 20. 지방 9급 O | X

12 별무반은 귀주 대첩에서 큰 활약을 하였다. 20. 지방 9급 O | X

★ **13** 별무반은 여진족에 대처하기 위해 조직되었다. 20. 지방 9급 O | X

14 별무반은 응양군, 용호군, 신호위 등의 2군과 6위로 편성되었다. 20. 지방 9급 O | X

15 음서로 등용된 사람들은 고위 관직에 오르지 못했다. 19. 지방 7급 O | X

16 음서는 사위나 외손자에게도 적용되었다. 19. 지방 7급 O | X

17 북방의 양계 지역에는 주현군을 따로 설치하였다. 19. 서울시 9급 O | X

18 중앙에서 지방을 견제하기 위해 외사정을 파견하였다. 19. 경찰 2차 O | X

19 촌락 지배 방식으로 면리제가 확립되었다. 18. 국가 9급 O | X

20 고려 전기, 중앙 문반에게 문산계를 부여하였다. 18. 지방 9급 O | X

21 고려 성종 때에 문산계를 정식으로 채택하였다. 18. 지방 9급 O | X

22 고려 전기, 중앙 무반에게 무산계를 제수하였다. 18. 지방 9급 O | X

23 고려 전기, 탐라의 지배층과 여진 추장에게 무산계를 주었다. 18. 지방 9급 O | X

★ **24** 지방은 지방관이 파견된 주현과 파견되지 않은 속현으로 구성되었다. 18. 서울시 9급 O | X

오답 확인하기

08 조선 시대에 대한 설명이다.
09 조선 시대에 대한 설명이다.
11 광군에 대한 설명이다.
12 귀주 대첩은 고려 현종 때 일어난 전투로, 별무반 편성 이전의 일이다.
14 고려의 중앙군에 대한 설명이다.
15 음서로 등용된 사람들은 대부분 5품 이상의 고위직에 진출할 수 있었다.
17 양계 지역에는 주현군이 아니라 주진군을 두었다.
18 통일 신라 때의 일이다.
19 조선 시대의 일이다.
22 중앙 무반들에게는 무산계가 아니라 문산계를 제수하였다.

정답

07 O 08 X 09 X 10 O 11 X
12 X 13 O 14 X 15 X 16 O
17 X 18 X 19 X 20 O 21 O
22 X 23 O 24 O

★ **25** 도병마사는 법제・격식을 다루었으며, 식목도감은 고려 후기에 도당으로 불렸다.
17. 하반기 국가 7급 O | X

★ **26** 도병마사와 식목도감은 고려의 독자적인 기구이며, 중서문하성의 재신과 중추원의 추신이 합좌하였다.
17. 하반기 국가 7급 O | X

27 중추원은 왕명 출납과 군기의 업무를 맡았고, 삼사는 백관을 규찰하고 탄핵하였다.
17. 하반기 국가 7급 O | X

★ **28** 도병마사는 화폐와 곡식의 출납, 회계의 일을 맡았다.
16. 국가 7급 O | X

★ **29** 도병마사는 정치의 잘잘못을 논하고 관리의 비리를 감찰하였다.
16. 국가 7급 O | X

30 관리 등용 제도로는 과거와 음서 등이 있었으며 무과는 거의 실시되지 않았다.
16. 서울시 9급 O | X

31 상장군・대장군들로 구성된 중방이라는 합좌 기관이 있었다.
16. 서울시 7급 O | X

★ **32** 중추원은 군사 기밀을 담당하는 추밀과 왕명의 출납을 담당하는 승선으로 구성되었다.
16. 경찰 1차 O | X

33 원 간섭기에 중서문하성과 중추원을 합쳐 첨의부로 하고, 6부는 4사로 통폐합되었다.
16. 경찰 1차 O | X

34 도평의사사는 도당으로 불렸으며 조선 건국 초에 폐지되었다.
13. 지방 9급 O | X

35 도평의사사는 관리의 임명이나 법령의 개폐를 동의하는 서경권을 행사하였다.
13. 지방 9급 O | X

★ **36** 5도에 안찰사가 파견되었으며, 북방의 국경 지대에는 병마사를 파견하였다.
13. 경찰 2차 O | X

★ **37** 중앙군은 2군 6위, 지방군은 주현군・주진군으로 편성되었다.
12. 지방 9급 O | X

★ **38** 퇴직한 관료를 사심관으로 임명하여 출신 지역에 거주하게 하였다.
12. 지방 9급 O | X

Self Check ☑

문항	○	×	틀린 이유
25	○	×	
26	○	×	
27	○	×	
28	○	×	
29	○	×	
30	○	×	
31	○	×	
32	○	×	
33	○	×	
34	○	×	
35	○	×	
36	○	×	
37	○	×	
38	○	×	

제3막

오답 **확인하기**

25 도병마사와 식목도감에 대한 설명이 바뀌었다.
27 삼사는 화폐와 곡식의 출납에 대한 회계 업무를 맡았다.
28 고려의 삼사에 대한 설명이다.
29 어사대에 대한 설명이다.
33 중서문하성과 상서성이 합쳐져 첨의부로 격하되었다.
35 대간(어사대, 중서문하성의 낭사)에 대한 설명이다.
38 중앙에 상주하는 현직 관리가 사심관으로 임명되었다.

정답

25 X 26 O 27 X 28 X 29 X
30 O 31 O 32 O 33 X 34 O
35 X 36 O 37 O 38 X

기출필수코드 09 | 기출필수코드 11

테마 3 문벌 귀족 사회의 성립과 대외 관계(거란, 여진)

★ **01** 고려 현종 때 윤관이 별무반 편성을 건의하였다. 24. 국가 9급 O | X

02 고려 현종 때 외적이 침입하여 국왕이 복주(안동)로 피난하였다. 24. 국가 9급 O | X

03 고려 현종 때 서희의 외교 담판으로 강동 6주 지역을 획득하였다. 24. 국가 9급 O | X

★ **04** 고려 현종 때 불교 경전을 집대성한 초조대장경 조판이 시작되었다. 24. 국가 9급 O | X

05 노비안검법과 노비환천법 사이의 시기에 거란이 개경을 점령하였다. 24. 법원 9급 O | X

06 고려 성종 때 서희는 귀주에서 거란군을 물리쳤다. 23. 국가 9급 O | X

★ **07** 고려 성종 때 서희는 여진을 몰아내고 동북 9성을 쌓았다. 23. 국가 9급 O | X

★ **08** 고려 성종 때 서희는 소손녕과 담판하여 강동 6주를 획득하였다. 23. 국가 9급 O | X

09 강조는 묘청의 난을 진압하였다. 22. 지방 9급 O | X

★ **10** 강조는 별무반의 편성을 건의하였다. 22. 지방 9급 O | X

11 강조는 목종을 폐위하고 현종을 옹립하였다. 22. 지방 9급 O | X

12 강조는 거란과 협상하여 강동 6주 지역을 고려 영토로 확보하였다. 22. 지방 9급 O | X

13 고려 현종 때 거란의 침입에 대비하기 위하여 광군 30만을 조직했다. 22. 서울 9급 O | X

14 거란은 강조의 정변을 구실로 고려를 침략하였다. 21. 지방 9급 O | X

★ **15** 거란은 고려에 동북 9성을 돌려달라고 요구하였다. 21. 지방 9급 O | X

Self Check

문항	○	×	틀린 이유
01	○	×	
02	○	×	
03	○	×	
04	○	×	
05	○	×	
06	○	×	
07	○	×	
08	○	×	
09	○	×	
10	○	×	
11	○	×	
12	○	×	
13	○	×	
14	○	×	
15	○	×	

오답 확인하기

01 고려 숙종 때의 일이다.
02 공민왕 때의 일이다.
03 고려 성종 때의 일이다.
05 노비환천법 이후인 현종 때의 일이다.
06 현종 재위 기간인 거란의 3차 침입 당시, 강감찬이 지휘하는 고려군은 귀주에서 퇴각하는 거란군을 크게 물리쳤다(귀주 대첩, 1019).
07 서희는 거란과의 외교 담판으로 동북 9성이 아니라 강동 6주를 획득하였다.
09 김부식에 대한 설명이다.
10 윤관에 대한 설명이다.
12 서희에 대한 설명이다.
13 3대 국왕인 정종 때의 일이다.
15 여진에 대한 설명이다.

정답

01 X 02 X 03 X 04 O 05 X
06 X 07 X 08 O 09 X 10 X
11 O 12 X 13 X 14 O 15 X

16 거란은 다루가치를 배치하여 고려의 내정을 간섭하였다. 21. 지방 9급 O | X

17 거란은 쌍성총관부를 두어 철령 이북의 땅을 지배하였다. 21. 지방 9급 O | X

18 묘청의 서경 천도 운동은 김부식이 이끄는 관군에게 진압당하였다. 21. 소방직 O | X

19 묘청의 서경 천도 운동 때 정중부, 이의방 등 무신들이 정권을 장악하였다. 21. 소방직 O | X

20 윤관의 동북 9성 점령~교정도감 설치 사이의 시기에 강감찬이 퇴각하는 거란군을 귀주에서 격파하였다. 20. 국가 7급 O | X

★ 21 묘청은 금을 정벌할 것을 주장하였다. 20. 법원 9급 O | X

22 묘청은 전민변정도감 설치를 건의하였다. 20. 법원 9급 O | X

★ 23 인종 때 서경파는 서경에 대화궁을 짓게 하고 칭제건원을 주장하였다. 19. 국가 9급 O | X

24 인종 재위 기간에 몽골의 침략에 대응하기 위해 강화도로 도읍을 옮겼다. 19. 국가 9급 O | X

25 윤관이 별무반을 이끌고 압록강 유역의 여진족을 몰아내었다. 19. 법원 9급 O | X

26 강조가 군사를 이끌고 서경으로 들어와 김치양 일파를 제거하였다. 18. 지방 9급 O | X

27 금나라(여진)의 침입으로 인해 국왕은 나주로 피난하였다. 18. 서울시 9급 O | X

28 금나라(여진)의 침략에 대비하여 광군을 설치하였다. 18. 서울시 9급 O | X

29 의주는 강동 6주 가운데 하나인 흥화진이 있던 곳이다. 17. 국가 9급 O | X

30 예종은 국학 7재를 설치하여 관학을 진흥하였다. 17. 하반기 국가 9급 O | X

31 예종은 김위제의 건의로 남경 건설을 추진하였다. 17. 하반기 국가 9급 O | X

Self Check

문항	○	×	틀린 이유
16	○	×	
17	○	×	
18	○	×	
19	○	×	
20	○	×	
21	○	×	
22	○	×	
23	○	×	
24	○	×	
25	○	×	
26	○	×	
27	○	×	
28	○	×	
29	○	×	
30	○	×	
31	○	×	

제3막

오답 확인하기

16 몽골에 대한 설명이다.
17 몽골에 대한 설명이다.
19 묘청의 서경 천도 운동 이후의 일이다(무신 정변, 1170).
20 귀주 대첩은 거란의 3차 침입 때인 1019년의 일(현종)로, 윤관의 동북 9성 점령(예종) 이전이다.
22 신돈에 대한 설명이다.
24 최우 집권기(고종) 때의 일이다.
25 윤관이 여진족을 북방으로 밀어내고 9성을 쌓은 지역은 현재의 함경도 일대로 추정하고 있다.
26 강조는 군사를 이끌고 개경으로 들어와 김치양 일파를 제거하였다.
27 거란의 2차 침입 때 개경이 함락되고 현종이 나주까지 피난하였다.
28 금나라(여진)가 아니라 거란이다.
31 고려 숙종 때의 일이다.

정답

16 X 17 X 18 O 19 X 20 X
21 O 22 X 23 O 24 X 25 X
26 X 27 X 28 X 29 O 30 O
31 X

Self Check ☑

문항	○	×	틀린 이유
32	○	×	
33	○	×	
34	○	×	
35	○	×	
36	○	×	
37	○	×	
38	○	×	
39	○	×	
40	○	×	
41	○	×	
42	○	×	

★ **32** 예종은 윤관을 원수로 하여 여진 정벌을 단행하였다. 17. 하반기 국가 9급 O | X

33 현종 때 지방관이 없는 속군에 감무를 파견하였다. 17. 하반기 지방 9급 O | X

★ **34** 이자겸은 금의 군신 관계 요구에 반대하며 금 정벌론을 주장하였다. 17. 국가 7급 O | X

35 묘청은 국호를 대위, 연호를 천개로 정하고 반란을 일으켰다. 17. 서울시 9급 O | X

36 묘청은 칭제건원과 요나라 정벌을 주장하였다. 17. 서울시 9급 O | X

37 고려는 송나라의 침략을 물리치는 과정에서 대장경을 제작하였다. 17. 법원 9급 O | X

★ **38** [순서나열] 강동 6주 획득 → 강감찬의 귀주 대첩 → 강조의 정변 → 천리장성 축조 → 별무반 창설 17. 경찰 2차 O | X

39 숙종은 주요 지역에 12목을 설치하고 목사를 파견하였다. 16. 지방 9급 O | X

★ **40** 숙종은 여진 정벌을 위해 윤관이 건의한 별무반을 설치하였다. 16. 지방 9급 O | X

★ **41** 숙종은 지방 호족을 견제하기 위해 사심관과 기인 제도를 도입하였다. 16. 지방 9급 O | X

42 [순서나열] 고려 조정은 금나라가 요구했던 군신 관계를 수용 → 인종이 이자겸을 숙청 → 인종이 서경에 대화궁을 건립 → 김부식이 『삼국사기』를 편찬 14. 서울시 7급 O | X

오답 **확인하기**

33 속군에 감무를 파견하기 시작한 것은 고려 예종 때부터이다.
34 묘청 등 서경 세력에 대한 설명이다.
36 묘청은 금나라 정벌을 주장하였다.
37 고려는 거란과 몽골의 침입을 부처의 힘으로 막고자 대장경을 제작하였다.
38 강동 6주 획득 → 강조의 정변 → 강감찬의 귀주 대첩 → 천리장성 축조 → 별무반 창설
39 고려 성종 때의 일이다.
41 태조 때의 일이다.

정답

32 O 33 X 34 X 35 O 36 X
37 X 38 X 39 X 40 O 41 X
42 O

테마 4 무신 정권

기출필수코드10

01 이의민은 개혁안 봉사 10조를 올렸다. 24. 법원 9급 O | X

02 이의민은 정방을 통해 인사권을 장악하였다. 24. 법원 9급 O | X

03 최충헌은 하층민 출신의 권력자였다. 24. 법원 9급 O | X

★ **04** 최충헌은 교정도감을 설치하여 국정을 장악하였다. 24. 법원 9급 O | X

★ **05** 평양에서 망이·망소이가 반란을 일으켰다. 23. 국가 9급 O | X

06 [순서나열] 이자겸이 척준경과 반란을 일으킴. → 최충헌이 이의민을 제거하고 권력을 잡음. → 정중부와 이의방이 정변을 일으킴. → 충주성에서 천민들이 몽골군에 맞서 싸움. 21. 지방 9급 O | X

07 경대승은 사병 집단인 도방을 처음으로 조직하였다. 21. 경찰 1차 O | X

★ **08** 경대승은 교정도감을 설치하여 권력 기반을 강화하였다. 21. 경찰 1차 O | X

★ **09** 최충헌은 정방을 설치하여 인사권을 장악하였다. 20. 국가 9급 O | X

★ **10** 최충헌은 치안 유지를 위해 야별초를 설립하였다. 20. 국가 9급 O | X

11 최충헌은 이의방을 제거하고 권력을 장악하였다. 20. 국가 9급 O | X

★ **12** 최충헌은 봉사 십조를 올려 사회 개혁안을 제시하였다. 20. 국가 9급 O | X

13 윤관의 동북 9성 점령~교정도감 설치 사이의 시기에 강화로 천도하였다. 20. 국가 7급 O | X

14 김보당과 조위총은 최충헌의 집권에 항거하여 군사를 일으켰다. 19. 상반기 서울시 9급 O | X

15 조위총이 정중부 등의 타도를 위해 서경에서 반란을 일으켰다. 18. 지방 9급 O | X

Self Check

문항	○	×	틀린 이유
01	○	×	
02	○	×	
03	○	×	
04	○	×	
05	○	×	
06	○	×	
07	○	×	
08	○	×	
09	○	×	
10	○	×	
11	○	×	
12	○	×	
13	○	×	
14	○	×	
15	○	×	

오답 확인하기

01 최충헌에 대한 설명이다.
02 정방은 최우가 설치하였다.
03 이의민에 대한 설명이다.
05 공주 명학소이다.
06 이자겸이 척준경과 반란을 일으킴. → 정중부와 이의방이 정변을 일으킴. → 최충헌이 이의민을 제거하고 권력을 잡음. → 충주성에서 천민들이 몽골군에 맞서 싸움.
08 최충헌에 대한 설명이다.
09 최우에 대한 설명이다.
10 최우에 대한 설명이다.
11 정중부에 대한 설명이다. 최충헌은 이의민을 제거하고 권력을 장악하였다.
13 최우 집권기 때의 일로, 교정도감 설치 이후에 전개된 사실이다.
14 김보당의 난(1173)과 조위총의 난(1174)은 둘 다 최충헌 집권 이전인 정중부 집권기에 일어났다.

정답

01 X 02 X 03 X 04 O 05 X
06 X 07 O 08 X 09 X 10 X
11 X 12 O 13 X 14 X 15 O

제3막

Self Check ☑

문항	○	×	틀린 이유
16	○	×	
17	○	×	
18	○	×	
19	○	×	
20	○	×	
01	○	×	
02	○	×	
03	○	×	
04	○	×	
05	○	×	
06	○	×	
07	○	×	
08	○	×	

16 무신 집권기에 만적은 노비 해방을 내세우며 반란을 모의하였다.
18. 서울시 9급 O | X

17 최충헌은 명종을 폐하고 신종, 희종, 강종, 고종을 차례로 세웠다.
18. 상반기 서울시 7급 O | X

18 최우는 거란(요나라)에 대항하여 강화도로 천도하여 항전하였다.
17. 법원 9급 O | X

19 [순서나열] 김보당의 난 발생 → 이의민의 권력 장악 → 김사미와 효심의 난 발생 → 교정도감의 설치
16. 서울시 9급 O | X

20 최충헌은 문인 이규보를 발탁하여 그의 행정 능력을 활용하였다.
14. 국가 7급 O | X

테마 5 고려의 대외 관계(몽골)

기출필수코드 11

★ **01** 삼별초는 포수, 사수, 살수의 삼수병으로 편제되었다. 23. 지방 9급 O | X

02 삼별초는 윤관의 건의로 편성된 기병 중심의 부대였다. 23. 지방 9급 O | X

★ **03** 삼별초는 도적을 잡기 위해 설치한 야별초에서 시작되었다. 23. 지방 9급 O | X

04 삼별초는 양계 지방에서 국경 지역 방어를 맡았던 상비적인 전투 부대였다.
23. 지방 9급 O | X

05 [순서나열] 고려가 몽골과 연합하여 강동성에서 거란족을 몰아냄. → 처인성에서 김윤후가 쏜 화살을 맞고 살리타가 전사함. → 무신 정권이 무너지고 개경으로 환도 → 중서문하성과 상서성이 합쳐져 첨의부가 됨. 18. 경찰 1차 O | X

06 몽골 침입 시기에 망이·망소이, 만적 등이 봉기하였다. 17. 지방 7급 O | X

★ **07** 몽골 침입 시기에 황룡사 구층 목탑과 초조대장경이 불에 탔다.
17. 지방 7급 O | X

08 몽골 침입 시기에 김윤후와 처인 부곡민들이 몽골 장수 살리타 군대를 물리쳤다.
17. 지방 7급 O | X

오답 확인하기

18 최우는 몽골과 항전할 것을 결의하고 강화도로 도읍을 옮겼다.

01 훈련도감에 대한 설명이다.
02 별무반에 대한 설명이다.
04 주진군에 대한 설명이다.
06 몽골 침입 이전의 일이다.

정답

16 O 17 O 18 X 19 O 20 O

01 X 02 X 03 O 04 X 05 O
06 X 07 O 08 O

★ **09** 몽골 침입 시기에 부처의 힘으로 몽골군을 물리치기 위해 팔만대장경을 조판하였다. 17. 지방 7급 O | X

10 몽골과의 항쟁 과정에서 고려는 귀주에서 승리를 거두었다. 15. 서울시 7급 O | X

★ **11** 삼별초는 최충헌이 신변 보호와 집권 체제 강화를 위해 조직하였다. 14. 국가 9급 O | X

12 몽골의 침략을 막기 위해 압록강 입구에서 도련포에 이르는 천여 리의 장성을 쌓았다. 14. 지방 7급 O | X

테마 6 공민왕과 원 간섭기

기출필수코드 12

01 평양에 쌍성총관부가 설치되었다. 23. 국가 9급 O | X

02 무신 정권 몰락~공민왕 즉위 사이의 시기에 만권당이 만들어졌다. 22. 국가 9급 O | X

03 무신 정권 몰락~공민왕 즉위 사이의 시기에 정동행성이 설치되었다. 22. 국가 9급 O | X

04 무신 정권 몰락~공민왕 즉위 사이의 시기에 『제왕운기』가 저술되었다. 22. 국가 9급 O | X

★ **05** 우왕 때 이종무가 왜구의 소굴인 대마도를 정벌하였다. 22. 지방 9급 O | X

06 우왕 때 삼별초가 반란을 일으켜 대몽 항쟁을 계속하였다. 22. 지방 9급 O | X

★ **07** 우왕 때 쌍성총관부를 공격해 철령 이북 지역을 수복하였다. 22. 지방 9급 O | X

08 우왕 때 요동 정벌을 위해 출병한 이성계가 위화도에서 회군하였다. 22. 지방 9급 O | X

09 몽골은 서경에 동녕부를 두었다. 21. 지방 9급 O | X

10 홍건적의 2차 침입 사건 이후, 화약 무기를 사용해 진포 해전에서 승리하였다. 20. 지방 9급 O | X

Self Check

문항	○	×	틀린 이유
09	○	×	
10	○	×	
11	○	×	
12	○	×	
01	○	×	
02	○	×	
03	○	×	
04	○	×	
05	○	×	
06	○	×	
07	○	×	
08	○	×	
09	○	×	
10	○	×	

제3막

오답 확인하기

11 삼별초는 최우가 조직하였다.
12 거란의 침입과 관련 있는 내용이다.

01 쌍성총관부는 철령 이북 지역인 화주(영흥)에 설치되었다.
05 조선 세종 때의 일이다.
06 고려 원종 때의 일이다.
07 공민왕 때의 일이다.

정답

09 O 10 O 11 X 12 X

01 X 02 O 03 O 04 O 05 X
06 X 07 X 08 O 09 O 10 O

Self Check ☑

문항	○	×	틀린 이유
11	○	×	
12	○	×	
13	○	×	
14	○	×	
15	○	×	
16	○	×	
17	○	×	
18	○	×	
19	○	×	
20	○	×	
21	○	×	
22	○	×	
23	○	×	
24	○	×	
25	○	×	

11 홍건적의 2차 침입 사건 이후, 기철 일파를 제거하고 쌍성총관부의 관할 지역을 수복하였다. 20. 지방 9급 O | X

★**12** 우왕 때 기존의 토지 문서를 불태워 버리고 과전법을 시행하였다. 20. 지방 7급 O | X

★**13** 우왕 때 명은 철령위를 설치한다고 고려에 통보하였다. 20. 지방 7급 O | X

★**14** 공민왕 때 홍건적이 침입하였다. 20. 경찰 2차 O | X

15 원 간섭기에 고려 전체가 몽골의 직할지로 편입되었다. 19. 상반기 서울시 9급 O | X

16 원 간섭기에 정동행성의 승상은 몽골의 다루가치가 전담하였다. 19. 상반기 서울시 9급 O | X

17 원 간섭기에 관제 격하의 일환으로 중서문하성과 상서성은 첨의부로 통합되었다. 19. 상반기 서울시 9급 O | X

★**18** 공민왕은 박위를 보내 왜구의 소굴인 쓰시마를 공격하였다. 19. 상반기 서울시 7급 O | X

19 공민왕 때 두 차례의 홍건적 침입을 당하며 왕이 복주(안동)까지 피신하기도 하였다. 19. 경찰 1차 O | X

20 공민왕 때 각염제를 처음으로 시행하였다. 18. 국가 7급 O | X

21 최영은 침입하는 왜구를 홍산에서 격퇴하였다. 18. 경찰 1차 O | X

22 최영은 화통도감에서 각종 화기를 제조하여 왜구 격퇴에 사용하였다. 18. 경찰 1차 O | X

23 최영은 황산에서 적장 아지발도를 사살하는 등 왜구를 섬멸하였다. 18. 경찰 1차 O | X

24 최영은 관음포 앞바다에서 왜선 120여 척을 격침시켰다. 18. 경찰 1차 O | X

★**25** 공민왕은 기철을 제거하고 정동행성 이문소를 혁파했다. 18. 경찰 3차 O | X

오답 확인하기

11 홍건적의 침입 이전에 공민왕이 추진한 개혁 정책에 대한 설명들이다.
12 공양왕 때의 일이다.
15 원의 직할지로 편입된 지역은 고려 전체가 아니라 철령 이북 지역(쌍성총관부 설치), 자비령 이북 지역(동녕부 설치), 제주도(탐라총관부 설치)이다.
16 정동행성의 승상(장관)은 고려 국왕이 겸직하였다.
18 창왕 때의 일이다.
20 각염제는 충선왕 때 처음으로 실시되었다.
22 최무선에 대한 설명이다.
23 이성계에 대한 설명이다.
24 정지에 대한 설명이다.

정답

11 X 12 X 13 O 14 O 15 X
16 X 17 O 18 X 19 O 20 X
21 O 22 X 23 X 24 X 25 O

★ **26** 공민왕은 신돈을 등용하고 전민변정도감을 설치하여 권신들을 억압했다.
18. 경찰 3차 O | X

27 우왕 때 복원궁을 건립하여 도교를 부흥시켰다. 17. 국가 9급 O | X

28 우왕 때 흥덕사에서 『직지심체요절』을 간행하였다. 17. 국가 9급 O | X

29 우왕 때 교장도감을 설치하여 속장경을 간행하였다. 17. 국가 9급 O | X

30 충선왕은 서경에 대화궁을 짓고 그 안에 팔성당을 설치하였다.
17. 경찰 2차 O | X

31 충선왕은 국자감을 '국학'으로 개칭하고, 양현고를 설치하였다. 17. 경찰 2차 O | X

32 위화도 회군~조선 건국 사이의 시기에 이성계 일파는 폐가입진을 명목으로 우왕과 창왕을 연이어 폐위시켰다. 17. 경찰 2차 O | X

33 공민왕 때 왕을 시해하려는 흥왕사의 변이 발생하였다. 17. 경기 북부 여경 O | X

★ **34** 충선왕은 만권당을 통해 고려와 원나라 학자들의 문화 교류에 힘썼다.
16. 국가 9급 O | X

★ **35** 충선왕은 도병마사를 도평의사사로 개편하여 국정을 총괄하게 하였다.
16. 국가 9급 O | X

36 충선왕은 철령 이북의 영토 귀속 문제를 계기로 요동 정벌을 단행하였다.
16. 국가 9급 O | X

37 충선왕은 왕권을 강화하고 개혁을 위한 기구로 사림원을 두었다.
16. 서울시 9급 O | X

38 공민왕은 노비와 관련된 문제를 처리하는 장례원을 설치하였다.
14. 국가 9급 O | X

★ **39** 공민왕은 정동행성 이문소를 폐지하고 요동 지방을 공략하였다.
14. 국가 9급 O | X

40 공민왕은 권문세족의 경제 기반을 무너뜨리기 위해서 과전법을 시행하였다.
14. 국가 9급 O | X

Self Check ☑

문항	○	×	틀린 이유
26	○	×	
27	○	×	
28	○	×	
29	○	×	
30	○	×	
31	○	×	
32	○	×	
33	○	×	
34	○	×	
35	○	×	
36	○	×	
37	○	×	
38	○	×	
39	○	×	
40	○	×	

제3부

오답 확인하기

27 고려 예종 때의 일이다.
29 선종~숙종 때의 일이다.
30 고려 인종 때의 일이다.
31 고려 예종 때의 일이다(국자감의 명칭을 국학으로 개칭한 것은 충렬왕 때로 보기도 함).
35 충선왕이 아니라 충렬왕이다.
36 충선왕이 아니라 우왕이다.
38 장례원은 조선 시대에 설치되었다.
40 공민왕이 아니라 공양왕이다.

정답

26 O 27 X 28 O 29 X 30 X
31 X 32 O 33 O 34 O 35 X
36 X 37 O 38 X 39 O 40 X

Self Check

문항	○	×	틀린 이유
41	○	×	
42	○	×	
43	○	×	
44	○	×	
45	○	×	

41 공민왕은 삼군도총제부를 설치하였다. 14. 서울시 9급 O | X

42 공민왕은 성균관을 순수 유교 교육 기관으로 개편하였다. 13. 서울시 9급 O | X

43 충선왕은 원나라 연호 사용을 중지하고 명과 통교하기 시작하였다. 13. 서울시 7급 O | X

★ 44 공민왕은 명의 철령위 설치 요구로 인해 요동 정벌을 단행하였다. 12. 국가 9급 O | X

45 충선왕은 국가가 소금을 전매하는 각염법을 시행하였다. 12. 지방 9급 O | X

오답 확인하기

41 공민왕이 아니라 공양왕이다.
43 충선왕이 아니라 공민왕이다.
44 공민왕이 아니라 우왕이다.

정답

41 X 42 O 43 X 44 X 45 O

02 중세의 경제 · 사회 · 문화

테마 1 고려의 경제 정책

기출필수코드 41 기출필수코드 42

★ **01** 재정을 운영하는 관청으로 삼사를 두었다. 22. 국가 9급 O | X

02 공물 부과 기준이 가호에서 토지로 바뀌었다. 22. 국가 9급 O | X

03 생산량의 10분의 1에 해당하는 조세를 거두었다. 22. 국가 9급 O | X

★ **04** 공양왕 때 과전법이 실시되었다. 20. 법원 9급 O | X

05 경종 때 시정 전시과를 실시하였다. 20. 법원 9급 O | X

06 [순서나열] 공신의 공로에 따라 차등 지급하였다. → 관등과 인품을 기준으로 지급하였다. → 관등에 따라 18등급으로 구분하여 지급하였다. → 현직 관리만을 대상으로 지급하였다. 20. 법원 9급 O | X

07 목종 때 개정 전시과가 실시되어 인품이 배제되고 관품만을 기준으로 토지를 지급하였다. 20. 경찰 1차 O | X

★ **08** 성종 때 시정 전시과가 실시되어 관품과 인품을 고려하여 전지와 시지를 지급하였다. 20. 경찰 1차 O | X

★ **09** 문종 때 경정 전시과가 설치되어 현직 관리들에게만 과전을 지급하고 퇴직할 때 반납하도록 하였다. 20. 경찰 1차 O | X

10 시정 전시과는 4색 공복을 기준으로 문반, 무반, 잡업으로 나누어 지급 결수를 정하였다. 19. 국가 9급 O | X

11 시정 전시과에서는 산관이 지급 대상에서 제외되었으며 무반의 차별 대우가 개선되었다. 19. 국가 9급 O | X

★ **12** 시정 전시과는 전임 관료와 현임 관료를 대상으로 경기 지방에 한하여 지급하였다. 19. 국가 9급 O | X

Self Check

문항	○	×	틀린 이유
01	○	×	
02	○	×	
03	○	×	
04	○	×	
05	○	×	
06	○	×	
07	○	×	
08	○	×	
09	○	×	
10	○	×	
11	○	×	
12	○	×	

오답 확인하기

02 조선 후기에 실시된 대동법에 따라 공물 부과 기준이 가호에서 토지 결수로 바뀌었다.

08 시정 전시과는 성종 때가 아니라 경종 때 실시되었다.

11 문종 때 제정된 경정 전시과에 대한 설명이다.

12 전시과는 전국의 토지를 대상으로 지급하였다.

정답

01 O 02 X 03 O 04 O 05 O
06 O 07 O 08 X 09 O 10 O
11 X 12 X

Self Check ☑

문항	○	×	틀린 이유
13	○	×	
14	○	×	
15	○	×	
16	○	×	
17	○	×	
18	○	×	
19	○	×	
20	○	×	
21	○	×	
22	○	×	
23	○	×	
24	○	×	
25	○	×	
26	○	×	
27	○	×	

13 시정 전시과는 고려의 건국 과정에서 충성도와 공로에 따라 차등 지급되었다. 19. 국가 9급 O | X

14 녹읍은 직역에 대한 대가로 수조권만을 지급한 것이다. 18. 국가 7급 O | X

15 정부는 국초부터 군현 단위로 20년마다 양전을 실시하여 1/10의 조세를 거두었다. 17. 하반기 국가 9급 O | X

16 고려 시대 군인의 유가족에게는 '구분전'을 지급하여 생활을 유지하게 하였다. 17. 경기 북부 여경 O | X

★ **17** 경정 전시과는 4색 공복을 기준으로 등급을 나누었다. 16. 국가 9급 O | X

18 경정 전시과에서는 산직(散職)이 전시의 지급 대상에서 배제되었다. 16. 국가 9급 O | X

19 경정 전시과에서는 등급별 전시의 지급 액수가 전보다 감소하였다. 16. 국가 9급 O | X

20 경정 전시과에서는 무반과 일반 군인에 대한 대우가 전반적으로 향상되었다. 16. 국가 9급 O | X

21 양계에서는 조세를 현지 경비로 사용하였다. 16. 국가 7급 O | X

22 중앙과 지방의 각 관청에는 내장전을 지급하여 경비를 충당하게 하였다. 16. 경찰 1차 O | X

23 개정 전시과에서는 한외과가 소멸되었다. 15. 지방 9급 O | X

24 경정 전시과에서는 승인과 지리업에게 별사전이 지급되었다. 15. 지방 9급 O | X

25 전시과는 경기 8현에 한하여 지급되었다. 15. 지방 9급 O | X

26 한인전은 6품 이하 하급 관료의 자제로서 관직에 오르지 못한 사람에게 지급되었다. 15. 경찰 3차 O | X

27 전시과의 군인전은 군역이 세습됨에 따라 자손에게 세습되었다. 13. 지방 7급 O | X

오답 확인하기

13 역분전에 대한 설명이다.
14 녹읍은 지급받은 자가 해당 지역으로부터 조세를 징수할 수 있었을 뿐만 아니라 해당 지역 주민의 노동력을 동원할 수 있었다.
15 조선 시대의 일이다.
17 시정 전시과에 대한 설명이다.
22 공해전에 대한 설명이다.
23 경정 전시과에 대한 설명이다.
25 전시과는 전국의 토지를 대상으로 지급되었다.

정답

13 X 14 X 15 X 16 O 17 X
18 O 19 O 20 O 21 O 22 X
23 X 24 O 25 X 26 O 27 O

★ **28** 관료가 사망한 후에 토지를 국가에 반납하는 것이 전시과의 원칙이었다. 13. 지방 7급 O | X

★ **29** 고려 말 과전법에서 과전은 경기 지방의 토지로 지급하였다. 11. 지방 9급 O | X

테마 2 고려의 대외 무역

기출필수코드 43

★ **01** 예성강 하구의 벽란도가 국제항으로 번성하였다. 21. 국가 9급 O | X

02 청해진이 설치되어 무역권을 장악하였다. 17. 국가 9급 O | X

03 의주는 요(遼)와 물품을 거래하던 각장이 설치된 곳이다. 17. 국가 9급 O | X

★ **04** 송에 종이와 인삼을 수출하고 서적과 약재를 수입하였다. 16. 국가 7급 O | X

05 대식국인이라 불리던 아라비아 상인들이 비단, 약재 등을 가지고 고려와 무역하였다. 15. 지방 7급 O | X

테마 3 고려의 경제 상황

기출필수코드 43

★ **01** 건원중보가 발행되었으나 널리 이용되지 못하였다. 24. 국가 9급 O | X

02 광산 경영 방식에서 덕대제가 유행하기 시작하였다. 24. 국가 9급 O | X

03 전통적 농업 기술을 정리한 『농사직설』이 편찬되었다. 24. 국가 9급 O | X

★ **04** 고려 말에는 남부 일부 지방에 모내기법이 보급되었다. 19. 서울시 7급 O | X

05 고려 후기, 관청 수공업이 쇠퇴하면서 민간 수공업이 발달하였다. 18. 서울시 9급 O | X

06 고려 숙종이 발행한 화폐로는 건원중보, 상평통보, 조선통보, 해동통보 등이 있다. 18. 서울시 7급 O | X

Self Check

문항	○	×	틀린 이유
28	○	×	
29	○	×	
01	○	×	
02	○	×	
03	○	×	
04	○	×	
05	○	×	
01	○	×	
02	○	×	
03	○	×	
04	○	×	
05	○	×	
06	○	×	

오답 확인하기

02 신라 하대에 대한 설명이다.
05 주로 수은, 향료, 산호 등을 가지고 와서 교역하였다.

02 조선 후기에 대한 설명이다.
03 조선 전기에 대한 설명이다.
06 건원중보는 고려 성종 때 처음 만들어진 화폐이고, 상평통보와 조선통보는 조선 시대에 발행된 화폐이다.

정답

28 O 29 O

01 O 02 X 03 O 04 O 05 X

01 O 02 X 03 X 04 O 05 O 06 X

Self Check

문항	○	×	틀린 이유
07	○	×	
08	○	×	
09	○	×	
10	○	×	
11	○	×	
12	○	×	
13	○	×	
14	○	×	
15	○	×	
16	○	×	
17	○	×	
18	○	×	
19	○	×	

오답 확인하기

08 조선 후기의 일이다.
09 조선 후기의 일이다.
11 광학보는 불교를 장려할 목적으로 설치되었다.
13 조선 후기의 일이다.
14 동시전이 아니라 경시서이다.

정답

07 O 08 X 09 X 10 O 11 X
12 O 13 X 14 X 15 O 16 O
17 O 18 O 19 O

★ **07** 책, 차 등을 파는 관영 상점을 두었다. 17. 국가 9급 O | X

08 개성의 송상은 전국에 송방이라는 지점을 개설해서 활동하였다. 17. 지방 9급 O | X

09 지방 장시의 객주와 여각은 상품의 매매뿐 아니라 숙박, 창고, 운송 업무까지 운영하였다. 17. 지방 9급 O | X

10 주전도감을 설치하여 해동통보를 주조하였다. 17. 하반기 국가 7급 O | X

11 농민 자제의 과거를 위한 기금으로 광학보를 설치하였다. 15. 국가 9급 O | X

12 재해를 당했을 때에는 세금을 감면해 농민 생활의 안정을 꾀하였다. 15. 국가 9급 O | X

13 공인이 상업 활동을 주도하였다. 13. 국가 9급 O | X

14 시장을 감독하는 관청으로 동시전을 설치하였다. 13. 국가 9급 O | X

15 권세가들은 대규모 개간에 참여하였고 사패를 받아 토지를 확대하기도 하였다. 13. 지방 7급 O | X

16 토지만이 아니라 인정에 대한 지배가 허용된 식읍이 왕실이나 공신들에게 수여되었다. 13. 지방 7급 O | X

★ **17** 고려 시대의 수공업은 관청 수공업, 소(所) 수공업, 사원 수공업, 민간 수공업으로 구분할 수 있다. 11. 지방 9급 O | X

18 중앙과 지방의 관청에서는 기술자들을 공장안(工匠案)에 등록해 두었다. 11. 지방 9급 O | X

19 사원에서는 베, 모시, 기와, 술, 소금 등의 품질 좋은 제품을 생산하였다. 10. 국가 9급 O | X

테마 4 고려의 신분 제도

기출필수코드 44

★ **01** '소'라는 행정 구역의 주민이 국가에서 필요로 하는 물품을 생산하였다.
22. 국가 9급 O | X

02 정호(서리 · 향리 · 하급 장교 등)는 국가로부터 토지를 지급받았다.
22. 소방직 O | X

★ **03** 속현과 향 · 소 · 부곡에는 수령이 파견되지 않았다. 22. 소방직 O | X

04 백정은 정호(서리 · 향리 · 하급 장교 등)와는 달리 직역을 수행하지 않았다.
22. 소방직 O | X

05 향 · 소 · 부곡의 주민은 과거를 통해 하급 관료가 될 수 있었다.
22. 소방직 O | X

06 부호장 이하의 향리는 사심관의 감독을 받았다. 21. 국가 9급 O | X

★ **07** 상층 향리는 과거로 중앙 관직에 진출할 수 있었다. 21. 국가 9급 O | X

08 일부 향리의 자제들은 기인으로 선발되어 개경으로 보내졌다.
21. 국가 9급 O | X

★ **09** 속현의 행정 실무는 향리가 담당하였다. 21. 국가 9급 O | X

10 신진 사대부는 성리학을 통해 불교의 폐단을 지적하였다. 21. 법원 9급 O | X

11 신진 사대부는 주로 음서를 통하여 관직에 진출하였다. 21. 법원 9급 O | X

12 신진 사대부는 권력을 앞세워 대규모 농장을 소유하였다. 21. 법원 9급 O | X

13 고려 후기의 권문세족은 첨의부 등의 고위 관직을 독점하면서 도당의 구성원으로서 권력을 장악하였다. 19. 국가 7급 O | X

14 향 · 부곡의 거주민은 향리층의 지배를 받았다. 19. 지방 7급 O | X

15 향 · 부곡의 거주민은 백정이라고 불렸으며 조 · 용 · 조를 면제받았다.
19. 지방 7급 O | X

Self Check

문항	○	×	틀린 이유
01	○	×	
02	○	×	
03	○	×	
04	○	×	
05	○	×	
06	○	×	
07	○	×	
08	○	×	
09	○	×	
10	○	×	
11	○	×	
12	○	×	
13	○	×	
14	○	×	
15	○	×	

오답 확인하기

05 향 · 소 · 부곡의 주민은 과거에 응시할 수 없었다.
11 신진 사대부는 주로 과거를 통하여 관직에 진출하였다. 음서의 혜택은 주로 문벌 귀족 · 권문세족 등이 받았다.
12 권문세족에 대한 설명이다.
15 고려 시대의 백정은 일반 농민들을 가리키는 표현이며, 향 · 부곡민들은 조 · 용 · 조를 면제받지 않았다.

정답

01 O 02 O 03 O 04 O 05 X
06 O 07 O 08 O 09 O 10 O
11 X 12 X 13 O 14 O 15 X

★ **16** 소의 주민은 증여, 상속의 대상이었다. 17. 교육행정 O | X

17 소의 주민은 대부분 관청에 소속되어 수공업 제품을 생산하였다. 17. 교육행정 O | X

★ **18** 소의 주민은 죄를 지으면 형벌로 귀향을 시키는 처벌을 받았다. 16. 지방 9급 O | X

19 외거 노비가 재산을 늘려, 그 처지가 양인과 유사해질 수 있었다. 15. 국가 9급 O | X

20 남반은 궁중의 잡일을 맡는 내료직(內僚職)이다. 14. 국가 9급 O | X

21 서리는 중앙의 각 사(司)에서 기록이나 문부(文簿)의 관장 등 실무에 종사하였다. 14. 국가 9급 O | X

22 특정한 직역을 갖지 않은 농민은 조세와 공납, 국역의 부담을 졌다. 13. 국가 7급 O | X

23 백정 농민 중에는 천역을 담당하는 계층이 있었는데 이들을 신량역천이라 하였다. 13. 국가 7급 O | X

24 화척, 재인, 양수척을 호적에 올려 그들에게 역을 부담시켰다. 12. 국가 7급 O | X

★ **25** 중류층인 남반은 중앙 관청의 말단에서 행정 실무를 관장하였다. 12. 지방 7급 O | X

26 관청의 잡역에 종사한 공역 노비는 60세가 되면 역이 면제되었다. 12. 지방 7급 O | X

27 문벌 귀족은 여러 세대에 걸쳐 고위 관직자를 배출한 가문으로 중서문하성과 중추원의 재상이 되어 정국을 주도하였다. 12. 경찰 2차 O | X

28 향리는 지방관이 파견되지 않은 속현이나 부곡의 실질적인 지배층이었다. 11. 국가 9급 O | X

29 노비는 자신의 재산을 소유할 수도 있었다. 10. 지방 9급 O | X

Self Check

문항	○	×	틀린 이유
16	○	×	
17	○	×	
18	○	×	
19	○	×	
20	○	×	
21	○	×	
22	○	×	
23	○	×	
24	○	×	
25	○	×	
26	○	×	
27	○	×	
28	○	×	
29	○	×	

오답 확인하기

16 노비에 대한 설명이다.
17 소의 주민들은 관청에 소속된 것은 아니었다.
18 고려의 귀족들에 대한 설명이다.
23 신량역천은 조선 시대의 신분 개념이다.
24 화척, 재인, 양수척은 관적이 없었고, 부역도 부담하지 않았다.
25 서리에 대한 설명이다.

정답

16 X 17 X 18 X 19 O 20 O
21 O 22 O 23 X 24 X 25 X
26 O 27 O 28 O 29 O

30 노비는 매매·증여·상속의 대상이 되었고, 승려가 될 수 없었다.
10. 지방 9급 O | X

31 모든 노비는 독립된 경제 생활을 영위하였다. 10. 지방 9급 O | X

테마 5 고려의 사회 정책과 백성들의 생활 기출필수코드 45

01 진대법이라는 구휼 제도를 시행하였다. 24. 국가 9급 O | X

02 혜민서에서 유랑자를 수용하고 구휼하였다. 18. 경찰 2차 O | X

03 무신 집권기 이후, 향·소·부곡 등 특수 행정 구역이 주현으로 승격되기도 하였다. 17. 하반기 국가 9급 O | X

04 향도는 고려 후기에 이르러 자신들의 이익을 위하여 조직되는 향도에서 점차 신앙적인 향도로 변모되었다. 17. 경찰 1차 O | X

05 형률 제도는 주로 당나라의 것을 끌어다 썼으며, 때에 따라 고려의 실정에 맞는 율문도 만들었다. 14. 국가 9급 O | X

06 형률 제도는 태형, 장형, 도형, 유형의 4형 체계를 가지고 있었다.
14. 국가 9급 O | X

★ **07** 동·서 활인서는 유랑자의 수용과 구휼을 담당하였다. 14. 지방 7급 O | X

08 혜민국은 백성들의 의료를 맡아 시약(施藥)을 행하던 곳으로 고려 예종 대에 설치되었다. 14. 지방 7급 O | X

09 고려 시대에는 귀족이 죄를 지으면 형벌로 귀향을 시키기도 하였다.
12. 지방 9급 O | X

★ **10** 상평창은 물가 조절 기관으로 개경과 서경, 12목에 설치되었다.
12. 경찰 1차 O | X

★ **11** 향도는 매향 활동 등을 하는 불교의 신앙 조직이었다. 10. 국가 7급 O | X

Self Check ☑

문항	○	×	틀린 이유
30	○	×	
31	○	×	
01	○	×	
02	○	×	
03	○	×	
04	○	×	
05	○	×	
06	○	×	
07	○	×	
08	○	×	
09	○	×	
10	○	×	
11	○	×	

오답 확인하기

31 외거 노비만 독립된 경제 생활이 가능하였다.

01 고구려에 대한 설명이다.
02 혜민서는 조선 시대에 존재했던 의료 기관이다.
04 신앙적인 향도에서 점차 자신들의 이익을 위하여 조직되는 향도로 변모되었다.
06 태·장·도·유·사형의 다섯 종류가 있었다.
07 동·서 활인서는 조선 시대의 진휼 기구이다.

정답

30 O 31 X

01 X 02 X 03 O 04 X 05 O
06 X 07 X 08 O 09 O 10 O
11 O

테마 6 고려의 불교

기출필수코드 46

01 의천은 교관겸수를 제창하였다. 24. 법원 9급 O | X

02 의천은 『왕오천축국전』을 남겼다. 24. 법원 9급 O | X

03 의천은 유·불 일치설을 주장하였다. 24. 법원 9급 O | X

04 의천은 수선사 결사를 조직하였다. 24. 법원 9급 O | X

05 의천은 이론적인 교리 공부와 실천적인 수행을 아우를 것을 주장하였다. 23. 지방 9급 O | X

06 의천은 참선과 독경은 물론 노동에도 힘을 쓰자고 하면서 결사를 제창하였다. 23. 지방 9급 O | X

07 의천은 삼국 시대 이래 고승들의 전기를 정리하여 『해동고승전』을 편찬하였다. 23. 지방 9급 O | X

08 의천은 백련사를 결성하여 극락왕생을 기원하는 참회와 염불 수행을 강조하였다. 23. 지방 9급 O | X

09 지눌은 서경에서 수선사 결사 운동을 펼쳤다. 21. 지방 9급 O | X

10 지눌은 불교의 세속화에 반대하고 불교 본연의 자세를 찾으려 하였다. 20. 지방 7급 O | X

11 의천은 『신편제종교장총록』을 편찬하였다. 19. 지방 9급 O | X

12 보우는 원의 불교인 임제종을 들여와서 전파시켰다. 19. 지방 9급 O | X

13 요세는 강진에 백련사를 결사하여 법화 신앙을 내세웠다. 19. 지방 9급 O | X

14 지눌은 『목우자수심결』을 지어 마음을 닦고자 하였다. 19. 지방 9급 O | X

15 삼별초의 항몽 정권 수립~쌍성총관부의 탈환 사이의 시기에 요세가 법화 신앙에 기반하여 백련결사 운동을 전개하였다. 18. 교육행정 O | X

Self Check

문항	O	×	틀린 이유
01	○	×	
02	○	×	
03	○	×	
04	○	×	
05	○	×	
06	○	×	
07	○	×	
08	○	×	
09	○	×	
10	○	×	
11	○	×	
12	○	×	
13	○	×	
14	○	×	
15	○	×	

오답 확인하기

02 신라 승려 혜초에 대한 설명이다.
03 혜심에 대한 설명이다.
04 지눌에 대한 설명이다.
06 지눌에 대한 설명이다.
07 『해동고승전』은 고종 때 승려 각훈이 왕명에 따라 편찬한 역사서이다.
08 요세에 대한 설명이다.
09 지눌은 전라도 순천을 중심으로 수선사 결사 운동을 전개하였다.
15 삼별초의 항몽 정권 수립 이전인 최우 집권기 때의 일이다.

정답

01 O 02 X 03 X 04 X 05 O
06 X 07 X 08 X 09 X 10 O
11 O 12 O 13 O 14 O 15 X

★ **16** 의천과 지눌은 서로 다른 방법으로 교종과 선종의 통합을 시도하였다. 17. 지방 9급 O | X

★ **17** 의천은 불교와 유교 모두 도를 추구한다는 점에서 같다는 유·불 일치설을 주장하였다. 17. 지방 9급 O | X

18 의천은 거조암, 길상사 등에서 정혜결사를 주도하였다. 17. 하반기 지방 9급 O | X

19 의천은 우리나라 천태교학의 전통을 원효에게서 찾았다. 17. 하반기 지방 9급 O | X

★ **20** 의천은 단번에 깨닫고 꾸준히 실천하는 돈오점수를 주장하였다. 17. 교육행정 O | X

21 균여는 『천태사교의』를 저술하였다. 17. 서울시 7급 O | X

★ **22** 지눌은 국청사를 창건하고 천태종을 창시하였다. 16. 지방 9급 O | X

23 지눌은 『십문화쟁론』을 저술하여 종파 간의 사상적 대립을 조화시키고자 하였다. 16. 지방 9급 O | X

24 광종은 요세가 세운 백련사를 후원하였다. 15. 지방 9급 O | X

★ **25** 광종은 의천이 국청사를 창건하는 것을 후원하였다. 15. 지방 9급 O | X

26 사찰에서는 토지와 노비를 소유하고 승병을 양성하기도 하였다. 15. 국가 7급 O | X

★ **27** 의천은 해동 천태종을 창시하였다. 14. 지방 9급 O | X

★ **28** 의천은 교종의 입장에서 선종을 통합하였다. 14. 지방 9급 O | X

29 요세는 참회 수행과 염불을 통한 극락왕생을 주장하며 백련사를 결성했다. 14. 서울시 9급 O | X

★ **30** 지눌은 순천 송광사에서 수선 결사 운동을 전개하였다. 13. 지방 9급 O | X

31 공민왕 때 개혁 정치를 추진한 신돈은 9산 선문의 통합을 주장하였다. 13. 지방 7급 O | X

Self Check ☑

문항	○	×	틀린 이유
16	○	×	
17	○	×	
18	○	×	
19	○	×	
20	○	×	
21	○	×	
22	○	×	
23	○	×	
24	○	×	
25	○	×	
26	○	×	
27	○	×	
28	○	×	
29	○	×	
30	○	×	
31	○	×	

오답 확인하기

17 혜심에 대한 설명이다.
18 지눌에 대한 설명이다.
20 지눌에 대한 설명이다.
21 제관에 대한 설명이다.
22 의천에 대한 설명이다.
23 원효에 대한 설명이다.
24 최씨 무신 정권 때의 일이다.
25 숙종 때의 일이다.
31 보우에 대한 설명이다.

정답

16 O 17 X 18 X 19 O 20 X
21 X 22 X 23 X 24 X 25 X
26 O 27 O 28 O 29 O 30 O
31 X

Self Check

문항	O	×	틀린 이유
01	O	×	
02	O	×	
03	O	×	
04	O	×	
05	O	×	
06	O	×	
07	O	×	
08	O	×	
09	O	×	
10	O	×	
11	O	×	
12	O	×	

테마 7 도교와 풍수지리설

기출필수코드47

01 훈요 10조에서 팔관회를 시행할 것을 강조하였다. 18. 국가 9급 O | X

★ 02 팔관회는 토속신에게 제사를 지냈다. 18. 국가 9급 O | X

★ 03 팔관회는 국제 교류의 장이었다. 18. 국가 9급 O | X

04 태조 때에 환구단(圜丘壇)에서 풍년을 기원하는 제사를 올렸다. 18. 지방 9급 O | X

05 성종 때에 사직(社稷)을 세워 지신과 오곡신에게 제사를 지냈다. 18. 지방 9급 O | X

★ 06 예종 때에 도관(道觀)인 복원궁을 세워 초제를 올렸다. 18. 지방 9급 O | X

07 고려 시대에는 평양에 기자 사당을 세우고 제사를 지냈다. 18. 지방 7급 O | X

★ 08 풍수지리설은 서경 천도 운동의 배경이 되었다. 17. 국가 9급 O | X

09 풍수지리설은 문종 때 남경 설치의 배경이 되었다. 17. 국가 9급 O | X

10 풍수지리설은 하늘에 제사 지내는 초제의 사상적 근거가 되었다. 17. 국가 9급 O | X

11 풍수지리설은 공민왕과 우왕 때 한양 천도 주장의 근거가 되었다. 17. 국가 9급 O | X

12 소격서에서 팔관회 행사를 주관하였다. 17. 법원 9급 O | X

오답 확인하기

04 환구단에서 제사를 지내는 것은 고려 성종 때 처음으로 시작되었다.

10 도교에 대한 설명이다.

12 소격서는 조선 시대의 관청이다.

정답

01 O 02 O 03 O 04 X 05 O
06 O 07 O 08 O 09 O 10 X
11 O 12 X

테마 8 고려의 유학과 교육 제도

기출필수코드19

★ **01** 이제현은 만권당에서 원의 학자들과 교류하였다. 22. 서울 9급 O | X

★ **02** 이색은 충렬왕 때 고려에 성리학을 본격적으로 소개하였다. 22. 서울 9급 O | X

03 정몽주는 역사서 『사략』을 저술하였다. 22. 서울 9급 O | X

04 안향은 최초의 성리학 입문서인 『학자지남도』를 편찬하였다. 19. 국가 7급 O | X

★ **05** 안향을 배향하기 위해 설립된 서원은 뒤에 조선 최초의 사액 서원이 되었다. 19. 국가 7급 O | X

06 안향은 정몽주, 권근, 정도전 등을 가르쳐 성리학을 더욱 확산시켰다. 18. 지방 7급 O | X

07 최충은 9경과 3사를 중심으로 교육하였다. 15. 지방 9급 O | X

★ **08** 최충은 유교 사상을 치국의 근본으로 삼아 시무 28조의 개혁안을 올렸다. 15. 지방 9급 O | X

09 최충은 『소학』과 『주자가례』를 중시하고 권문세족과 불교의 폐단을 비판하였다. 15. 지방 9급 O | X

10 문헌공도는 9재로 나누어 전문 강좌를 개설하였다. 15. 교육행정 O | X

11 국자감에는 율학, 산학, 서학과 같은 유학부와 국자학, 태학, 사문학 등의 기술학부가 있었다. 15. 경찰 2차 O | X

12 예종 때 도서관 겸 학문 연구소인 청연각, 보문각을 설치하였다. 15. 경찰 2차 O | X

Self Check

문항	○	×	틀린 이유
01	○	×	
02	○	×	
03	○	×	
04	○	×	
05	○	×	
06	○	×	
07	○	×	
08	○	×	
09	○	×	
10	○	×	
11	○	×	
12	○	×	

오답 확인하기

02 안향에 대한 설명이다.
03 『사략』은 이제현이 저술한 역사서이다.
04 정도전에 대한 설명이다.
06 이색에 대한 설명이다.
08 최승로에 대한 설명이다.
09 고려 말의 신진 사대부에 대한 설명이다.
11 율학, 산학, 서학은 기술학부이고 국자학, 태학, 사문학은 유학부이다.

정답

01 O 02 X 03 X 04 X 05 O
06 X 07 O 08 X 09 X 10 O
11 X 12 O

제3막

Self Check ☑

문항	○	×	틀린 이유
01	○	×	
02	○	×	
03	○	×	
04	○	×	
05	○	×	
06	○	×	
07	○	×	
08	○	×	
09	○	×	
10	○	×	
11	○	×	
12	○	×	
13	○	×	
14	○	×	

테마 9 고려의 역사서

기출필수코드 50

01 이규보는 사실의 기록보다 평가를 강조한 강목체 사서를 편찬하였다.
23. 지방 9급 O | X

02 이규보는 단군부터 고려 충렬왕 때까지의 역사를 서사시로 기록하였다.
23. 지방 9급 O | X

★ **03** 이규보는 김부식의 『삼국사기』에 동명왕의 신이한 사적이 생략되어 있다고 평하였다.
23. 지방 9급 O | X

04 『삼국사기』는 동명왕의 업적을 칭송한 영웅 서사시이다. 22. 국가 9급 O | X

★ **05** 김부식의 『삼국사기』에는 단군 신화가 수록되어 있다. 22. 지방 9급 O | X

★ **06** 이규보의 『동명왕편』은 고구려 계승 의식을 강조하였다. 22. 지방 9급 O | X

07 『삼국사기』는 불교를 중심으로 신화와 설화를 정리하였다. 21. 지방 9급 O | X

★ **08** 『삼국사기』는 유교적인 합리주의 사관에 따라 기전체로 서술되었다.
21. 지방 9급 O | X

★ **09** 『삼국사기』는 단군 조선을 우리 역사의 시작으로 본 통사이다.
21. 지방 9급 O | X

10 『삼국사기』는 진흥왕의 명을 받아 거칠부가 편찬하였다. 21. 지방 9급 O | X

11 『제왕운기』는 성리학적 유교 사관이 반영되어 대의명분을 강조하였다.
20. 국가 9급 O | X

12 『제왕운기』는 국왕, 훈신, 사림이 서로 합의하여 통사 체계를 구성하였다.
20. 국가 9급 O | X

13 『제왕운기』는 중국과 구별되는 우리 역사의 독자성을 강조하였다.
20. 국가 9급 O | X

14 『제왕운기』는 왕명으로 단군 조선에서 고려 말까지의 역사를 노래 형식으로 정리하였다.
20. 국가 9급 O | X

오답 확인하기

01 이규보는 강목체 역사서를 편찬하지 않았다.
02 『제왕운기』를 저술한 이승휴에 대한 설명이다.
04 이규보의 『동명왕편』에 대한 설명이다.
05 『삼국사기』에는 단군 신화가 수록되어 있지 않다.
07 『삼국유사』에 대한 설명이다.
09 조선 시대에 편찬된 『동국통감』 등에 대한 설명이다.
10 신라의 역사서인 『국사』에 대한 설명이다.
11 이제현의 『사략』 등에 대한 설명이다.
12 조선 전기에 편찬된 『동국통감』 등에 대한 설명이다.
14 『제왕운기』는 우리 역사를 단군 조선부터 서술하여 고려 충렬왕까지 기록하였다. 따라서 고려 말까지의 역사를 정리했다는 표현은 틀렸다.

정답

01 X 02 X 03 O 04 X 05 X
06 O 07 X 08 O 09 X 10 X
11 X 12 X 13 O 14 X

★ **15** 김부식은 『삼국유사』를 편찬하였다. 20. 법원 9급 O | X

16 고려 고종 때 각훈이 왕명에 따라 『해동고승전』을 편찬하였다. 19. 국가 7급 O | X

17 이규보는 우리 역사를 중국과 대등하게 파악하며 단군을 민족 시조로 인식하였다. 19. 국가 7급 O | X

18 공민왕 때 이제현에 의해 『사략』이 편찬되었다. 19. 지방 7급 O | X

19 고려 충렬왕 때 민지는 『본조편년강목』을 편찬하였다. 19. 경찰간부 O | X

20 『삼국유사』는 신라의 역사를 상고, 중고, 하고로 구분하였다. 18. 교육행정 O | X

21 『삼국유사』는 기자 조선－마한－신라 정통론의 입장에서 강목법에 따라 서술하였다. 18. 교육행정 O | X

22 『동명왕편』은 연대순으로 기록하는 편년체로 서술되었다. 18. 서울시 7급 O | X

23 김부식이 편찬한 『삼국사기』는 유교적 합리주의 사관에 기초하여 신이 사관을 배격하였다. 17. 경찰 2차 O | X

24 『삼국사기』는 고조선의 역사를 중시하였다. 16. 국가 9급 O | X

25 『삼국사기』는 고구려 계승 의식을 강조하였다. 16. 국가 9급 O | X

26 『삼국유사』는 민족적 자주 의식을 고양하였다. 16. 국가 9급 O | X

27 『삼국유사』는 도덕적 합리주의를 표방하였다. 16. 국가 9급 O | X

★ **28** 김부식은 현존하는 우리나라 최고(最古) 역사서를 편찬하였다. 16. 지방 9급 O | X

★ **29** 김부식은 우리나라 역사를 단군에서부터 서술한 역사서를 저술하였다. 16. 지방 9급 O | X

30 『삼국유사』는 왕력, 기이, 흥법, 탑상, 의해 등으로 구성되어 있다. 15. 서울시 9급 O | X

Self Check ☑

문항	○	×	틀린 이유
15	○	×	
16	○	×	
17	○	×	
18	○	×	
19	○	×	
20	○	×	
21	○	×	
22	○	×	
23	○	×	
24	○	×	
25	○	×	
26	○	×	
27	○	×	
28	○	×	
29	○	×	
30	○	×	

오답 확인하기

15 일연이다. 김부식은 『삼국사기』를 편찬하였다.
17 충렬왕 때 이승휴가 저술한 『제왕운기』에 반영된 역사 의식에 대한 설명이다.
19 충숙왕 때의 일이다.
21 안정복의 『동사강목』 등이 대표적이다.
22 『동명왕편』은 고구려의 건국 신화를 서사시로 노래했기 때문에 편년체 서술 방식과는 관련이 없다.
24 상고사를 평가 절하하였다.
25 신라 계승 의식이 더 많이 반영되었다.
27 『삼국사기』에 대한 설명이다.
29 일연의 『삼국유사』, 이승휴의 『제왕운기』에 대한 설명이다.

정답

15 X 16 O 17 X 18 O 19 X
20 O 21 X 22 X 23 O 24 X
25 X 26 O 27 X 28 O 29 X
30 O

31 이승휴는 태조에서 숙종 때까지 역대 임금의 치적을 정리한 『사략』을 편찬하였는데, 현재는 사찬만이 남아 있다. 15. 서울시 7급 O | X

32 『삼국사기』의 열전에는 김유신을 비롯한 신라인이 편중되었다. 14. 국가 7급 O | X

★ **33** 『삼국유사』는 우리의 고유 문화와 전통을 중시하였으며 단군 신화를 수록하였다. 13. 국가 9급 O | X

34 『삼국사기』는 기전체로 서술되어 본기, 지, 열전 등으로 나누어 구성되었다. 12. 국가 9급 O | X

테마 10 고려의 과학 기술과 인쇄술의 발달

기출필수코드 52

01 『직지심체요절』은 최윤의 등이 지은 의례서를 인쇄한 것이다. 24. 지방 9급 O | X

02 『직지심체요절』은 몽골의 침략을 물리치려는 염원을 담고 있다. 24. 지방 9급 O | X

03 『직지심체요절』은 현존하는 금속 활자본 중에서 가장 오래된 것이다. 24. 지방 9급 O | X

04 『직지심체요절』은 우리나라 풍토에 맞는 처방과 약재 등이 기록되어 있다. 24. 지방 9급 O | X

★ **05** 『직지심체요절』은 세계 기록 유산으로 등재된 현존하는 가장 오래된 금속 활자본이다. 23. 국가 9급 O | X

★ **06** 서경에 대장도감을 설치하여 재조대장경을 만들었다. 21. 지방 9급 O | X

07 고려 시대에 편찬된 의학 서적으로는 『의방유취』, 『향약구급방』, 『향약집성방』, 『동의수세보원』 등이 있다. 20. 지방 7급 O | X

08 공민왕 때 『향약구급방』이 편찬되었다. 19. 지방 7급 O | X

09 공민왕 때 『직지심체요절』이 금속 활자로 인쇄되었다. 19. 지방 7급 O | X

Self Check

문항	○	×	틀린 이유
31	○	×	
32	○	×	
33	○	×	
34	○	×	
01	○	×	
02	○	×	
03	○	×	
04	○	×	
05	○	×	
06	○	×	
07	○	×	
08	○	×	
09	○	×	

오답 확인하기

31 『사략』은 이제현이 저술하였다.

01 『상정고금예문』에 대한 설명이다.
02 재조대장경(팔만대장경)에 대한 설명이다.
04 『향약구급방』, 『향약집성방』 등에 대한 설명이다.
06 강화도에 대한 설명이다.
07 『의방유취』, 『향약집성방』, 『동의수세보원』은 조선 시대에 편찬된 의학 서적들이다.
08 『향약구급방』은 고려 고종 때인 1236년에 대장도감에서 처음으로 간행되었다.
09 『직지심체요절』은 고려 우왕 때인 1377년 청주 흥덕사에서 금속 활자로 간행되었다.

정답

31 X 32 O 33 O 34 O

01 X 02 X 03 O 04 X 05 O
06 X 07 X 08 X 09 X

10 『상정고금예문』은 교서관에서 갑인자로 인쇄되었다. 17. 하반기 국가 7급 O | X

11 『상정고금예문』은 최씨 집권기에 활자본 28부를 간행하였다. 17. 하반기 국가 7급 O | X

12 『상정고금예문』은 현재 프랑스 국립 도서관에서 소장하고 있다. 17. 하반기 국가 7급 O | X

★13 재조대장경은 유네스코 세계 기록 유산으로 등재되었다. 16. 교육행정 O | X

14 초조대장경과 속장경은 몽골의 침입으로 소실되었다. 16. 서울시 9급 O | X

★15 고종 때 다시 만들어진 대장경판은 현재 합천 해인사에 보관되어 있다. 16. 경찰 1차 O | X

★16 초조대장경은 거란의 침입 때 부처의 힘을 빌려 적을 물리치고자 만들었다. 11. 지방 9급 O | X

17 속장경(교장)은 의천이 경(經), 율(律), 논(論) 삼장의 불교 경전을 모아 간행한 것이다. 11. 지방 9급 O | X

18 천문 관측을 담당한 관리들이 첨성대에서 관측 업무를 수행하였다. 10. 국가 7급 O | X

테마 11 고려 귀족 문화의 발달

기출필수코드 53

01 영주 부석사 무량수전은 고려 시대 건축물이며 배흘림 기둥과 주심포 양식으로 단아하면서도 세련된 아름다움을 담고 있다. 24. 지방 9급 O | X

★02 황해도 사리원 성불사 응진전은 다포 양식의 건물이다. 23. 국가 9급 O | X

★03 월정사 팔각 9층 석탑은 원의 석탑을 모방하여 제작하였다. 23. 국가 9급 O | X

04 여주 고달사지 승탑은 통일 신라의 팔각 원당형 양식을 계승하였다. 23. 국가 9급 O | X

Self Check

문항	○	×	틀린 이유
10	○	×	
11	○	×	
12	○	×	
13	○	×	
14	○	×	
15	○	×	
16	○	×	
17	○	×	
18	○	×	
01	○	×	
02	○	×	
03	○	×	
04	○	×	

제3막

오답 확인하기

10 교서관은 조선 시대의 관청이고, 갑인자는 조선 세종 때 주조된 활자이다.

12 『직지심체요절』에 대한 설명이다.

17 대장경에 대한 주석서인 논, 소, 초를 모아 간행한 것이다.

03 고려의 월정사 8각 9층 석탑은 송나라의 영향을 받아 제작되었다.

정답

10 X 11 O 12 X 13 O 14 O 15 O 16 O 17 X 18 O

01 O 02 O 03 X 04 O

Self Check

문항	○	×	틀린 이유
05	○	×	
06	○	×	
07	○	×	
08	○	×	
09	○	×	
10	○	×	
11	○	×	
12	○	×	
13	○	×	
14	○	×	
15	○	×	
16	○	×	
17	○	×	
18	○	×	

★ **05** 안동 봉정사 극락전은 주심포 양식에 맞배지붕 건물로 기둥은 배흘림 양식이다. 1972년 보수 공사 중에 공민왕 때 중창하였다는 상량문이 나와 우리나라에서 가장 오래된 목조 건물로 보고 있다. 22. 국가 9급 O | X

06 고려 시대에는 불화가 많이 그려졌는데 혜허의 관음보살도가 유명하다. 20. 경찰 1차 O | X

★ **07** 개성 경천사지 10층 석탑은 원의 석탑을 본떠 만들어졌다. 19. 국가 9급 O | X

★ **08** 영주 부석사 무량수전은 주심포식 목조 건물이다. 19. 국가 9급 O | X

09 영주 부석사 무량수전과 예산 수덕사 대웅전은 주심포, 안동 봉정사 극락전은 다포 양식이다. 19. 경찰간부 O | X

10 황해도 사리원의 성불사 응진전은 대표적인 고려 시대 다포 양식의 건물이다. 18. 경찰 1차 O | X

11 서예는 고려 전기 구양순체가 주류를 이루었고, 후기에는 송설체가 유행했다. 18. 경찰 1차 O | X

12 월정사 팔각 구층 석탑은 강원도 평창에 위치해 있으며 송나라의 영향을 받았다. 17. 경찰 2차 O | X

13 주심포 양식의 부석사 무량수전은 간결한 맞배지붕 형태이다. 16. 국가 7급 O | X

★ **14** 12세기 중엽에는 고려의 독창적인 상감법이 개발되어 도자기에 활용되었다. 15. 경찰 1차 O | X

★ **15** 상감 청자는 강화도에 도읍한 13세기 중엽까지 주류를 이루었으나 원 간섭기 이후에는 제작 기법이 퇴조하였다. 15. 경찰 1차 O | X

16 고려 청자는 강진과 부안이 생산지로 유명하였다. 14. 국가 7급 O | X

17 부석사에는 김부식이 지은 대각국사비가 세워져 있다. 13. 서울시 9급 O | X

★ **18** 초기에는 광주 춘궁리 철불 같은 대형 철불이 많이 조성되었다. 12. 지방 9급 O | X

오답 확인하기

09 안동 봉정사 극락전, 영주 부석사 무량수전, 예산 수덕사 대웅전은 모두 주심포식 건물이다.
13 부석사 무량수전은 팔작지붕이다.
17 대각국사비는 개성 영통사에 있다.

정답

05 O 06 O 07 O 08 O 09 X
10 O 11 O 12 O 13 X 14 O
15 O 16 O 17 X 18 O

근세 사회의 발전

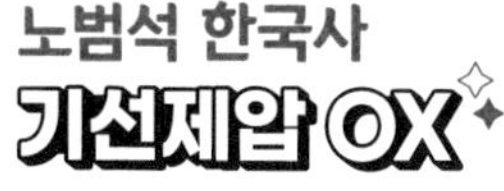

01 근세의 정치

Self Check

문항	○	×	틀린 이유
01	○	×	
02	○	×	
03	○	×	
04	○	×	
05	○	×	
06	○	×	
07	○	×	
08	○	×	
09	○	×	
10	○	×	
11	○	×	
12	○	×	
13	○	×	
14	○	×	

테마 1 조선 초기 국왕 업적(+문화)

기출필수코드13 기출필수코드51

★ **01** 위화도 회군 이후에 과전법이 실시되었다. 24. 국가 9급 O | X

02 위화도 회군 이후에 정몽주가 살해되었다. 24. 국가 9급 O | X

03 위화도 회군 이후에 한양으로 도읍을 이전하였다. 24. 국가 9급 O | X

04 위화도 회군 이후에 황산 대첩에서 왜구를 토벌하였다. 24. 국가 9급 O | X

05 세조는 사병을 혁파하였다. 24. 국가 9급 O | X

★ **06** 세조는 집현전을 폐지하였다. 24. 국가 9급 O | X

07 세조는 『경국대전』을 완성하였다. 24. 국가 9급 O | X

★ **08** 세조는 6조 직계제를 시행하였다. 24. 국가 9급 O | X

09 1차 왕자의 난~대마도 정벌 사이의 시기에 경연이 폐지되었다. 24. 법원 9급 O | X

10 1차 왕자의 난~대마도 정벌 사이의 시기에 홍문관이 설치되었다. 24. 법원 9급 O | X

11 1차 왕자의 난~대마도 정벌 사이의 시기에 6조 직계제가 시행되었다. 24. 법원 9급 O | X

12 1차 왕자의 난~대마도 정벌 사이의 시기에 위화도 회군이 단행되었다. 24. 법원 9급 O | X

13 세종 때 갑인자를 주조하였다. 23. 지방 9급 O | X

14 세종 때 화통도감을 설치하였다. 23. 지방 9급 O | X

오답 확인하기

- 04 황산 대첩은 위화도 회군 이전에 일어난 일이다.
- 05 태종에 대한 설명이다.
- 07 조선 성종에 대한 설명이다.
- 09 대마도 정벌 이후인 조선 세조 때의 일이다.
- 10 대마도 정벌 이후인 조선 성종 때의 일이다.
- 12 1차 왕자의 난 이전인 고려 우왕 때의 일이다.
- 14 고려 우왕 때의 일이다.

정답

01 O 02 O 03 O 04 X 05 X
06 O 07 X 08 O 09 X 10 X
11 O 12 X 13 O 14 X

★ **15** 세종 때 역법서인 칠정산을 편찬하였다. 23. 지방 9급 O | X

16 세종 때 간의를 만들어 천체를 관측하였다. 23. 지방 9급 O | X

★ **17** 성종 때 홍문관을 두어 집현전을 계승하였다. 22. 국가 9급 O | X

★ **18** 세종은 공법을 제정하였다. 22. 지방 9급 O | X

19 세종은 한양으로 도읍을 옮겼다. 22. 지방 9급 O | X

★ **20** 세종은 『경국대전』을 완성하였다. 22. 지방 9급 O | X

21 세종은 조광조를 등용하여 개혁 정치를 실시하였다. 22. 지방 9급 O | X

22 세조 때 우리나라 전쟁사를 정리한 『동국병감』을 편찬하였다. 21. 국가 9급 O | X

★ **23** 세조 때 우리나라 역대 문장의 정수를 모은 『동문선』을 편찬하였다. 21. 국가 9급 O | X

24 세조는 6조 직계제를 실시하여 국왕 중심의 정치 체제를 구축하였다. 21. 국가 9급 O | X

25 세조는 한양으로 다시 천도하면서 이궁인 창덕궁을 창건하였다. 21. 국가 9급 O | X

26 문종 때 『고려사절요』를 편찬하였다. 21. 경찰 1차 O | X

27 이종무의 대마도 정벌~전분 6등법과 연분 9등법 시행 사이에 『농사직설』이 편찬되었다. 20. 지방 9급 O | X

28 이종무의 대마도 정벌~전분 6등법과 연분 9등법 시행 사이에 정도전의 요동 정벌이 추진되었다. 20. 지방 9급 O | X

29 세종은 대보단을 설치하였다. 20. 국가 7급 O | X

30 세종은 여민락 등을 짓고 정간보를 창안하였다. 20. 국가 7급 O | X

Self Check ☑

문항	○	×	틀린 이유
15	○	×	
16	○	×	
17	○	×	
18	○	×	
19	○	×	
20	○	×	
21	○	×	
22	○	×	
23	○	×	
24	○	×	
25	○	×	
26	○	×	
27	○	×	
28	○	×	
29	○	×	
30	○	×	

오답 **확인하기**

19 태조와 태종 때의 일이다.
20 조선 성종의 업적이다.
21 중종 때의 일이다.
22 조선 문종 때의 일이다.
23 조선 성종 때의 일이다.
25 조선 태종의 업적이다.
28 조선 태조 때의 일로, 이종무의 대마도 정벌 이전이다.
29 숙종 때 창덕궁 안에 대보단을 설치하여 명나라 신종을 제사지냈다.

정답

15 O 16 O 17 O 18 O 19 X
20 X 21 X 22 X 23 X 24 O
25 X 26 O 27 O 28 X 29 X
30 O

Self Check

문항	○	×	틀린 이유
31	○	×	
32	○	×	
33	○	×	
34	○	×	
35	○	×	
36	○	×	
37	○	×	
38	○	×	
39	○	×	
40	○	×	
41	○	×	
42	○	×	
43	○	×	
44	○	×	
45	○	×	
46	○	×	
47	○	×	
48	○	×	

31 세종 재위 기간에 『농사직설』과 같은 농업 서적을 간행하였다. 20. 경찰 2차 O | X

32 세종 재위 기간에 별자리를 그린 '천상열차분야지도'를 제작하였다. 20. 경찰 2차 O | X

33 정도전은 만권당에서 원의 학자들과 교류하였다. 19. 지방 9급 O | X

34 정도전은 맹자의 역성혁명론을 조선 건국에 적용하였다. 19. 지방 9급 O | X

★ **35** 정도전은 한양 도성의 성문과 궁궐 등의 이름을 지었다. 19. 지방 9급 O | X

36 정도전은 『경제문감』을 저술하여 재상 중심의 정치를 주장하였다. 19. 지방 9급 O | X

37 세종 때 사형의 판결에는 삼복법을 적용하였다. 19. 지방 9급 O | X

38 세종 때 주자소를 설치하여 계미자를 주조하였다. 19. 지방 9급 O | X

★ **39** 세종 때 국방력 강화를 위해 진관 체제를 실시하였다. 19. 지방 9급 O | X

40 세종 때 도평의사사를 개편하여 의정부를 설치하였다. 19. 지방 9급 O | X

41 태종 때 사섬서를 두어 지폐인 저화를 발행하였다. 19. 서울시 9급 O | X

★ **42** 태종 때 연분 9등법과 전분 6등법을 시행하여 조세 제도를 개편하였다. 19. 서울시 9급 O | X

43 태종은 사간원을 독립시켜 대신을 견제하였다. 18. 교육행정 O | X

★ **44** 태종은 사림을 등용하여 훈구의 독주를 막았다. 18. 교육행정 O | X

45 태종은 이조전랑의 3사 관리 추천 관행을 폐지하였다. 18. 교육행정 O | X

46 태조는 한양으로 천도하고 한성부로 이름을 바꾸었다. 18. 국가 7급 O | X

47 태종은 창덕궁과 창경궁을 새로 건설하였다. 18. 국가 7급 O | X

★ **48** 세종은 사가독서제를 실시하여 학문 활동을 장려하였다. 18. 국가 7급 O | X

오답 확인하기

- 32 조선 태조 때의 일이다.
- 33 이제현 등에 대한 설명이다.
- 38 태종 때의 일이다.
- 39 조선 세조 때부터 진관 체제를 실시하였다.
- 40 1400년 조선 정종 때 왕세제 정안대군 이방원의 주도로 도평의사사를 의정부로 개편하였다.
- 42 세종 때 시행된 공법에 대한 설명이다.
- 44 성종에 대한 설명이다.
- 45 이조전랑의 통청권(이조전랑이 삼사 등 청요직 당하관을 추천할 수 있는 권리)은 영조 때 폐지되었다.
- 47 창경궁은 성종 때 처음으로 건설되었다.

정답

31 O 32 X 33 X 34 O 35 O
36 O 37 O 38 X 39 X 40 X
41 O 42 X 43 O 44 X 45 X
46 O 47 X 48 O

49 세조는 간경도감을 설치하여 불경을 번역하고 간행하였다. 18. 국가 7급 O | X

50 정도전은 왜구의 소굴인 쓰시마 섬을 정벌하였다. 17. 국가 9급 O | X

★ **51** 정도전은 백성들의 윤리서인 『삼강행실도』를 편찬하였다. 17. 국가 9급 O | X

★ **52** 정도전은 『조선경국전』을 편찬하여 왕조의 통치 규범을 마련하였다. 17. 국가 9급 O | X

★ **53** 세종 때 압록강과 두만강 지역에 4군 6진을 설치하였다. 17. 하반기 지방 9급 O | X

★ **54** 세종 때 『국조오례의』를 편찬하여 국가의 예법과 절차를 정하였다. 17. 하반기 지방 9급 O | X

55 세종 때 토지 등급을 대부분 하등으로 정하여 전세를 경감해 주었다. 17. 하반기 지방 9급 O | X

56 세조 때 학문 연구 및 언론 기능을 지닌 홍문관이 설치되었다. 17. 교육행정 O | X

57 세조 때 대마도주와 계해약조를 맺어 무역선을 1년에 50척으로 제한하였다. 17. 서울시 9급 O | X

★ **58** 태종 때 집현전을 설치하였다. 17. 법원 9급 O | X

★ **59** 태종 때 호패법을 실시하였다. 17. 법원 9급 O | X

60 태종 때 『경국대전』을 편찬하였다. 17. 법원 9급 O | X

61 성종 때에는 관수 관급제가 실시되어 국가의 토지에 대한 지배력이 강화되었다. 17. 경기 북부 여경 O | X

62 세종 때 천체 관측 기구인 혼의, 간의 등을 제작하였다. 16. 지방 9급 O | X

63 세종 때 경기 지역의 농사 경험을 토대로 『금양잡록』을 편찬하였다. 16. 지방 9급 O | X

Self Check ☑

문항	○	×	틀린 이유
49	○	×	
50	○	×	
51	○	×	
52	○	×	
53	○	×	
54	○	×	
55	○	×	
56	○	×	
57	○	×	
58	○	×	
59	○	×	
60	○	×	
61	○	×	
62	○	×	
63	○	×	

제4막

오답 **확인하기**

50 고려 창왕 때 박위, 조선 세종 때 이종무에 대한 설명이다.
51 세종 때 설순에 대한 설명이다.
54 성종 때의 일이다.
55 인조 때 실시된 영정법에 대한 설명이다.
56 성종에 대한 설명이다.
57 세종 때의 일이다.
58 세종의 업적이다.
60 성종의 업적이다.
63 성종 때의 일이다.

정답

49 O 50 X 51 X 52 O 53 O
54 X 55 X 56 X 57 X 58 X
59 O 60 X 61 O 62 O 63 X

★ **64** 세종 때 우리 풍토에 맞는 약재와 치료법을 정리한 『향약집성방』을 편찬하였다. 16. 지방 9급 O | X

65 성종은 훈련도감을 창설하였다. 16. 교육행정 O | X

66 성종은 초계문신제를 실시하였다. 16. 교육행정 O | X

67 세종 때 화약 무기의 제작과 그 사용법을 정리한 『총통등록』을 편찬하였다. 16. 경찰 2차 O | X

★ **68** 세종은 홍문관을 설치하고 경연을 활성화하였다. 15. 교육행정 O | X

★ **69** 정도전은 불교 비판서인 『불씨잡변』을 남겼다. 15. 사회복지 O | X

70 정도전은 초학자를 위한 성리학 입문서인 『입학도설』을 저술하였다. 15. 사회복지 O | X

71 세종 때 장영실 등이 물시계인 자격루와 해시계인 앙부일구 등을 제작하였다. 14. 지방 7급 O | X

72 태종 때 토지 측량 기구인 인지의와 규형을 제작하였다. 14. 지방 7급 O | X

73 세종 때 해와 달 그리고 별을 관측하기 위해 간의대라는 천문대를 운영하였다. 14. 서울시 9급 O | X

74 세종 때 동양 의학에 관한 서적과 이론을 집대성한 의학 백과사전인 『의방유취』가 편찬되었다. 14. 서울시 9급 O | X

75 세종 때 공법 제정 시 조정의 신하와 지방의 촌민에 이르기까지 18만 명의 의견을 물었다. 13. 지방 9급 O | X

76 세종 때 조선 왕조의 법전인 『경국대전』을 편찬하기 시작하였다. 13. 지방 9급 O | X

★ **77** 성종 때 서울의 원각사 안에 대리석 10층 탑을 건립하였다. 12. 지방 9급 O | X

78 성종 때 재가녀 자손의 관리 등용을 제한하는 법을 공포하였다. 12. 지방 9급 O | X

Self Check ☑

문항	○	×	틀린 이유
64	○	×	
65	○	×	
66	○	×	
67	○	×	
68	○	×	
69	○	×	
70	○	×	
71	○	×	
72	○	×	
73	○	×	
74	○	×	
75	○	×	
76	○	×	
77	○	×	
78	○	×	

오답 확인하기

65 선조 때의 일이다.
66 정조의 업적이다.
68 성종에 대한 설명이다.
70 권근에 대한 설명이다.
72 세조 때의 일이다.
76 세조 때의 일이다.
77 세조 때의 일이다.

정답

64 O 65 X 66 X 67 O 68 X
69 O 70 X 71 O 72 X 73 O
74 O 75 O 76 X 77 X 78 O

79 성종 때 정읍사·처용가 등이 한글로 수록된 『악학궤범』이 편찬되었다.
12. 지방 9급 O | X

★**80** 세종 때 궁궐에 신문고를 설치하여 반란 음모를 알리게 하였다.
12. 국가 7급 O | X

81 태종은 호적 사업을 강화하고 보법을 실시하여 군정 수를 늘렸다.
11. 국가 7급 O | X

82 태종 때 서거정 등이 중심이 되어 편년체 통사인 『동국통감』을 편찬하였다.
10. 국가 9급 O | X

테마 2 조선의 중앙·지방 제도

기출필수코드 18

★**01** 사간원에서는 교지를 작성하였다. 22. 국가 9급 O | X

02 한성부는 시정기를 편찬하였다. 22. 국가 9급 O | X

03 춘추관은 외교 문서를 작성하였다. 22. 국가 9급 O | X

★**04** 승정원은 국왕의 명령을 출납하였다. 22. 국가 9급 O | X

★**05** 조선 시대에는 전국 모든 군현에 수령이 파견되었다. 22. 서울 9급 O | X

06 조선 시대의 향리는 6방으로 나누어 실무를 맡았다. 22. 서울 9급 O | X

★**07** 조선 시대, 중앙에서 유향소를 통해 경재소를 통제하였다. 22. 서울 9급 O | X

08 조선 시대에는 인구를 늘리는 것이 수령의 중요한 임무 중 하나였다.
22. 서울 9급 O | X

★**09** 사간원은 왕명을 출납하면서 왕의 비서 기관의 업무를 하였다.
19. 국가 9급 O | X

10 이조좌랑은 삼사의 관리를 추천하는 권한이 있었다. 19. 국가 9급 O | X

Self Check

문항	○	×	틀린 이유
79	○	×	
80	○	×	
81	○	×	
82	○	×	
01	○	×	
02	○	×	
03	○	×	
04	○	×	
05	○	×	
06	○	×	
07	○	×	
08	○	×	
09	○	×	
10	○	×	

오답 확인하기

80 태종 때의 일이다.
81 세조에 대한 설명이다.
82 성종 때의 일이다.

01 예문관에 대한 설명이다.
02 춘추관에 대한 설명이다.
03 승문원에 대한 설명이다.
07 중앙에서는 경재소를 통해 유향소를 통제하도록 하였다.
09 승정원에 대한 설명이다.

정답

79 O 80 X 81 X 82 X

01 X 02 X 03 X 04 O 05 O
06 O 07 X 08 O 09 X 10 O

Self Check

문항	O	×	틀린 이유
11	○	×	
12	○	×	
13	○	×	
14	○	×	
15	○	×	
16	○	×	
17	○	×	
18	○	×	
19	○	×	
20	○	×	
21	○	×	
22	○	×	
23	○	×	
24	○	×	
25	○	×	
26	○	×	

★**11** 승정원은 왕의 정책을 간쟁하고 관원의 비행을 감찰하였다. 19. 국가 9급 O | X

★**12** 홍문관은 서적 출판 및 간행의 업무를 전담하였다. 19. 국가 9급 O | X

13 의금부는 국왕의 명령을 받아 중대한 죄인을 다스리는 사법 기관이다. 19. 상반기 서울시 9급 O | X

★**14** 홍문관은 사간원·사헌부와 함께 삼사를 구성하였다. 19. 서울시 7급 O | X

15 사헌부와 사간원, 홍문관은 서경권을 가지고 있었다. 19. 경찰 1차 O | X

16 한성부는 서울의 행정과 치안, 사법을 담당하였다. 19. 경찰 1차 O | X

17 의금부와 승정원은 왕권을 강화하는 데 기여하였다. 19. 경찰 1차 O | X

★**18** 예문관은 국왕의 교지 작성을 담당하였다. 19. 경찰 1차 O | X

19 조선은 향리 통제를 위하여 사심관을 파견하였다. 18. 국가 9급 O | X

20 조선의 삼사는 화폐와 곡식의 출납에 대한 회계를 담당하였다. 17. 법원 9급 O | X

21 조선 전기에 오위도총부가 군무를 통괄하였다. 16. 국가 7급 O | X

22 조선 전기, 지방의 주요 거점을 중심으로 진관을 편제하였다. 16. 국가 7급 O | X

23 홍문관은 학술 연구, 정책 자문 등의 역할을 하였으며 장(長)은 정2품의 대제학이었다. 16. 경찰 2차 O | X

24 조선의 사헌부는 발해의 중정대, 고려의 어사대와 같은 역할을 하였다. 16. 경찰 2차 O | X

25 정7품 이하는 참하관이라 하며, 목민관인 수령에 임용하였다. 14. 국가 7급 O | X

26 승정원의 주서(注書)는 왕과 신하 간에 오고 간 문서와 국왕의 일과를 매일 기록하였다. 13. 지방 7급 O | X

오답 확인하기

11 사헌부와 사간원(양사)에 대한 설명이다.
12 교서관에 대한 설명이다.
15 서경권은 새 법을 만들 때와 신규 인사(5품 이하의 관리 대상)가 있을 때 이를 심의하는 제도로, 사헌부·사간원이 가진 권한이었다. 홍문관과는 관련이 없다.
19 사심관이 파견된 것은 고려 시대의 일이다.
20 고려의 삼사에 대한 설명이다.
25 목민관인 수령은 6품 이상 참상관 이상이어야 될 수 있었다.

정답

11 X 12 X 13 O 14 O 15 X
16 O 17 O 18 O 19 X 20 X
21 O 22 O 23 O 24 O 25 X
26 O

27 정책 회의에는 국왕이 매일 의정부와 삼사의 고급 관원들을 만나 정책 건의를 듣는 차대(次對)가 있었다. 13. 지방 7급 O | X

28 조선에서 국왕 다음의 최고 권력 기관은 의정부로서 중국에는 없었던 조선 독자의 관청이다. 13. 서울시 7급 O | X

29 6조 가운데 이조·병조의 정랑·좌랑은 각각 문관과 무관의 인사권을 행사하였다. 13. 서울시 7급 O | X

30 춘추관은 각 관청에서 작성한 업무 일지인 등록을 모아 해마다 시정기를 편찬하고, 실록이 편찬되면 이를 보관하였다. 13. 서울시 7급 O | X

31 조선은 모든 군현에 수령을 파견하고 전국 8도에 관찰사를 파견하였다. 13. 경찰 2차 O | X

테마 3 조선의 교육 기관과 관리 등용 제도

기출필수코드 19

★ 01 문과는 예조에서 주관하고, 정기 시험인 식년시는 3년마다 실시하는 것이 원칙이었다. 23. 지방 9급 O | X

02 서원은 지방의 군현에 있던 유일한 관학이다. 19. 국가 9급 O | X

03 서원에서는 선비와 평민의 자제에게 천자문 등을 가르쳤다. 19. 국가 9급 O | X

★ 04 서원의 성적 우수자는 문과의 초시를 면제해 주었다. 19. 국가 9급 O | X

05 서원은 학문 연구와 선현의 제사를 위해 설립된 사설 교육 기관이다. 19. 국가 9급 O | X

★ 06 조선의 향교는 원칙적으로 모든 양인 남자에게 입학이 허용되었고 학비는 없었다. 19. 국가 7급 O | X

★ 07 조선은 모든 군현에 향교를 두기로 하고 군현의 규모에 따라 정원을 정하였다. 19. 국가 7급 O | X

08 조선의 향교는 매년 정기 시험을 치러 성적 우수자에게는 성균관 입학 자격이 주어졌다. 19. 국가 7급 O | X

Self Check

문항	○	×	틀린 이유
27	○	×	
28	○	×	
29	○	×	
30	○	×	
31	○	×	
01	○	×	
02	○	×	
03	○	×	
04	○	×	
05	○	×	
06	○	×	
07	○	×	
08	○	×	

오답 확인하기

27 상참에 대한 설명이다.

02 향교에 대한 설명이다.
03 서당 등에 대한 설명이다.
04 성균관에 대한 설명이다.
08 향교는 매년 두 번씩 시험을 치러 성적 우수자에게는 성균관 입학 자격이 아니라 생원·진사 시험의 초시를 면제해 주었다. 성균관의 입학 자격은 생원·진사 시험을 통해 입학하는 것(상재생)을 원칙으로 하였다.

정답

27 X 28 O 29 O 30 O 31 O

01 O 02 X 03 X 04 X 05 O 06 O 07 O 08 X

Self Check

문항	O	×	틀린 이유
09	O	×	
10	O	×	
11	O	×	
12	O	×	
13	O	×	
14	O	×	
15	O	×	
16	O	×	
17	O	×	
18	O	×	
19	O	×	
20	O	×	
21	O	×	
22	O	×	

09 조선의 향교는 학업 중 군역이 면제되었으나 성적 미달로 자격이 박탈될 경우 군역을 지도록 하였다. 19. 국가 7급 O | X

10 잡과는 기술관을 뽑는 시험으로, 초시·복시·전시로 구성되어 있었다. 19. 서울시 7급 O | X

★ **11** 중종 때 주세붕이 백운동 서원을 세웠다. 18. 국가 9급 O | X

12 성균관은 흥선 대원군에 의해 철폐되었다. 18. 교육행정 O | X

13 성균관은 유학부와 기술학부로 구성되었다. 18. 교육행정 O | X

14 성균관에는 공자의 위패를 모신 대성전을 두었다. 18. 교육행정 O | X

★ **15** 『경국대전』에서는 탐관오리의 자식, 재가한 여자의 아들과 손자, 서얼의 문과 응시를 제한하고 있다. 18. 상반기 서울시 7급 O | X

★ **16** 문과 합격자에게는 합격 증서에 해당하는 백패를 수여했다. 18. 상반기 서울시 7급 O | X

17 문과(대과)의 최종 합격자는 지역과 상관없이 성적에 따라 갑·을·병으로 나뉘었다. 18. 경찰 1차 O | X

18 조선 시대, 5품 이상 고위 관리의 자손에게는 음서의 특혜가 주어졌다. 17. 법원 9급 O | X

★ **19** 문과의 소과에는 경학에 뛰어난 인재를 선발하는 생원과와 문학적 재능이 뛰어난 인재를 선발하는 진사과가 있었다. 16. 서울시 7급 O | X

★ **20** 소과의 1차 시험인 초시는 각 도의 인구 비율에 따라 선발 인원을 배분하였다. 16. 서울시 7급 O | X

★ **21** 문과는 3년마다 시행하는 정기 시험인 식년시 외에도 증광시, 알성시 등의 부정기 시험이 있었다. 16. 경찰 2차 O | X

22 소과 합격자는 성균관에 입학하거나 문과에 응시할 수 있었으며, 하급 관리가 되기도 하였다. 15. 경찰 3차 O | X

오답 확인하기

10 잡과는 전시를 치르지 않고 초시와 복시만을 거쳐서 선발하였다.
12 성균관이 교육 기능을 완전히 상실한 것은 1910년 한일 합방 이후의 일이다.
13 고려 시대의 국자감에 대한 설명이다.
16 문과 합격자에게는 홍패가 수여되었다. 백패는 소과 합격자에게 주어진 합격 증서이다.
18 고려의 음서 제도에 대한 설명이다.

정답

09 O 10 X 11 O 12 X 13 X
14 O 15 O 16 X 17 O 18 X
19 O 20 O 21 O 22 O

테마 4 사림의 정치적 성장

기출필수코드14

01 삼포왜란~임진왜란 사이 시기에 을사사화가 일어났다. 23. 국가 9급 O | X

★02 조광조는 기묘사화로 탄압받았다. 21. 국가 9급 O | X

★03 조광조는 조의제문을 사초에 실었다. 21. 국가 9급 O | X

04 조광조는 문정왕후의 수렴청정을 지지하였다. 21. 국가 9급 O | X

05 조광조는 연산군의 생모 윤씨를 폐비하는 데 동조하였다. 21. 국가 9급 O | X

★06 명종 때 동인과 서인의 붕당이 형성되었다. 20. 지방 9급 O | X

07 명종 때 문정왕후가 수렴청정하며 불교를 옹호하였다. 20. 지방 9급 O | X

08 명종 때 조광조가 내수사 장리의 폐지, 소격서 폐지 등을 주장하였다. 20. 지방직 9급 O | X

09 명종 때 현직 관료에게만 과전을 지급하는 직전제를 도입하였다. 19. 국가 7급 O | X

10 명종 때 현량과 시행을 통해서 유교의 이상 정치를 실현하려고 하였다. 19. 국가 7급 O | X

11 조광조는 『소학』과 향약(鄕約)의 보급을 위해 노력하였다. 19. 서울시 7급 O | X

12 조광조는 방납의 폐단을 시정할 것을 주장하였다. 19. 서울시 7급 O | X

★13 명종 때 외척 간의 세력 다툼으로 을사사화가 발생하였다. 19. 법원 9급 O | X

★14 명종 때 정여립 모반 사건을 계기로 동인은 남인과 북인으로 나뉘었다. 19. 법원 9급 O | X

15 중종 때 문화와 제도를 유교식으로 갖추기 위해 집현전을 창설하였다. 18. 국가 9급 O | X

16 무오사화 때 폐비 윤씨 사건에 관련된 자들과 사림 세력이 제거되었다. 18. 지방 7급 O | X

Self Check

문항	O	×	틀린 이유
01	O	×	
02	O	×	
03	O	×	
04	O	×	
05	O	×	
06	O	×	
07	O	×	
08	O	×	
09	O	×	
10	O	×	
11	O	×	
12	O	×	
13	O	×	
14	O	×	
15	O	×	
16	O	×	

오답 확인하기

03 김종직의 제자인 김일손이다.
04 윤원형을 비롯한 소윤 세력들이다.
05 일부 척신·훈구 세력들에 대한 설명으로, 조광조와는 관련 없다.
06 선조 때의 일이다.
08 중종 때의 일이다.
09 세조 때의 역사적 사실이다.
10 중종 때의 역사적 사실이다.
14 선조 때의 일이다.
15 세종 때의 일이다.
16 갑자사화에 대한 설명이다.

정답

01 O 02 O 03 X 04 X 05 X
06 X 07 O 08 X 09 X 10 X
11 O 12 O 13 O 14 X 15 X
16 X

제4막

Self Check ☑

문항	○	×	틀린 이유
17	○	×	
18	○	×	
19	○	×	
20	○	×	
21	○	×	
22	○	×	
23	○	×	
24	○	×	
25	○	×	
26	○	×	
27	○	×	
28	○	×	
29	○	×	
30	○	×	
31	○	×	

17 무오사화 때 훈구 세력은 조광조 일파를 모함하여 죽이거나 유배보냈다. 18. 지방 7급 O | X

★**18** 무오사화 때 훈구 세력이 사관 김일손의 사초 내용을 문제 삼아 사림을 축출하였다. 18. 지방 7급 O | X

19 무오사화 때 훈구 세력이 폭정을 일삼던 연산군을 몰아내고, 중종을 왕으로 세웠다. 18. 지방 7급 O | X

20 [순서나열] 훈구 세력은 김일손 등의 사림 학자를 죽이거나 귀양 보냄. → 연산군은 생모인 윤씨의 폐출 사사 사건에 관여한 사림을 몰아냄. → 훈구 세력의 모략으로 조광조 일파가 제거됨. → 소윤이 대윤에 대한 보복으로 옥사를 일으킴. 18. 경찰 2차 O | X

21 김굉필, 조광조가 김종직의 도학을 계승하였다. 17. 하반기 국가 7급 O | X

★**22** 중종 때 『조의제문』을 빌미로 사화가 발생하였다. 16. 교육행정 O | X

★**23** 무오사화는 명종 대에 일어났다. 16. 법원 9급 O | X

24 무오사화에 따라 김종직의 제자들이 피해를 입었다. 16. 법원 9급 O | X

★**25** 김종직은 『조의제문』을 지어 무오사화의 원인이 되었다. 14. 국가 7급 O | X

26 김종직은 길재의 학통을 잇고 세조 대에 정계에 나아갔다. 14. 국가 7급 O | X

★**27** 사림은 향촌 자치를 내세우며, 도덕과 의리를 바탕으로 한 왕도 정치를 강조하였다. 13. 국가 9급 O | X

28 사림은 3사의 언관직을 차지하고, 자신들의 의견을 공론으로 표방하였다. 13. 국가 9급 O | X

29 조광조는 경연을 강화하고 언론 활동을 활성화하였다. 11. 국가 9급 O | X

30 조광조는 소수 서원을 설립하여 유교 윤리를 보급하였다. 11. 국가 9급 O | X

31 조광조는 도교 및 민간 신앙을 배척하였다. 10. 국가 9급 O | X

오답 **확인하기**

17 기묘사화에 대한 설명이다.
19 중종반정에 대한 설명이다.
22 연산군 때의 일이다.
23 무오사화는 연산군 때 일어난 사건이다. 명종 때 일어난 사화는 을사사화이다.
30 조광조는 소수 서원과 관련이 없다.

정답

17 X 18 O 19 X 20 O 21 O
22 X 23 X 24 O 25 O 26 O
27 O 28 O 29 O 30 X 31 O

테마 5 붕당 정치의 전개(+예송 논쟁) 기출필수코드 15

01 광해군 때 전국에 대동법을 실시하였다. 24. 지방 9급 O | X

★02 광해군 때 허준이 『동의보감』을 편찬하였다. 24. 지방 9급 O | X

03 광해군 때 자의 대비의 복상 문제로 예송이 일어났다. 24. 지방 9급 O | X

04 광해군 때 청과 국경을 정하기 위해 백두산정계비를 세웠다. 24. 지방 9급 O | X

05 서인은 인조반정으로 몰락하였다. 24. 법원 9급 O | X

★06 서인은 경신환국으로 정권을 장악하였다. 24. 법원 9급 O | X

★07 남인은 노론과 소론으로 분화되었다. 24. 법원 9급 O | X

08 남인은 송시열을 중심으로 세력을 확대하였다. 24. 법원 9급 O | X

★09 남인은 인조반정을 주도하여 집권 세력이 되었다. 23. 국가 9급 O | X

10 남인은 이이와 성혼의 문인을 중심으로 형성되었다. 23. 국가 9급 O | X

★11 선조 대 사림이 동인과 서인으로 분열하였다. 23. 지방 9급 O | X

12 광해군 대 북인이 집권하였다. 23. 지방 9급 O | X

13 인조 대 남인이 정권을 독점하였다. 23. 지방 9급 O | X

★14 남인은 기사환국을 통해 재집권하였다. 23. 법원 9급 O | X

15 남인은 인목대비의 폐위를 주장하였다. 23. 법원 9급 O | X

16 광해군 때 허준이 『동의보감』을 완성하였다. 22. 소방직 O | X

★17 광해군 때 경기도에 한하여 대동법을 실시하였다. 22. 소방직 O | X

18 광해군 때 국방력 강화를 위해 5군영 체제를 완비하였다. 22. 소방직 O | X

Self Check

문항	○	×	틀린 이유
01	○	×	
02	○	×	
03	○	×	
04	○	×	
05	○	×	
06	○	×	
07	○	×	
08	○	×	
09	○	×	
10	○	×	
11	○	×	
12	○	×	
13	○	×	
14	○	×	
15	○	×	
16	○	×	
17	○	×	
18	○	×	

오답 확인하기

01 숙종 때의 일이다. 광해군 때 경기도에 처음으로 대동법을 실시하였다.
03 현종 때의 정치 상황이다.
04 숙종 때의 일이다.
05 북인에 대한 설명이다.
07 서인에 대한 설명이다.
08 서인에 대한 설명이다.
09 서인에 대한 설명이다.
10 서인에는 이이와 성혼의 문인들이 가담하였다.
13 인조 때 인조반정을 주도한 서인이 권력을 장악하였다. 서인은 남인과 연합하여 정국을 운영했다.
15 북인에 대한 설명이다.
18 숙종 때의 일이다.

정답

01 X 02 O 03 X 04 X 05 X
06 O 07 X 08 X 09 X 10 X
11 O 12 O 13 X 14 O 15 X
16 O 17 O 18 X

Self Check

문항	○	×	틀린 이유
19	○	×	
20	○	×	
21	○	×	
22	○	×	
23	○	×	
24	○	×	
25	○	×	
26	○	×	
27	○	×	
28	○	×	
29	○	×	
30	○	×	
31	○	×	
32	○	×	
33	○	×	
34	○	×	

19 광해군 때 기유약조를 체결하여 제한된 범위의 교섭을 허용하였다.
22. 소방직 O | X

20 기묘사화~인조반정 사이의 시기에 1차 예송에서 승리한 서인이 집권하였다.
21. 법원 9급 O | X

21 남인은 예송에서 왕의 예는 일반 사대부와 다르다고 주장하였다.
20. 경찰 1차 O | X

22 임진왜란 때 서인은 의병 활동을 주도하였다. 19. 경찰 1차 O | X

★ **23** 동인은 정철의 처벌 문제를 둘러싸고 강경파와 온건파로 분열하였다.
19. 경찰 1차 O | X

24 남인은 희빈 장씨 소생의 왕자를 세자로 책봉하는 것에 반대하였다.
18. 교육행정 O | X

★ **25** 남인인 윤휴는 왕통을 이었으면 적장자로 보아야 하므로 3년복을 입어야 한다고 주장하였다. 18. 국가 7급 O | X

26 광해군 때 진관 체제에서 제승방략 체제로 변경하였다. 17. 서울시 9급 O | X

★ **27** 남인의 주장은 1차, 2차 예송에서 모두 채택되었다. 17. 법원 9급 O | X

28 현종 때 두 차례의 예송이 발생하였는데, 서인은 상대적으로 신권을 강조하였다.
17. 경찰 1차 O | X

29 남인은 인조반정으로 몰락하였다. 16. 지방 9급 O | X

★ **30** 남인은 경신환국을 통해 정국을 주도하였다. 16. 지방 9급 O | X

31 남인의 정제두 등이 양명학을 본격적으로 수용하였다. 16. 지방 9급 O | X

32 심의겸 쪽에는 정치의 도덕성을 강조한 서경덕, 이황, 조식의 문인들이 가세하였다. 15. 서울시 9급 O | X

33 기해예송에서 남인의 주장이 채택되었다. 15. 경찰 2차 O | X

★ **34** 서인은 경신환국 이후 노론과 소론으로 분열하였다. 15. 경찰 2차 O | X

오답 확인하기

20 인조반정 이후인 현종 때의 일이다.
22 임진왜란 때 의병 활동은 주로 북인 출신이 주도하였다.
24 서인에 대한 설명이다.
26 명종 때의 일이다.
27 1차 예송에서는 서인의 주장이, 2차 예송에서는 남인의 주장이 채택되었다.
29 북인에 대한 설명이다.
30 서인에 대한 설명이다.
31 정제두는 소론에 속한다.
32 심의겸이 아니라 김효원이다.
33 기해예송에서 서인의 주장이 채택되었다.

정답

19 O 20 X 21 O 22 X 23 O
24 X 25 O 26 X 27 X 28 O
29 X 30 X 31 X 32 X 33 X
34 O

★ **35** 갑인예송에서 남인은 조대비가 9개월복의 상복을 입어야 한다고 주장하였다.
14. 지방 9급 O | X

★ **36** 기해예송은 효종이 사망하자 조대비가 상복을 3년복으로 입을 것인가, 1년복으로 입을 것인가를 둘러싸고 일어났다. 14. 지방 9급 O | X

37 갑인예송은 효종비가 사망하자 조대비가 상복을 1년복으로 입을 것인가, 9개월복으로 입을 것인가를 둘러싸고 일어났다. 14. 지방 9급 O | X

★ **38** 노론은 실리를 중시하고 북방 개척을 주장하는 경향을 보이며, 소론은 대의명분을 중시하고 민생 안정을 강조하는 경향을 보였다. 14. 경찰 1차 O | X

39 [순서나열] 기해예송 → 갑술환국 → 경신환국 → 무고의 옥 → 신임사화
12. 경찰 2차 O | X

40 인조반정 이후 반정을 주도한 서인은 북인과 연합하여 정국을 운영해 갔다.
11. 지방 7급 O | X

테마 6 조선 전기의 대외 관계와 양난의 극복

기출필수코드 17

01 병자호란 이후 삼전도비가 세워졌다. 24. 국가 9급 O | X

02 병자호란 이후 이괄이 난을 일으켰다. 24. 국가 9급 O | X

★ **03** 병자호란 때 인조가 강화도로 피난하였다. 24. 국가 9급 O | X

04 병자호란 때 정봉수가 용골산성에서 항전하였다. 24. 국가 9급 O | X

★ **05** 평양성 탈환과 병자호란 직전 사이의 시기에 강홍립이 이끄는 조선군은 후금에 항복하였다. 24. 법원 9급 O | X

06 평양성 탈환과 병자호란 직전 사이의 시기에 신립 장군은 충주에서 일본군에게 패배하였다. 24. 법원 9급 O | X

07 평양성 탈환과 병자호란 직전 사이의 시기에 인조는 삼전도에 나가 굴욕적인 항복을 하였다. 24. 법원 9급 O | X

Self Check

문항	O	×	틀린 이유
35	O	×	
36	O	×	
37	O	×	
38	O	×	
39	O	×	
40	O	×	
01	O	×	
02	O	×	
03	O	×	
04	O	×	
05	O	×	
06	O	×	
07	O	×	

오답 확인하기

35 갑인예송에서 남인은 1년설을 주장하였다.
38 노론과 소론에 대한 설명이 뒤바뀌었다.
39 기해예송 → 경신환국 → 갑술환국 → 무고의 옥 → 신임사화
40 인조반정을 주도한 서인은 남인과 연합 정권을 구성하였다.

02 이괄의 난은 병자호란 이전에 일어났다.
03 정묘호란에 대한 설명이다.
04 정묘호란에 대한 설명이다.
06 평양성 탈환 이전인 1592년 4월의 일이다.
07 병자호란 때의 일이다.

정답

35 X 36 O 37 O 38 X 39 X
40 X

01 O 02 X 03 X 04 X 05 O
06 X 07 X

Self Check ☑

문항	○	×	틀린 이유
08	○	×	
09	○	×	
10	○	×	
11	○	×	
12	○	×	
13	○	×	
14	○	×	
15	○	×	
16	○	×	
17	○	×	
18	○	×	
19	○	×	
20	○	×	
21	○	×	
22	○	×	

08 평양성 탈환과 병자호란 직전 사이의 시기에 조선은 왜구의 약탈을 근절하고자 대마도를 정벌하였다. 24. 법원 9급 O | X

★ **09** 임진왜란과 병자호란 사이의 시기에 인조반정이 발생하였다. 23. 지방 9급 O | X

10 임진왜란과 병사호란 사이의 시기에 영창 내군이 사망하였다. 23. 지방 9급 O | X

11 임진왜란과 병자호란 사이의 시기에 강홍립이 후금에 항복하였다. 23. 지방 9급 O | X

12 임진왜란과 병자호란 사이의 시기에 청에 인질로 끌려갔던 봉림 대군이 귀국하였다. 23. 지방 9급 O | X

13 곽재우는 홍의장군이라 칭하였다. 23. 지방 9급 O | X

14 곽재우는 행주산성에서 일본군을 크게 무찔렀다. 23. 지방 9급 O | X

15 곽재우는 익숙한 지리를 활용한 기습 작전으로 일본군에 타격을 주었다. 23. 지방 9급 O | X

★ **16** 남한산성은 병자호란 때 인조가 피난했던 산성이다. 21. 국가 9급 O | X

17 [순서나열] 이순신은 한산도에서 왜군을 크게 무찔렀다. → 김시민은 진주성에서 왜군에 맞서 싸워 대승을 거두었다. → 조・명 연합군은 평양성을 탈환하였다. → 권율은 행주산성에서 왜군을 대파하였다. 21. 경찰 1차 O | X

★ **18** 명종 때 삼포에서 4~5천 명의 일본인이 난을 일으켰다. 20. 지방 9급 O | X

★ **19** 세종은 기유약조를 맺고 일본과의 무역을 허용하였다. 20. 국가 7급 O | X

20 병자호란 때 정봉수, 이립 등이 의병을 일으켜 후금군에게 타격을 주었다. 20. 국가 7급 O | X

21 조선 전기에는 유구와 교류하여 불경・유교 경전・범종 등을 전해 주었다. 19. 지방 7급 O | X

22 을묘왜변과 임진왜란 사이의 시기에 4~5천 명의 왜인들이 삼포왜란을 일으켰다. 19. 상반기 서울시 7급 O | X

오답 **확인하기**

- 08 평양성 탈환 이전인 15세기 세종 때의 일이다.
- 12 병자호란 이후 청나라로 끌려간 봉림 대군(효종)은 1644년에 청나라 심양에서 조선으로 돌아왔다.
- 14 권율에 대한 설명이다.
- 18 중종 때의 일이다.
- 19 광해군 때의 일이다.
- 20 정묘호란 때의 일이다.
- 22 삼포왜란은 을묘왜변 이전인 1510년 중종 때 일어났다.

정답

08 X 09 O 10 O 11 O 12 X
13 O 14 X 15 O 16 O 17 O
18 X 19 X 20 X 21 O 22 X

23 을묘왜변과 임진왜란 사이의 시기에 도원수 강홍립이 거느리는 원군을 명에 파견하였다. 19. 상반기 서울시 7급 O | X

24 김종서가 압록강 유역에 6진을 설치하였다. 19. 법원 9급 O | X

25 효종 때 명과 후금 사이에서 실리를 추구하는 중립 외교 정책을 펼쳤다. 18. 지방 9급 O | X

26 [순서나열] 권율이 행주산성에서 일본군의 공격을 격파 → 의주로 피난했던 국왕 일행이 한성으로 돌아옴. → 원균이 이끄는 조선 수군이 칠천량에서 크게 패배 → 이순신이 명량에서 일본 수군을 격파 18. 지방 9급 O | X

27 [순서나열] 이괄이 평안북도에서 반란을 일으켜 서울까지 점령함. → 후금의 태종은 광해군을 위하여 보복한다는 명분을 내걸고 '정묘호란'을 일으킴. → 후금이 국호를 청(淸)이라 고치고 조선에 대하여 군신(君臣)의 관계를 맺을 것을 요구 → 삼학사(三學士)가 심양에 끌려가 죽임을 당함. 18. 경찰 1차 O | X

28 병자호란 이후, 소현 세자는 청에서 서양의 문물에 관심을 가지고, 천문 관련 서적 등을 가져왔다. 17. 하반기 국가 9급 O | X

★ 29 병자호란 이후, 조선은 청과 굴욕적인 형제의 맹약을 맺었다. 17. 하반기 국가 9급 O | X

30 병자호란 이후, 조선은 복수설치(復讐雪恥)를 과제로 삼았다. 17. 하반기 국가 9급 O | X

31 임진왜란 당시, 휴전 협상이 진행되는 동안 조선은 훈련도감을 설치하였다. 17. 지방 9급 O | X

32 임진왜란 당시, 조선군은 명나라 지원군과 연합하여 평양성을 탈환하였다. 17. 지방 9급 O | X

33 임진왜란 당시 정발은 부산포에서, 신립은 상주에서 일본군과 맞서 싸웠지만 패배하였다. 17. 지방 9급 O | X

★ 34 세종 때 왜구의 소굴인 쓰시마 섬을 정벌하였다. 17. 지방 7급 O | X

★ 35 세종은 김종서를 함경도 관찰사로 임명하여 두만강 유역에 6진을 개척하였다. 17. 지방 7급 O | X

Self Check

문항	○	×	틀린 이유
23	○	×	
24	○	×	
25	○	×	
26	○	×	
27	○	×	
28	○	×	
29	○	×	
30	○	×	
31	○	×	
32	○	×	
33	○	×	
34	○	×	
35	○	×	

오답 확인하기

23 임진왜란 이후인 광해군 때의 사실이다.
24 김종서가 6진을 설치한 지역은 두만강 유역이다.
25 광해군 때의 일이다.
29 병자호란 이전인 정묘호란 때의 일이다.
33 상주에서 일본군과 맞서 싸운 인물은 이일이다. 신립은 충주 탄금대에서 일본군과 대치하였다.

정답

23 X 24 X 25 X 26 O 27 O
28 O 29 X 30 O 31 O 32 O
33 X 34 O 35 O

Self Check ☑

문항	○	×	틀린 이유
36	○	×	
37	○	×	
38	○	×	
39	○	×	
40	○	×	
41	○	×	
42	○	×	
43	○	×	
44	○	×	
45	○	×	
46	○	×	

36 세종 때 압록강 방면에 여진족의 침입이 잦아지자, 최윤덕을 파견하여 그들을 토벌하였다.
17. 지방 7급 O | X

★ **37** [순서나열] 이순신 장군이 한산도에서 왜의 수군을 격퇴하였다. → 진주목사 김시민이 왜의 대군을 맞아 격전 끝에 진주성을 지켜냈다. → 조·명 연합군이 평양성을 달환하였다. → 권율 장군이 행주산성에서 왜군을 격퇴하였다.
16. 국가 9급 O | X

38 병자호란의 결과 군신 관계를 맺는 조건으로 강화가 이루어졌다.
16. 교육행정 O | X

39 최명길은 청나라의 군신 관계 요구에 대해 무력 항쟁을 주장하였다.
16. 사회복지 O | X

40 임경업은 효종을 도와 북벌을 계획하고 국방력 강화에 주력하였다.
16. 사회복지 O | X

41 태조 이성계는 요동 정벌을 추진하였고 정도전과 남은은 군사 훈련을 강화하였다.
16. 서울시 9급 O | X

42 명은 정도전을 '조선의 화근'이라며 명으로 압송할 것을 요구하였다.
16. 서울시 9급 O | X

43 임진왜란 때 선조가 의주로 피난하였다.
16. 법원 9급 O | X

★ **44** 병자년에 청군이 서울을 점령하자 인조는 강화도로 피난하여 항전하였다.
15. 사회복지 O | X

45 명종 때 세견선의 감소로 곤란을 겪던 왜인들이 전라도를 침범해왔다.
15. 국가 7급 O | X

★ **46** [순서나열] 인조반정 → 정묘호란 → 병자호란 → 이괄의 난 → 나선 정벌
12. 경찰 3차 O | X

오답 **확인하기**

- **39** 최명길은 대표적인 주화파로, 외교적 해결을 주장하였다.
- **40** 이완에 대한 설명이다.
- **44** 인조는 남한산성으로 피난하여 항전하였다.
- **46** 인조반정 → 이괄의 난 → 정묘호란 → 병자호란 → 나선 정벌

정답

36 O 37 O 38 O 39 X 40 X
41 O 42 O 43 O 44 X 45 O
46 X

02 근세의 경제 · 사회 · 문화

테마 1 조선 전기의 경제 정책

기출필수코드 41 기출필수코드 42

★ **01** 세조는 현직 관리에게만 과전을 지급하는 직전제를 시행하였다.
20. 국가 7급 O | X

02 태종~세조 사이의 시기에 직전법을 폐지하고 관리들에게 녹봉만 지급하였다.
19. 법원 9급 O | X

03 관수 관급제의 실시로 관료의 직접적인 수조권 행사를 금지하고 관청에서 수조권 행사를 대행하였다. 18. 지방 7급 O | X

04 공법은 토지 결수에 따라 지방의 토산물을 거두는 수취 제도였다.
18. 경찰 2차 O | X

05 국가는 수취 체제를 운영하기 위해 토지 대장인 양안과 인구 대장인 호적을 작성하였다. 18. 경찰 2차 O | X

★ **06** 공법은 토지 소유자에게 1결당 미곡 12두를 조세로 징수하였다.
17. 지방 9급 O | X

★ **07** 공법은 풍흉에 상관없이 1결당 4~6두를 조세로 징수하였다. 17. 지방 9급 O | X

08 공법에 따라 토지의 비옥도에 따라 조세를 차등 징수하였다. 17. 지방 9급 O | X

★ **09** 과전법에 따라 과전 지급 지역은 경기에 한정되었고, 지급 대상은 전직 · 현직 관리였다. 17. 지방 7급 O | X

★ **10** 과전법 체제에서 수신전, 휼양전은 죽은 관료의 가족에게 지급하였다.
15. 국가 9급 O | X

11 과전법 체제에서는 5품 이상의 관료에게 공음전을 주어 세습을 허용하였다.
15. 국가 9급 O | X

Self Check ☑

문항	○	×	틀린 이유
01	○	×	
02	○	×	
03	○	×	
04	○	×	
05	○	×	
06	○	×	
07	○	×	
08	○	×	
09	○	×	
10	○	×	
11	○	×	

오답 확인하기

02 직전법이 사실상 폐지된 시기는 16세기 중엽의 일이다.
04 공법은 토산물을 거두는 수취 제도가 아니라 조세와 관련된 수취 제도이다.
06 대동법에 대한 설명이다.
07 영정법에 대한 설명이다.
11 고려 시대의 토지 제도에 대한 설명이다.

정답

01 O 02 X 03 O 04 X 05 O
06 X 07 X 08 O 09 O 10 O
11 X

Self Check ☑

문항	○	×	틀린 이유
12	○	×	
13	○	×	
14	○	×	
15	○	×	
16	○	×	
17	○	×	
01	○	×	
02	○	×	
03	○	×	
04	○	×	
05	○	×	
06	○	×	
07	○	×	
08	○	×	

12 공법 제도하에서는 토지의 비옥도와 풍흉의 정도에 따라 전분 6등법, 연분 9등법으로 나누고, 조세 액수를 1결당 최고 20두에서 최하 4두를 내도록 하였다. 15. 경찰 3차 O | X

13 과전법에서는 공로가 많은 사람들에게 인품을 기준으로 역분전을 차등 지급하였다. 13. 지방 9급 O | X

★**14** 관수 관급제가 실시되어 국가의 토지 지배권이 한층 강화되었다. 12. 지방 9급 O | X

15 직전법이 폐지됨에 따라 지주 전호제 관행이 줄어들었다. 12. 지방 9급 O | X

16 조선 전기에 관리들에게 지급된 과전은 관리가 죽거나 반역을 하면 반납하는 것이 원칙이었다. 12. 서울시 9급 O | X

17 공법에서 전세는 풍흉에 따라 6등급으로 나누어 부과하였다. 11. 지방 7급 O | X

테마 2 조선 전기의 상업

기출필수코드 43

01 칠패 시장에서 어물을 판매하였다. 16. 국가 7급 O | X

02 시전에서 남초를 거래하였다. 16. 국가 7급 O | X

★**03** 15세기 후반 이후 장시는 점차 확대되었다. 13. 국가 9급 O | X

04 보부상은 장시에서 수산물, 수공업 제품 등을 판매하였다. 13. 국가 9급 O | X

05 정부가 조선통보를 유통시킴으로써 동전 화폐 유통이 활발해졌다. 13. 국가 9급 O | X

06 신해통공으로 육의전의 금난전권이 폐지되었다. 12. 지방 9급 O | X

07 조선 정부는 경시서를 두어 시전과 지방의 장시를 통제하였다. 12. 지방 9급 O | X

08 시전은 보부상을 관장하여 독점 판매의 혜택을 오래 누렸다. 12. 지방 9급 O | X

오답 확인하기

13 고려 시대의 토지 제도에 대한 설명이다.
15 직전법의 폐지로 지주 전호제가 확산되었다.
17 공법은 풍흉에 따라 9등급으로 나누었다.

01 조선 후기의 경제 상황이다.
02 조선 후기의 경제 상황이다.
05 조선 전기에는 전반적으로 동전 화폐 유통이 부진하였다.
06 조선 후기에 신해통공으로 육의전을 제외한 시전의 금난전권이 폐지되었다.
07 경시서는 한양의 시전을 감독하는 기관이었다.
08 시전은 보부상을 관장할 권한이 없었다.

정답

12 O 13 X 14 O 15 X 16 O 17 X

01 X 02 X 03 O 04 O 05 X 06 X 07 X 08 X

★ **09** 시전은 국역의 형태로 궁중과 관청에 필요한 물품을 조달할 의무가 있었다.
12. 지방 9급 O | X

10 관청 수공업자들은 부역으로 동원되어 물품을 만들었다. 11. 지방 9급 O | X

11 15세기에 한양의 운종가에 시전이 세워지면서 시전 상인들에게 사상을 단속하는 금난전권이 부여되었다. 10. 국가 7급 O | X

테마 3 전근대 농업 기술의 발달

기출필수코드 43

★ **01** 고려 시대에 이앙법이 전국적으로 보급되었다. 17. 국가 9급 O | X

02 조선 후기, 밭농사에서는 견종법이 보급되었다. 17. 국가 9급 O | X

03 조선 전기, 녹비법을 활용하여 지력을 회복하였다. 16. 국가 7급 O | X

★ **04** 조선 전기에 고구마·감자를 구황 작물로 활용하였다. 16. 국가 7급 O | X

05 조선 후기, 감자·고구마 등의 구황 작물과 담배·고추 등의 상업 작물이 도입되어 상품 경제가 활성화되었다. 15. 국가 7급 O | X

06 조선 후기에 광작이 성행하면서 부농과 빈농의 계급 분화가 촉진되었다.
15. 지방 7급 O | X

07 조선 전기, 밭농사에 2년 3작의 윤작법이 시작되었다. 14. 사회복지 O | X

08 조선 전기, 철제 농기구가 점차 보급되고 우경이 시작되었다.
14. 사회복지 O | X

09 조선 전기에 쌀의 수요가 늘면서 밭을 논으로 바꾸는 현상이 활발하였다.
11. 국가 9급 O | X

10 조선 전기에 신속은 『농가집성』을 펴내 벼농사 중심의 농법을 소개하였다.
11. 국가 9급 O | X

Self Check

문항	○	×	틀린 이유
09	○	×	
10	○	×	
11	○	×	
01	○	×	
02	○	×	
03	○	×	
04	○	×	
05	○	×	
06	○	×	
07	○	×	
08	○	×	
09	○	×	
10	○	×	

오답 확인하기

11 금난전권은 조선 후기에 조선 정부가 육의전과 시전 상인에게 부여한 권리이다.

01 조선 후기의 일이다.
04 조선 후기의 경제 상황이다.
07 고려 시대의 일이다.
08 삼국 시대의 농업에 대한 설명이다.
09 조선 후기의 일이다.
10 조선 후기의 일이다.

정답

09 O 10 O 11 X

01 X 02 O 03 O 04 X 05 O
06 O 07 X 08 X 09 X 10 X

Self Check

문항	○	×	틀린 이유
11	○	×	
12	○	×	
13	○	×	
14	○	×	
15	○	×	
01	○	×	
02	○	×	
03	○	×	
04	○	×	
05	○	×	
06	○	×	
07	○	×	
08	○	×	

★ **11** 조선 전기에 남부 지방에서 모내기가 보급되어 일부 지역은 벼와 보리의 이모작이 가능해졌다. 11. 국가 9급 O | X

★ **12** 조선 전기, 시비법의 발달로 경작지를 묵히지 않고 계속 농사지을 수 있게 되었다. 11. 국가 9급 O | X

13 조선 후기, 농민의 경제력 향상으로 지주 전호제가 유명무실해졌다. 11. 지방 7급 O | X

14 조선 후기에 인삼 재배농과 홍삼 제조업이 성장하였다. 10. 국가 7급 O | X

15 조선 전기에 목화 재배가 확대되어 의생활이 개선되었다. 10. 서울시 9급 O | X

테마 4 역사서와 통치 기록

기출필수코드 50

01 삼포왜란~임진왜란 사이의 시기에 『경국대전』이 반포되었다. 23. 국가 9급 O | X

★ **02** 승정원일기는 역대 왕의 훌륭한 언행을 실록에서 뽑아 만든 사서이다. 21. 국가 9급 O | X

★ **03** 조선 시대, 실록청에서 사초 · 시정기 · 승정원일기 등을 바탕으로 실록을 편찬하였다. 19. 지방 7급 O | X

04 임진왜란 이전에 실록은 4부를 만들어 한양의 춘추관과 전주 · 성주 · 충주의 사고에 보관하였다. 19. 지방 7급 O | X

★ **05** 『경국대전』은 이 · 호 · 예 · 병 · 형 · 공전으로 나뉘어 정리되었다. 19. 상반기 서울시 9급 O | X

06 세조 때 『경국대전』의 편찬을 시작하였다. 19. 상반기 서울시 9급 O | X

★ **07** 승정원일기는 실록 편찬의 기본 자료였으며, 세계 기록 유산이다. 17. 하반기 국가 7급 O | X

★ **08** 조선왕조의궤는 유네스코 세계 기록 유산으로 등재되었다. 17. 하반기 지방 9급 O | X

오답 확인하기

13 조선 후기에는 지주 전호제가 더욱 확산되었다.

01 『경국대전』이 반포된 것은 삼포왜란 이전인 성종 때의 일이다.
02 『국조보감』에 대한 설명이다.

정답

11 O 12 O 13 X 14 O 15 O

01 X 02 X 03 O 04 O 05 O 06 O 07 O 08 O

09 정조 때 화성 행차 일정, 참가자 명단, 행차 그림 등을 수록한 의궤가 편찬되었다.
17. 하반기 지방 9급 O | X

10 『대전회통』은 법규교정소에서 만국공법에 기초하여 제정하였다.
16. 국가 7급 O | X

11 『속대전』은 영조가 직접 서문을 지어 간행하였다. 16. 국가 7급 O | X

12 역대 국왕의 언행을 본보기로 삼기 위해 태종 때부터 『국조보감』을 편찬하였다.
16. 지방 7급 O | X

13 춘추관은 관청별 업무 일지인 여러 관청의 등록(謄錄)을 모아 시정기를 정기적으로 편찬하였다. 16. 지방 7급 O | X

★ **14** 조선 초기부터 왕실 관련 행사나 국가적인 행사에 관한 기록이나 장면을 모은 의궤를 만들었다. 16. 지방 7급 O | X

15 승정원의 주서(注書)는 왕과 신하 간에 오고간 문서와 국왕의 일과를 매일 기록하여 『승정원일기』를 작성하였다. 16. 지방 7급 O | X

16 『동국통감』은 단군 조선에서 삼한까지의 역사를 외기(外紀)로 구분하여 서술하였다. 15. 국가 7급 O | X

★ **17** 『동국통감』은 고조선부터 고려 말까지의 역사를 편년체로 서술하였다.
14. 사회복지 O | X

18 『동국통감』은 세가, 지, 열전 등으로 구성되었다. 14. 경찰 1차 O | X

★ **19** 의궤는 왕의 행적과 국정 전반을 기록한 것으로 천재지변에 관한 기록까지 소상히 담고 있어 자료적 가치가 매우 높다. 14. 경찰 1차 O | X

★ **20** 의궤는 조선 초기부터 제작되었으나, 임진왜란 이전의 것은 현재 남아 전해지는 것이 없다. 14. 경찰 1차 O | X

★ **21** 조선왕조실록은 태조에서 철종 때까지의 역사를 편년체로 기록하였다.
13. 국가 9급 O | X

Self Check ☑

문항	○	×	틀린 이유
09	○	×	
10	○	×	
11	○	×	
12	○	×	
13	○	×	
14	○	×	
15	○	×	
16	○	×	
17	○	×	
18	○	×	
19	○	×	
20	○	×	
21	○	×	

제4막

오답 확인하기

10 법규교정소는 대한 제국 때 설치된 기구로, 여기서 대한국국제를 제정하였다.
12 『국조보감』은 세조 때부터 편찬되었다.
18 『고려사』 등 기전체 사서에 대한 설명이다.
19 『조선왕조실록』에 대한 설명이다.

정답

09 O 10 X 11 O 12 X 13 O
14 O 15 O 16 O 17 O 18 X
19 X 20 O 21 O

Self Check ☑

문항	○	×	틀린 이유
22	○	×	
23	○	×	
01	○	×	
02	○	×	
03	○	×	
04	○	×	
05	○	×	
06	○	×	
07	○	×	
08	○	×	
09	○	×	

22 실록 편찬의 공정성을 확보하기 위하여 왕이 죽은 후에 실록을 편찬하는 것이 관례였다. 13. 지방 7급 O | X

23 국왕과 신하가 정사를 논의한 발언과 행동을 사관(史官)이 기록하였는데 이를 사초(史草)라고 불렀다. 13. 지방 7급 O | X

테마 5 지도와 각종 서적

기출필수코드 51

01 삼포왜란~임진왜란 사이 시기에 『향약집성방』이 편찬되었다. 23. 국가 9급 O | X

02 혼일강리역대국도지도는 중국에서 들여온 곤여만국전도를 참고하였다. 23. 국가 9급 O | X

03 천상열차분야지도는 하늘을 여러 구역으로 나누고 별자리를 표시한 그림이다. 23. 국가 9급 O | X

★ **04** 대동여지도는 거리를 알 수 있도록 10리마다 눈금을 표시하였다. 23. 국가 9급 O | X

05 동국지도는 정상기가 실제 거리 100리를 1척으로 줄인 백리척을 적용하여 제작하였다. 23. 국가 9급 O | X

★ **06** 허준의 『동의보감』은 우리나라뿐 아니라 중국 및 일본의 의학 발전에 큰 영향을 끼쳤는데, 예방 의학에 중점을 둔 것이다. 22. 서울 9급 O | X

07 조선 전기에 『어우야담』을 비롯한 야담·잡기류가 성행하였다. 20. 국가 9급 O | X

08 조선 전기에 유서(類書)로 불리는 백과사전이 널리 편찬되었다. 20. 국가 9급 O | X

★ **09** 조선 전기에 『동문선』이 편찬되어 우리 문학의 독자성을 강조하였다. 20. 국가 9급 O | X

오답 확인하기

01 『향약집성방』이 편찬된 것은 삼포왜란 이전인 세종 때의 일이다.
02 곤여만국전도가 전래된 것은 혼일강리역대국도지도가 제작된 이후의 일이다.
07 조선 후기의 일이다.
08 조선 후기의 일이다.

정답

22 O 23 O

01 X 02 X 03 O 04 O 05 O
06 O 07 X 08 X 09 O

★ **10** [순서나열] 『향약집성방』 → 『의방유취』 → 『동의보감』 → 『향약구급방』

19. 지방 9급 O | X

11 조선 후기에는 모눈종이를 이용한 정밀한 지도도 제작되었다.

19. 서울시 9급 O | X

12 [순서나열] 『동국여지승람』 → 『동국지리지』 → 『신찬팔도지리지』 → 『아방강역고』

19. 서울시 7급 O | X

★ **13** '혼일강리역대국도지도'에는 유럽과 아프리카 대륙까지 묘사하였다.

18. 국가 9급 O | X

14 '혼일강리역대국도지도'에는 중국이 세계의 중심이라는 중화 사상이 반영되었다.

18. 국가 9급 O | X

15 '혼일강리역대국도지도'에서 우리나라에 해당하는 부분은 백리척을 사용하여 과학화에 기여하였다.

18. 국가 9급 O | X

16 중종 때 『국조오례의』가 편찬되고 『동국여지승람』이 만들어졌다.

18. 국가 9급 O | X

★ **17** '혼일강리역대국도지도'는 원나라 세계 지도를 참고하고, 여기에 한반도와 일본 지도를 첨가하여 만들었다.

18. 상반기 서울시 7급 O | X

18 신숙주는 일본에 다녀온 뒤, 견문록 『해동제국기』를 성종 때에 편찬하였다.

18. 서울시 7급 O | X

19 문종 때 김종서의 주도하에 중국과 우리나라의 역대 전쟁사를 정리한 『병장도설』이 편찬되었다.

17. 경찰 1차 O | X

★ **20** 『농가집성』은 고려 말 이암이 원에서 들여온 것이다.

15. 국가 9급 O | X

21 『농사직설』은 정초 등이 왕명을 받아 편찬한 것이다.

15. 국가 9급 O | X

22 『산림경제』는 박세당이 과수, 축산 등을 소개한 것이다.

15. 국가 9급 O | X

Self Check ☑

문항	○	×	틀린 이유
10	○	×	
11	○	×	
12	○	×	
13	○	×	
14	○	×	
15	○	×	
16	○	×	
17	○	×	
18	○	×	
19	○	×	
20	○	×	
21	○	×	
22	○	×	

오답 확인하기

10 『향약구급방』 → 『향약집성방』 → 『의방유취』 → 『동의보감』
12 『신찬팔도지리지』 → 『동국여지승람』 → 『동국지리지』 → 『아방강역고』
15 백리척이 최초로 사용된 지도는 조선 후기에 편찬된 정상기의 「동국지도」이다.
16 『국조오례의』와 『동국여지승람』은 성종 때 편찬되었다.
19 『동국병감』에 대한 설명이다.
20 『농상집요』에 대한 설명이다.
22 『산림경제』의 저자는 홍만선이다.

정답

10 X 11 O 12 X 13 O 14 O
15 X 16 X 17 O 18 O 19 X
20 X 21 O 22 X

제4막

Self Check

문항	○	×	틀린 이유
23	○	×	
24	○	×	
25	○	×	
26	○	×	
01	○	×	
02	○	×	
03	○	×	
04	○	×	
01	○	×	
02	○	×	
03	○	×	

23 『과농소초』는 홍만선이 화초 재배법에 대해 저술한 것이다. 15. 국가 9급 O | X

24 화약 무기의 제작과 그 사용법을 정리한 『총통등록』이 편찬되었다. 15. 지방 7급 O | X

★25 우리의 풍토에 맞는 독자적인 농법을 정리한 『농사직설』이 편찬되었다. 15. 지방 7급 O | X

26 「조선방역지도」는 만주와 대마도를 포함하고 있어 당시 영토 의식을 엿볼 수 있다. 10. 국가 7급 O | X

테마 6 과학 기술의 발달

기출필수코드52

01 삼포왜란~임진왜란 사이 시기에 금속 활자인 갑인자가 주조되었다. 23. 국가 9급 O | X

02 경복궁에는 세종 때 만든 보루각과 간의대가 있었다. 15. 국가 7급 O | X

★03 서울을 기준으로 작성한 역법인 『칠정산』 내편을 만들었다. 15. 지방 7급 O | X

04 토지 측량 기구로 인지의와 규형을 제작하였다. 15. 경찰 1차 O | X

테마 7 건축과 예술

기출필수코드53

★01 조선 전기에 중인층을 중심으로 시사가 결성되어 문학 활동을 벌였다. 20. 국가 9급 O | X

02 2019년 12월 31일 기준으로 세계 유산으로 등재된 문화재로는 종묘, 화성, 한양 도성, 남한산성 등이 있다. 20. 지방 9급 O | X

★03 정도전은 한양의 궁궐 전각(殿閣)과 도성 성문 등의 이름을 지었다. 20. 지방 7급 O | X

오답 확인하기

23 『과농소초』의 저자는 박지원이다.

01 삼포왜란 이전인 세종 때의 일이다.

01 조선 후기의 일이다.
02 한양 도성은 유네스코 세계 문화유산으로 등재된 문화재가 아니다.

정답

23 X 24 O 25 O 26 O

01 X 02 O 03 O 04 O

01 X 02 X 03 O

04 한양의 성곽은 거중기 등을 이용하여 약 2년 만에 완성되었다.
20. 지방 7급 O | X

05 [건립순서] 미륵사지 석탑 → 불국사 3층 석탑 → 쌍봉사 철감선사 승탑 → 월정사 8각 9층 석탑 → 경천사 10층 석탑
19. 법원 9급 O | X

06 중종 때 김시습이 『금오신화』를 저술하였다. 18. 국가 9급 O | X

07 화엄사 각황전은 다층식 외형을 지녔다. 18. 지방 9급 O | X

08 경복궁의 동쪽에 사직이, 서쪽에 종묘가 각각 배치되었다. 17. 지방 9급 O | X

09 유교 사상인 인·의·예·지 덕목을 담아 도성 4대문의 이름을 지었다.
17. 지방 9급 O | X

10 조선 시대의 각 궁궐이 지어진 순서는 경복궁 – 창덕궁 – 경희궁이다.
17. 서울시 7급 O | X

11 조정(朝廷)이란 말은 궁궐의 외전(外殿) 앞의, 품계석이 놓인 마당을 의미한다.
17. 서울시 7급 O | X

12 양궐 체제(兩闕體制)란 국왕의 중심 공간인 법궁(法宮)과 중전이나 세자 등 왕실 가족의 공간인 이궁(離宮)을 의미한다. 17. 서울시 7급 O | X

★ **13** 조선 전기에 현실 세계와 이상 세계를 표현한 '몽유도원도'가 그려졌다.
14. 국가 9급 O | X

★ **14** 조선 전기에 진경산수화와 풍속화가 유행하였다. 14. 국가 9급 O | X

15 종묘에는 조선 시대 왕과 왕비의 신주를 모셨다. 13. 국가 9급 O | X

★ **16** 분청사기는 청자에 백토의 분을 칠한 것으로, 서민 문화가 발달하는 조선 후기에 성행하였다. 11. 지방 9급 O | X

17 조선 시대 안견은 '몽유도원도'를 통해 우리나라 산천의 아름다움을 사실적으로 그렸다. 11. 경찰 O | X

Self Check ☑

문항	○	×	틀린 이유
04	○	×	
05	○	×	
06	○	×	
07	○	×	
08	○	×	
09	○	×	
10	○	×	
11	○	×	
12	○	×	
13	○	×	
14	○	×	
15	○	×	
16	○	×	
17	○	×	

오답 확인하기

04 수원 화성에 대한 설명이다.
06 『금오신화』는 세조 때 김시습에 의해 저술된 소설이다.
08 경복궁 서쪽에 사직이, 동쪽에 종묘가 각각 배치되었다.
12 이궁은 유사시 옮겨가서 활동할 수 있는 궁궐을 의미한다.
14 조선 후기의 일이다.
16 분청사기는 조선 전기에 널리 사용되었다.
17 우리나라 산천을 사실적으로 그린 것은 조선 후기의 진경산수화이다. 대표적으로 정선의 '인왕제색도'·'금강전도' 등이 있다.

정답

04 X 05 O 06 X 07 O 08 X
09 O 10 O 11 O 12 X 13 O
14 X 15 O 16 X 17 X

테마 8 성리학의 발달(+불교)

기출필수코드 48

★ **01** 이이는 예안향약을 만들었다. 22. 지방 9급 O | X

02 이이는 『동호문답』을 저술하였다. 22. 지방 9급 O | X

★ **03** 이이는 백운동 서원을 건립하였다. 22. 지방 9급 O | X

04 이이는 왕자의 난 때 죽임을 당했다. 22. 지방 9급 O | X

05 성종 때 도첩제를 폐지하였다. 21. 경찰 1차 O | X

06 이황은 여전론을 주장하였다. 21. 소방직 O | X

★ **07** 이황은 일본의 성리학 발달에 영향을 주었다. 21. 소방직 O | X

★ **08** 이황은 '이'와 '기'를 통일적으로 이해하면서 '기'를 중시하였다. 21. 소방직 O | X

09 이황은 강화학파를 형성하였다. 20. 법원 9급 O | X

★ **10** 이이는 백운동 서원에 소수 서원이라는 편액을 하사받도록 하였다. 19. 상반기 서울시 7급 O | X

11 이이는 『성학집요』와 『격몽요결』 등을 집필하였다. 19. 상반기 서울시 7급 O | X

12 이이는 일평생 처사로 지내며 독창적인 유기철학을 수립하였다. 19. 상반기 서울시 7급 O | X

13 이이는 '경'과 '의'를 근본으로 하는 실천적 성리학풍을 창도하였다. 18. 국가 7급 O | X

★ **14** 이이는 왕이 지켜야 할 왕도 정치 규범을 체계화한 『성학십도』를 지었다. 18. 국가 7급 O | X

15 이이는 삼강오륜의 윤리를 설명하고 중국과 우리나라의 역사를 적은 『동몽선습』을 지었다. 18. 국가 7급 O | X

Self Check

문항	○	×	틀린 이유
01	○	×	
02	○	×	
03	○	×	
04	○	×	
05	○	×	
06	○	×	
07	○	×	
08	○	×	
09	○	×	
10	○	×	
11	○	×	
12	○	×	
13	○	×	
14	○	×	
15	○	×	

오답 확인하기

01 이황에 대한 설명이다.
03 주세붕에 대한 설명이다.
04 정도전에 대한 설명이다.
06 정약용에 대한 설명이다.
08 이이에 대한 설명이다.
09 정제두에 대한 설명이다.
10 이황에 대한 설명이다.
12 서경덕에 대한 설명이다.
13 조식에 대한 설명이다.
14 이황에 대한 설명이다.
15 박세무에 대한 설명이다.

정답

01 X 02 O 03 X 04 X 05 O
06 X 07 O 08 X 09 X 10 X
11 O 12 X 13 X 14 X 15 X

★ **16** 이이는 우리 역사에서 기자의 행적을 주목하고 그 전통을 계승하기 위해 『기자실기』를 지었다. 18. 국가 7급 O | X

★ **17** 이이는 주자의 중요한 서찰을 뽑아 『주자서절요』를 편찬하였다. 17. 교육행정 O | X

18 이이는 기대승과 8차례 편지를 통해 4단과 7정에 대한 논쟁을 벌였다. 17. 서울시 9급 O | X

19 조식의 문인들이 주로 북인이 되었다. 17. 서울시 7급 O | X

20 이황은 서리망국론을 부르짖으며 당시 서리의 폐단을 강력하게 비판하였다. 16. 국가 9급 O | X

21 이황은 아홉 차례의 과거 시험에 장원하여 '구도장원공'이라는 별칭을 얻었다. 16. 국가 9급 O | X

★ **22** 이황은 이기 철학에서 이(理)의 절대성을 주장하였다. 16. 국가 9급 O | X

23 이황은 우주 자연은 기(氣)로 구성되어 있으며, 기는 영원불멸하면서 생명을 낳는다고 보았다. 16. 국가 9급 O | X

24 서경덕은 이(理)보다는 기(氣)를 중심으로 세계를 이해하고 불교와 노장 사상에 대해서 개방적인 태도를 지녔다. 16. 경찰 1차 O | X

25 이황은 이는 무형(無形)하지만 기는 유형하므로 이통기국(理通氣局)이라 주장하였다. 15. 국가 7급 O | X

26 이황은 도덕적 행위의 근거로서 인간의 심성을 중시하고 근본적이며 이상주의적인 성격이 강하였다. 15. 국가 7급 O | X

27 이황은 16세기 조선 사회의 모순을 극복하는 방안으로 통치 체제의 정비와 수취 제도의 개혁 등을 주장하였다. 14. 국가 9급 O | X

28 이황은 방납의 폐단을 개선하기 위해 수미법을 주장하였다. 14. 지방 9급 O | X

★ **29** 이황은 노장 사상을 포용하고 학문의 실천성을 강조하였다. 14. 지방 9급 O | X

Self Check

문항	○	×	틀린 이유
16	○	×	
17	○	×	
18	○	×	
19	○	×	
20	○	×	
21	○	×	
22	○	×	
23	○	×	
24	○	×	
25	○	×	
26	○	×	
27	○	×	
28	○	×	
29	○	×	

오답 확인하기

17 이황에 대한 설명이다.
18 이황에 대한 설명이다.
20 조식에 대한 설명이다.
21 구도장원공은 이이의 별칭이다.
23 서경덕 등이 주장한 내용으로, 이황과는 관련이 없다.
25 이이가 주장한 내용이다.
27 이이에 대한 설명이다.
28 이이에 대한 설명이다.
29 조식에 대한 설명이다.

정답

16 O 17 X 18 X 19 O 20 X
21 X 22 O 23 X 24 O 25 X
26 O 27 X 28 X 29 X

Self Check ☑

문항	○	×	틀린 이유
30	○	×	
31	○	×	
32	○	×	

30 이황은 성리학을 중심에 두면서도 양명학의 심성론을 인정하였다.

14. 지방 9급 O | X

31 이이는 군주 스스로 성학을 따를 것을 주장하였다. 13. 서울시 9급 O | X

32 정도전 등 관학파는 『주례』를 국가의 통치 이념으로 중요하게 여겼다.

12. 경찰 1차 O | X

오답 확인하기

30 이황은 『전습록변』에서 양명학을 비판하였다.

31 이황에 대한 설명이다.

정답

30 X 31 X 32 O

근대 태동기의 변화

노범석 한국사
기선제압 OX

01 근대 태동기의 정치

테마 1 조선의 군사 제도와 통치 체제의 개편

기출필수코드19

01 [순서나열] 지방군은 10정으로 조직하였다. → 중앙군은 2군 6위제로 운영하였다. → 친위 부대인 장용영을 설치하였다. → 13도 창의군이 결성되었다. 24. 국가 9급 O | X

02 비변사는 오직 군사 문제만을 다루었다. 22. 서울 9급 O | X

03 비변사는 세종 대에 설치되었다. 22. 서울 9급 O | X

04 비변사는 임진왜란 중에 설치되었다. 21. 소방직 O | X

★ 05 비변사는 흥선 대원군 때 축소·폐지되었다. 21. 소방직 O | X

★ 06 비변사는 삼포왜란 중에 상설화되었다. 20. 국가 7급 O | X

07 비변사는 본래 외적의 침입에 대비한 임시 기구였다. 20. 국가 7급 O | X

08 효종 때 남한산성을 복구하고 어영청을 확대하였다. 18. 지방 9급 O | X

09 효종 때 훈련별대를 정초군과 통합하여 금위영을 발족시켰다. 18. 지방 9급 O | X

10 효종 때 호위청, 총융청, 수어청 등의 부대를 창설하여 국방력을 강화하였다. 18. 지방 9급 O | X

11 숙종 때 병조 판서 김석주의 건의에 따라 국왕 호위와 수도 방위의 핵심 군영 중 하나인 금위영이 설치되었다. 18. 상반기 서울시 7급 O | X

★ 12 [순서나열] 9서당 – 10정 → 2군 6위 – 주현군과 주진군 → 5군영 – 속오군 → 5위 – 진관 체제 17. 지방 9급 O | X

13 인조 때 수도 외곽의 방어를 위하여 총융청을 설치하였다. 17. 하반기 국가 7급 O | X

Self Check ☑

문항	○	×	틀린 이유
01	○	×	
02	○	×	
03	○	×	
04	○	×	
05	○	×	
06	○	×	
07	○	×	
08	○	×	
09	○	×	
10	○	×	
11	○	×	
12	○	×	
13	○	×	

오답 확인하기

02 비변사는 임진왜란 이후 군사 문제뿐만 아니라 외교·재정·사회·인사 문제 등 거의 모든 행정 업무에 관여하였다.
03 비변사는 중종 때 설치되었다.
04 비변사는 16세기 초 중종 때 일어난 삼포왜란을 계기로 설치되었다.
06 비변사는 을묘왜변을 계기로 상설 기구로 운영되기 시작하였다.
09 숙종 때의 일이다.
10 인조 때의 일이다.
12 9서당 – 10정 → 2군 6위 – 주현군과 주진군 → 5위 – 진관 체제 → 5군영 – 속오군

정답

01 O 02 X 03 X 04 X 05 O
06 X 07 O 08 O 09 X 10 X
11 O 12 X 13 O

★ **14** 인조 때 훈련도감을 신설하고 포수, 사수, 살수 등 삼수병을 두었다.
17. 하반기 국가 7급 O | X

★ **15** 비변사는 을묘왜변 이후 상설 기구로 발전하였다. 16. 법원 9급 O | X

16 지방군 방어 체제는 임진왜란 이후 제승방략 체제로 복구되고 속오법에 따라 군대가 편제되었다. 15. 경찰 3차 O | X

17 조선 후기에 3사의 언론 기능이 변질되었으며 3사는 각 붕당의 이해 관계를 대변하기도 하였다. 15. 경찰 3차 O | X

18 비변사는 의정부의 의정과, 공조 판서를 제외한 판서 등 주요 관직자가 참여하는 합좌 기관이다. 14. 경찰 1차 O | X

19 훈련도감은 양반에서부터 노비에 이르기까지 편제 대상이 되었다.
12. 국가 7급 O | X

20 훈련도감은 서리, 잡학인, 신량역천인 등이 소속되어 유사시에 동원되었다.
12. 국가 7급 O | X

21 훈련도감은 장기간 근무를 하고 일정한 급료를 받는 상비군이었다.
10. 서울시 9급 O | X

테마 2 숙종

기출필수코드16

★ **01** 남인은 기사환국으로 정권을 장악하였다. 23. 국가 9급 O | X

02 숙종 대 서인이 노론과 소론으로 갈라졌다. 23. 지방 9급 O | X

03 경신환국과 기사환국 사이의 시기에 서인이 정국을 주도하였다.
22. 소방직 O | X

04 경신환국과 기사환국 사이의 시기에 노론이 연잉군의 세제 책봉을 주장하였다.
22. 소방직 O | X

★ **05** 경신환국과 갑술환국 사이의 시기에 송시열과 김수항 등이 처형당하였다.
20. 지방 9급 O | X

Self Check

문항	O	×	틀린 이유
14	O	×	
15	O	×	
16	O	×	
17	O	×	
18	O	×	
19	O	×	
20	O	×	
21	O	×	
01	O	×	
02	O	×	
03	O	×	
04	O	×	
05	O	×	

오답 확인하기

14 선조 때의 일이다.
16 지방군 방어 체제는 16세기 후반 제승방략 체제였다가 임진왜란 이후 진관 체제로 복구되었다.
19 훈련도감이 아니라 속오군이다.
20 훈련도감이 아니라 잡색군이다.

04 기사환국 이후인 경종 때의 일이다.

정답

14 X 15 O 16 X 17 O 18 O
19 X 20 X 21 O

01 O 02 O 03 O 04 X 05 O

★ **06** 경신환국의 결과 서인은 송시열을 영수로 하는 노론과 윤증을 중심으로 하는 소론으로 분당되었다. 19. 상반기 서울시 7급 O | X

07 희빈 장씨가 낳은 왕자가 세자로 책봉되는 과정에서 서인이 몰락하고 남인이 다시 집권하였는데 이를 '갑술환국'이라 칭한다. 19. 상반기 서울시 7급 O | X

08 청과 러시아 사이에 국경 충돌이 일어나자, 청의 요구에 따라 수백 명의 조총 부대를 영고탑(지금의 지린성)에 파견하였다. 18. 상반기 서울시 7급 O | X

09 숙종 때 안용복이 울릉도와 우산도(독도)에 출몰하는 왜인을 쫓아내고 일본 당국과 담판하여 그곳이 우리의 영토임을 승인받았다. 18. 상반기 서울시 7급 O | X

★ **10** 숙종은 왕권 강화를 위해 수시로 환국을 단행하였다. 18. 서울시 7급 O | X

11 기사환국은 서인의 몰락과 남인의 집권으로 이어졌다. 16. 법원 9급 O | X

테마 3 영조

기출필수코드 16

★ **01** 서원을 붕당의 근거지로 인식하여 대폭 정리하였다. 22. 국가 9급 O | X

★ **02** 장용영이 창설되었다. 22. 지방 9급 O | X

03 나선 정벌이 단행되었다. 22. 지방 9급 O | X

04 홍경래의 난이 발생하였다. 22. 지방 9급 O | X

05 초계문신제가 시행되었다. 20. 법원 9급 O | X

★ **06** 신문고 제도를 부활시키고 『동국문헌비고』 등을 편찬하여 문물과 제도를 정비하였다. 20. 경찰 1차 O | X

07 수원 화성을 건설하였다. 20. 경찰 2차 O | X

★ **08** 균역법을 시행하여 양반과 상민이 똑같이 군포를 부담하게 하였다. 19. 상반기 서울시 9급 O | X

Self Check

문항	○	×	틀린 이유
06	○	×	
07	○	×	
08	○	×	
09	○	×	
10	○	×	
11	○	×	
01	○	×	
02	○	×	
03	○	×	
04	○	×	
05	○	×	
06	○	×	
07	○	×	
08	○	×	

오답 확인하기

07 갑술환국이 아니라 기사환국에 대한 설명이다.
08 효종 때의 나선 정벌에 대한 설명이다.

02 정조 때의 일이다.
03 효종 때의 일이다.
04 순조 때의 일이다.
05 정조 때 실시한 정책이다.
07 정조의 업적이다.
08 흥선 대원군 때 실시된 호포법에 대한 설명이다.

정답

06 O 07 X 08 X 09 O 10 O 11 O

01 O 02 X 03 X 04 X 05 X 06 O 07 X 08 X

09 청계천 준설 사업으로 일자리를 만들어주고 홍수에 대비하게 하였다.
19. 상반기 서울시 9급 O | X

10 호포제를 시행하기 위하여 창경궁 홍화문에 나아가 백성들에게 의견을 물었다.
18. 서울시 7급 O | X

11 흉년을 당해 걸식하거나 버려진 아이들을 구휼하기 위하여 『자휼전칙』을 반포하였다. 18. 서울시 7급 O | X

12 토산물로 징수하던 공물을 쌀이나 무명, 동전 등으로 통일하였다.
17. 지방 9급 O | X

13 황폐해진 농지를 개간하도록 권장하고 전국적인 양전 사업을 시행하였다.
17. 지방 9급 O | X

★ **14** 일부 양반층에게 선무군관이라는 칭호를 주고 군포 1필을 납부하게 하였다.
17. 지방 9급 O | X

★ **15** 신해통공을 단행해 상업 활동의 자유를 확대하였다. 16. 지방 9급 O | X

16 삼정이정청을 설치해 농민의 불만을 해결하려 하였다. 16. 지방 9급 O | X

17 김육, 김상범의 노력으로 청나라를 통해 시헌력을 도입하였다.
16. 경찰 1차 O | X

18 왕위 계승에 대한 정통성과 관련하여 두 차례의 예송이 발생하였다.
15. 국가 9급 O | X

★ **19** 붕당을 없애자는 논리에 동의하는 관료들을 중심으로 탕평 정국을 운영하였다.
15. 국가 9급 O | X

20 가혹한 형벌을 폐지하였으며 『속대전』을 편찬하여 법전 체제도 정비하였다.
14. 서울시 7급 O | X

★ **21** 당파의 옳고 그름을 명백히 가리는 적극적인 준론 탕평 정책을 추진하였다.
13. 경찰 1차 O | X

22 양역의 군포를 1필로 통일하는 균역법을 시행하였고, 『수성윤음』을 반포하여 수도 방어 체제를 개편하였다. 13. 경찰 1차 O | X

Self Check

문항	○	×	틀린 이유
09	○	×	
10	○	×	
11	○	×	
12	○	×	
13	○	×	
14	○	×	
15	○	×	
16	○	×	
17	○	×	
18	○	×	
19	○	×	
20	○	×	
21	○	×	
22	○	×	

제5막

오답 확인하기

11 정조 때의 일이다.
12 광해군 때 처음 실시된 대동법에 대한 설명이다.
13 전국적인 양전 사업은 숙종 때 이후로는 실시되지 않았다.
14 일부 양반층이 아니라 일부 양인 상류층이다.
15 영조가 아니라 정조이다.
16 영조가 아니라 철종이다.
17 영조가 아니라 효종이다.
18 영조가 아니라 현종이다.
21 영조가 아니라 정조이다.

정답

09 O 10 O 11 X 12 X 13 X
14 X 15 X 16 X 17 X 18 X
19 O 20 O 21 X 22 O

테마 4 정조

기출필수코드 16

01 탕평비를 세웠다. 24. 법원 9급 O | X

★ 02 장용영을 설치하였다. 24. 법원 9급 O | X

03 『무예도보통지』를 간행하였다. 24. 법원 9급 O | X

★ 04 초계문신 제도를 시행하였다. 24. 법원 9급 O | X

05 남인은 정조 시기에 탕평 정치의 한 축을 이루었다. 23. 국가 9급 O | X

★ 06 사도 세자의 무덤을 옮기고 화성을 축조하였다. 22. 국가 9급 O | X

07 동학이 창시되었다. 21. 지방 9급 O | X

★ 08 『대전회통』이 편찬되었다. 21. 지방 9급 O | X

★ 09 신해통공이 시행되었다. 21. 지방 9급 O | X

10 홍경래의 난이 발생하였다. 21. 지방 9급 O | X

11 정조는 신경준에게 명하여 「동국여지도」를 편찬하도록 하였다. 19. 국가 7급 O | X

12 내수사와 궁방 및 각급 관청에 속한 관노비의 장적을 소각하도록 하였다. 19. 국가 7급 O | X

13 조정 관료 중에서 재능 있는 문신들을 선발하여 규장각에서 재교육하였다. 19. 국가 7급 O | X

14 북벌 운동이 전개되었다. 19. 법원 9급 O | X

15 수령이 향약을 주관하여 권한이 강화되었다. 19. 법원 9급 O | X

16 전세(田稅)를 토지 1결당 미곡 4두로 고정하는 영정법을 처음 실시하였다. 19. 경찰 1차 O | X

Self Check

문항	○	×	틀린 이유
01	○	×	
02	○	×	
03	○	×	
04	○	×	
05	○	×	
06	○	×	
07	○	×	
08	○	×	
09	○	×	
10	○	×	
11	○	×	
12	○	×	
13	○	×	
14	○	×	
15	○	×	
16	○	×	

오답 확인하기

01 영조의 업적이다.
07 동학은 철종 때인 1860년에 경주 출신인 최제우가 창시하였다.
08 흥선 대원군 때의 일이다.
10 순조 때의 일이다.
11 「동국여지도」는 영조 때 편찬된 지도이다.
12 순조 때의 공노비 해방에 대한 설명이다.
14 북벌 운동은 효종 때와 숙종 때 추진되었다.
16 인조 때의 일이다.

정답

01 X 02 O 03 O 04 O 05 O
06 O 07 X 08 X 09 O 10 X
11 X 12 X 13 O 14 X 15 O
16 X

17 친위 부대인 장용영을 설치하여 왕권을 뒷받침하는 군사적 기반을 갖추었다. 19. 경찰 1차 O | X

18 『해동농서』를 편찬하도록 하였다. 18. 국가 9급 O | X

19 갑인예송에서 왕권을 강조하며 기년복을 주장하였다. 18. 국가 9급 O | X

20 이순신에게 현충이라는 시호를 내리고 강감찬 사당을 건립하였다. 18. 국가 9급 O | X

21 민간의 광산 개발 참여를 허용하는 설점수세제를 처음 실시하였다. 18. 국가 9급 O | X

22 무위영을 설치하였다. 18. 지방 7급 O | X

23 『동문휘고』를 편찬하였다. 18. 지방 7급 O | X

24 수성윤음(守城綸音)을 반포하였다. 18. 지방 7급 O | X

25 기존의 문체에 얽매이지 않는 신문체를 장려하였다. 17. 하반기 지방 9급 O | X

26 『속대전』을 편찬하여 법률을 정비하였다. 17. 교육행정 O | X

★ 27 삼정의 문란을 시정하고자 삼정이정청을 설치하였다. 17. 교육행정 O | X

28 삼군부의 기능을 부활시켰다. 15. 교육행정 O | X

29 병법서인 『무예도보통지』를 편찬하였다. 15. 서울시 7급 O | X

★ 30 각 붕당의 주장이 옳은지 그른지를 명백히 가리는 적극적인 탕평책을 실시하였다. 15. 경찰 3차 O | X

31 병권 장악을 위해 금위영을 설치하였다. 14. 국가 9급 O | X

★ 32 육의전을 제외한 시전 상인의 특권을 폐지하였다. 14. 국가 9급 O | X

33 백성의 여론을 정치에 반영하기 위해 신문고 제도를 부활하였다. 14. 국가 9급 O | X

Self Check ☑

문항	○	×	틀린 이유
17	○	×	
18	○	×	
19	○	×	
20	○	×	
21	○	×	
22	○	×	
23	○	×	
24	○	×	
25	○	×	
26	○	×	
27	○	×	
28	○	×	
29	○	×	
30	○	×	
31	○	×	
32	○	×	
33	○	×	

제5막

오답 확인하기

19 갑인예송은 현종 때의 일로, 기년복을 주장한 세력은 남인이다.
20 숙종 때의 일이다.
21 효종 때의 일이다.
22 무위영은 1880년대 초에 기존의 5군영을 2영으로 축소하면서 형성된 군영이다.
24 영조 때의 일이다.
25 정조는 신문체를 배척하는 문체반정을 실시하였다.
26 영조에 대한 설명이다.
27 철종에 대한 설명이다.
28 정조가 아니라 흥선 대원군이다.
31 정조가 아니라 숙종이다.
33 정조가 아니라 영조이다.

정답

17 O 18 O 19 X 20 X 21 X
22 X 23 O 24 X 25 X 26 X
27 X 28 X 29 O 30 O 31 X
32 O 33 X

34 기사환국, 갑술환국 등 환국 정치가 이어지고 장길산 농민군이 봉기하였다.
13. 국가 7급 O | X

35 민(民)의 상인과 격쟁의 기회를 늘려주었다. 12. 지방 9급 O | X

★ **36** 군역의 부담을 줄이기 위해 균역법을 시행하였다. 12. 지방 9급 O | X

37 통치 규범을 재정리하기 위하여 『대전통편』을 편찬하였다. 12. 국가 9급 O | X

38 당파와 관계없이 인물을 등용하는 완론 탕평을 실시하였다. 12. 국가 9급 O | X

★ **39** 당하관 관료의 재교육을 위해 초계문신 제도를 시행하였다. 12. 국가 9급 O | X

★ **40** 서얼 출신인 이덕무, 박제가 등이 규장각 검서관으로 기용되어 활동하였다.
12. 지방 9급 O | X

★ **41** 규장각을 설치하고 이를 자신의 권력을 뒷받침할 수 있는 정치 기구로 육성하였다. 12. 서울시 9급 O | X

테마 5 세도 정치와 조선 후기 대외 관계

01 세도 정치 시기에 왕실과 혼인을 맺은 일부 가문이 정권을 장악하였다.
24. 법원 9급 O | X

02 세도 정치 시기에 유득공 등 서얼들을 규장각 검서관으로 임용하였다.
24. 법원 9급 O | X

03 '기축봉사'는 송시열이 제출하였다. 22. 서울 9급 O | X

04 '기축봉사'는 효종에게 올린 글이다. 22. 서울 9급 O | X

05 '기축봉사'는 북벌 정책에 대해 논하였다. 22. 서울 9급 O | X

06 왜란이 끝난 후 조선은 일본에 통신사를 파견하고 국교 재개를 요청하였다.
18. 서울시 9급 O | X

Self Check ☑

문항	○	×	틀린 이유
34	○	×	
35	○	×	
36	○	×	
37	○	×	
38	○	×	
39	○	×	
40	○	×	
41	○	×	
01	○	×	
02	○	×	
03	○	×	
04	○	×	
05	○	×	
06	○	×	

오답 확인하기

34 정조가 아니라 숙종이다.
36 정조가 아니라 영조이다.
38 정조가 아니라 영조이다.

02 정조 때의 인재 등용 정책에 대한 설명이다.
06 왜란이 끝난 후 국교 재개를 먼저 요청한 것은 조선이 아니라 일본이다.

정답

34 X 35 O 36 X 37 O 38 X
39 O 40 O 41 O

01 O 02 X 03 O 04 O 05 O
06 X

07 조선과 청의 대표는 현지 답사를 생략한 채 백두산정계비를 세웠다.
17. 서울시 사복 O | X

★ **08** 순조 때 최제우가 동학을 창도하였다. 14. 국가 9급 O | X

★ **09** 순조는 공노비 6만 6천여 명을 양인으로 해방시켰다. 14. 국가 9급 O | X

10 순조 때 미국 상선 제너럴셔먼호가 격침되었다. 14. 국가 9급 O | X

★ **11** 순조 때 삼정 문제를 해결하기 위해 삼정이정청을 설치하였다.
14. 국가 9급 O | X

Self Check

문항	○	×	틀린 이유
07	○	×	
08	○	×	
09	○	×	
10	○	×	
11	○	×	

오답 확인하기

07 백두산정계비는 조선과 청나라 대표가 백두산 일대를 현지 답사하여 세운 비석이다.
08 순조가 아니라 철종이다.
10 순조가 아니라 고종이다.
11 순조가 아니라 철종이다.

정답

07 X 08 X 09 O 10 X 11 X

02 근대 태동기의 경제 · 사회 · 문화

Self Check

문항	○	×	틀린 이유
01	○	×	
02	○	×	
03	○	×	
04	○	×	
05	○	×	
06	○	×	
07	○	×	
08	○	×	
09	○	×	
10	○	×	

테마 1 수취 체제의 개편

기출필수코드 41

01 [순서나열] 조세는 토지 1결당 수확량 300두의 10분의 1 수취를 원칙으로 삼았다. → 조세를 토지 비옥도와 풍흉의 정도에 따라 1결당 최고 20두에서 최하 4두로 하였다. → 전세를 풍흉에 관계없이 토지 1결당 미곡 4~6두로 고정시켰다. → 지주에게 결작이라 하여 토지 1결당 미곡 2두씩을 부담시켰다.

24. 지방 9급 O | X

02 세도 정치 시기에 대동법을 처음 실시하여 공납을 토지 기준으로 걷었다.

24. 법원 9급 O | X

03 균역법에 따라 관료전을 지급하고 녹읍을 폐지하였다. 24. 법원 9급 O | X

★ **04** 균역법의 실시에 따라 풍흉에 관계없이 일정하게 조세를 거두었다.

24. 법원 9급 O | X

05 균역법의 실시에 따라 부유한 양민에게 선무군관포를 내게 하였다.

24. 법원 9급 O | X

06 균역법에 따라 토지 소유자에게 공납을 쌀, 동전 등으로 내게 하였다.

24. 법원 9급 O | X

07 대동법은 장시의 확대에 기여하였다. 23. 국가 9급 O | X

★ **08** 대동법의 실시에 따라 지주에게 결작을 부과하였다. 23. 국가 9급 O | X

★ **09** 대동법은 공납의 폐단을 막기 위해 실시하였다. 23. 국가 9급 O | X

10 대동법이 실시되면서 관청은 공인에게 비용을 지급하고 필요 물품을 조달하였다.

23. 국가 9급 O | X

오답 확인하기

02 광해군 때의 일이다.
03 통일 신라 신문왕 때의 경제 정책이다.
04 인조 때 제정된 영정법에 대한 설명이다.
06 대동법에 대한 설명이다.
08 균역법과 관련된 내용이다.

정답

01 O 02 X 03 X 04 X 05 O
06 X 07 O 08 X 09 O 10 O

11 [순서나열] 경기도에 처음으로 대동법을 시행하였다. → 풍년과 흉년에 관계없이 전세를 고정시키는 영정법을 시행하였다. → 신해통공으로 육의전을 제외한 시전의 금난전권을 폐지하였다. → 종래 상민에게만 거두었던 군포를 양반에게도 징수하였다. 20. 국가 7급 O | X

12 대동법 하에서는 토지 결수를 기준으로 1결당 쌀 12두를 납부하게 하였다. 19. 서울시 9급 O | X

13 대동법은 상품 화폐 경제의 발달에 영향을 주었다. 19. 법원 9급 O | X

14 19세기 부세 제도인 도결(都結)은 군역, 환곡, 잡역 중 일부 또는 전부를 토지에 부과하여 화폐로 징수하였다. 17. 하반기 국가 9급 O | X

15 대동법은 풍흉에 관계없이 1결당 4두~6두를 부과한 제도이다. 17. 교육행정 O | X

16 대동법의 시행에도 불구하고 별공(別貢)과 진상(進上)은 그대로 남아 있었다. 17. 경찰 2차 O | X

★ **17** 대동법은 토지 결수를 과세 기준으로 삼았다. 16. 국가 9급 O | X

18 대동법을 시행하면서 관할 관청으로 선혜청을 설치하였다. 16. 국가 9급 O | X

★ **19** 대동법은 광해군 때 경기도에서 처음으로 실시되었다. 16. 지방 9급 O | X

20 대동법은 농민의 군포 부담을 1년에 1필로 줄여 주었다. 16. 지방 9급 O | X

21 대동법의 실시로 지주에게 토지 1결당 2두의 결작미를 징수하였다. 16. 지방 9급 O | X

22 대동법은 농민 부담을 낮추기 위해 전세를 토지 1결당 미곡 4두로 고정하였다. 16. 지방 9급 O | X

★ **23** 균역법은 공인이 등장하는 계기가 되었다. 16. 교육행정 O | X

24 균역법은 호를 단위로 군포를 부과하였다. 16. 교육행정 O | X

25 균역법은 군역의 폐단을 시정하기 위해 시행되었다. 16. 교육행정 O | X

Self Check ☑

문항	○	×	틀린 이유
11	○	×	
12	○	×	
13	○	×	
14	○	×	
15	○	×	
16	○	×	
17	○	×	
18	○	×	
19	○	×	
20	○	×	
21	○	×	
22	○	×	
23	○	×	
24	○	×	
25	○	×	

오답 확인하기

15 영정법에 대한 설명이다.
20 대동법이 아니라 균역법이다.
21 대동법이 아니라 균역법이다.
22 대동법이 아니라 영정법이다.
23 균역법이 아니라 대동법이다.
24 균역법이 아니라 호포법이다.

정답

11 O 12 O 13 O 14 O 15 X
16 O 17 O 18 O 19 O 20 X
21 X 22 X 23 X 24 X 25 O

Self Check

문항	O	×	틀린 이유
26	O	×	
27	O	×	
28	O	×	
29	O	×	
30	O	×	
31	O	×	
32	O	×	
33	O	×	
34	O	×	
01	O	×	
02	O	×	

26 대동법은 부과 기준이 가호에서 토지로 바뀌는 결과를 가져왔다.
15. 서울시 9급 O | X

27 영정법에서는 전세의 비율이 이전보다 다소 낮아졌으나, 대다수의 농민에게는 도움이 되지 못했고, 오히려 부담이 더 늘어났다. 15. 경찰 3차 O | X

28 균역법의 시행으로 지주에게 결작이라고 하여 토지 1결당 미곡 2두를 부담시켜 충당하였다. 15. 경찰 3차 O | X

29 영정법에서는 풍흉에 관계없이 전세를 토지 1결당 미곡 4두로 고정시켰다.
14. 경찰 1차 O | X

30 대동법의 시행으로 공물은 각종 현물 대신 쌀, 베, 동전으로 징수하였다.
11. 국가 9급 O | X

31 대동법의 시행으로 각 고을에서 가호(家戶)를 기준으로 공물을 부과하였다.
11. 국가 9급 O | X

32 대동법의 시행으로 토지가 없거나 적은 농민은 공물 부담이 경감되었다.
11. 국가 9급 O | X

33 19세기 환곡은 본래 진휼책의 하나였지만, 각 아문에서 환곡의 모곡을 재정 수입의 주요 항목으로 이용하면서 부세와 다름없이 운영되었다.
11. 국가 9급 O | X

34 [순서나열] 사람은 연령에 따라 6등급으로 구분하고, 가구는 사람의 다과에 따라 9등급으로 나누었다. → 조세는 토지의 비옥도에 따라 6등급, 풍흉에 따라 9등급으로 나누어 거두었다. → 전세를 토지 1결당 4두로 고정하였다.
10. 지방 7급 O | X

오답 확인하기

31 가호(家戶)가 아니라 토지다.

01 정조 때의 일이다.
02 명나라가 아니라 청나라와의 대외 교류에 대한 설명이다.

정답

26 O 27 O 28 O 29 O 30 O
31 X 32 O 33 O 34 O

01 X 02 X

테마 2 조선 후기 상품 화폐 경제의 발달

기출필수코드 43

01 세도 정치 시기에 육의전을 제외한 시전 상인들의 금난전권을 철폐하였다.
24. 법원 9급 O | X

02 명과의 교류에서 중강 개시와 책문 후시가 전개되었다. 21. 국가 9급 O | X

03 이앙법(모내기법)은 세종 때 편찬된 『농사직설』에도 등장한다.
21. 국가 9급 O | X

04 이앙법(모내기법)은 고랑에 작물을 심도록 하였다. 21. 국가 9급 O | X

05 이앙법(모내기법)은 『경국대전』의 수령칠사 항목에서도 강조되었다.
21. 국가 9급 O | X

★ **06** 이앙법(모내기법)은 직파법보다 풀 뽑는 노동력을 절약할 수 있었다.
21. 국가 9급 O | X

07 상품 작물 재배가 늘면서 쌀에 대한 수요가 줄었다. 21. 법원 9급 O | X

08 상인 자본이 장인에게 돈을 대는 선대제가 성행하였다. 21. 법원 9급 O | X

09 정부에서 덕대를 직접 고용해 광산 개발을 주도하였다. 21. 법원 9급 O | X

10 한양의 종루, 이현, 칠패 등에서 상업 활동이 이루어졌다. 20. 지방 7급 O | X

★ **11** 벼농사에서 이앙법이 널리 보급되면서 노동력이 절감되고 수확량이 늘어났다.
20. 지방 7급 O | X

★ **12** 담배, 인삼, 채소 등 상품 작물을 재배하는 상업적 농업이 발달하였다.
20. 지방 7급 O | X

13 박지원의 『과농소초』와 서호수의 『해동농서』 등을 비롯한 여러 농서가 편찬되었다. 19. 지방 7급 O | X

★ **14** 견종법이 확산되었다. 19. 법원 9급 O | X

15 삼한통보가 유통되었다. 19. 법원 9급 O | X

★ **16** 관영 수공업이 발달하였다. 19. 법원 9급 O | X

17 중국과의 외교와 무역에 은이 대거 소비되면서 은광이 활발하게 개발되었다.
18. 서울시 9급 O | X

Self Check ☑

문항	○	×	틀린 이유
03	○	×	
04	○	×	
05	○	×	
06	○	×	
07	○	×	
08	○	×	
09	○	×	
10	○	×	
11	○	×	
12	○	×	
13	○	×	
14	○	×	
15	○	×	
16	○	×	
17	○	×	

오답 확인하기

04 견종법에 대한 설명이다.
05 이앙법은 수령칠사의 항목에 없는 내용이다.
07 조선 후기 쌀의 상품화가 활발하여 시장에서 쌀에 대한 수요가 늘어났다.
09 경영 전문가인 덕대는 정부가 고용한 인물이 아니라, 상인 물주에게 고용된 인물이다.
15 삼한통보는 고려 숙종 때 제작된 동전이다.
16 관영 수공업이 발달한 시기는 조선 전기인 15세기의 일이다. 관영 수공업은 16세기 이후 점차 쇠퇴하였다.

정답

03 O 04 X 05 X 06 O 07 X
08 O 09 X 10 O 11 O 12 O
13 O 14 O 15 X 16 X 17 O

Self Check

문항	○	×	틀린 이유
18	○	×	
19	○	×	
20	○	×	
21	○	×	
22	○	×	
23	○	×	
24	○	×	
25	○	×	
26	○	×	
27	○	×	
28	○	×	
29	○	×	
30	○	×	
31	○	×	
32	○	×	
33	○	×	

18 개간을 장려하기 위해 사패전을 부농층에 분급하였다. 17. 국가 9급 O | X

19 일부 지방에서 도조법으로 지대를 납부하였다. 17. 국가 9급 O | X

★ **20** 광작을 통해 부농이 될 수 있었다. 17. 지방 7급 O | X

★ **21** 광산 경영 방식에서 덕대제가 유행하기 시작하였다. 17. 지방 7급 O | X

22 상품 화폐 경제가 발달하여 독립 수공업자들이 나타났다. 17. 지방 7급 O | X

★ **23** 도고라 불리는 독점적 도매 상인이 활동하였다. 17. 서울시 9급 O | X

24 금광·은광을 몰래 개발하는 잠채가 번창하였다. 17. 서울시 9급 O | X

25 송상은 개성을 근거지로 하여 상행위를 하였으며, 전국에 송방이라는 지점을 설치하였는데 주로 인삼을 재배·판매하였다. 17. 경기 북부 여경 O | X

26 경강상인은 선상(선박을 이용한 상행위)을 하였으며, 주로 서남 연해안을 오가며 미곡·소금·어물 등의 운송과 판매를 장악하여 부를 축적하였다. 17. 경기 북부 여경 O | X

27 만상은 의주를 근거지로 활동하였으며, 주로 대청 무역을 담당하였다. 17. 경기 북부 여경 O | X

28 조선 전기 명에 파견된 사신은 조천사, 조선 후기 청에 파견된 사신은 연행사로 불렸다. 16. 지방 7급 O | X

★ **29** 강경, 원산 등이 상업 중심지로 성장하였다. 15. 국가 9급 O | X

30 선상은 선박을 이용해서 각 지방의 물품을 거래하였다. 15. 국가 9급 O | X

31 상업 활동이 활발해지면서 삼한통보 등의 동전을 만들어 유통하였다. 15. 국가 9급 O | X

★ **32** 객주, 여각 등이 포구를 중심으로 활발한 상업 활동을 하였다. 15. 지방 7급 O | X

33 대일 무역이 활발하게 전개되어 은, 구리, 유황 등을 일본에 수출하였다. 15. 지방 7급 O | X

오답 확인하기

18 고려 후기에 대한 설명이다.
31 삼한통보는 고려 숙종 때 만들어진 화폐이다.
33 은, 구리, 유황, 후추 등을 '수입'하였다.

정답

18 X 19 O 20 O 21 O 22 O
23 O 24 O 25 O 26 O 27 O
28 O 29 O 30 O 31 X 32 O
33 X

34 객주나 여각은 주로 포구에서 상품의 매매를 중개하고, 부수적으로 운송, 보관, 숙박, 금융 등의 영업도 하였다. 15. 경찰 2차 O | X

35 16세기 후반까지 대체로 쌀과 면포 등 현물이 화폐로 사용되었다. 14. 지방 7급 O | X

★ **36** 숙종 때 동전이 전국적으로 유통되었다. 13. 지방 9급 O | X

37 18세기 전반, 동전 공급 부족으로 전황이 발생하였다. 13. 지방 9급 O | X

★ **38** 18세기 후반, 동전으로 세금이나 소작료를 납부하는 비중이 증가하였다. 13. 지방 9급 O | X

39 사상과 난전의 발호로 시전 상인의 특권이 위협받았다. 13. 국가 7급 O | X

40 조선 후기인 정조 때, 보부상들을 보호할 목적으로 혜상공국이 설치되었다. 12. 국가 9급 O | X

41 보부상은 농촌의 장시를 하나의 유통망으로 연계시켰다. 11. 국가 7급 O | X

42 상품 화폐 경제가 발달하면서 신용 화폐가 점차 보급되었다. 11. 지방 7급 O | X

테마 3 조선의 신분 제도와 사회 정책

기출필수코드 44 기출필수코드 45

★ **01** 서얼은 문과에 응시하는 것이 금지되었고, 관직 진출에도 제한이 있어 정3품까지만 승진할 수 있었다. 22. 지방 9급 O | X

02 공노비에게 유외잡직이라는 벼슬이 주어지기도 하였다. 21. 경찰 1차 O | X

★ **03** 서얼의 신분 상승 운동은 중인에게 자극을 주었다. 20. 국가 9급 O | X

★ **04** 서얼은 수차례에 걸친 집단 상소를 통해 관직 진출의 제한을 없애 줄 것을 요구하였다. 20. 국가 9급 O | X

Self Check

문항	○	×	틀린 이유
34	○	×	
35	○	×	
36	○	×	
37	○	×	
38	○	×	
39	○	×	
40	○	×	
41	○	×	
42	○	×	
01	○	×	
02	○	×	
03	○	×	
04	○	×	

오답 확인하기

40 혜상공국은 개항 이후에 설치된 기관이므로 시기상 맞지 않다.

정답

34 O 35 O 36 O 37 O 38 O
39 O 40 X 41 O 42 O

01 O 02 O 03 O 04 O

Self Check ☑

문항	○	×	틀린 이유
05	○	×	
06	○	×	
07	○	×	
08	○	×	
09	○	×	
10	○	×	
11	○	×	
12	○	×	
13	○	×	
14	○	×	
15	○	×	
16	○	×	
17	○	×	
18	○	×	

★ **05** 중인에 해당하는 인물로는 정조 때 규장각 검서관으로 등용된 유득공, 박제가, 이덕무 등이 있다. 20. 국가 9급 O | X

06 중인은 주로 기술직에 종사하며 축적한 재산과 탄탄한 실무 경력을 바탕으로 신분 상승을 추구하였다. 20. 국가 9급 O | X

07 사노비는 주인의 집에서 거주하는 솔거 노비와 주인과 떨어져 거주하는 외거 노비가 있었는데, 그 수는 솔거 노비가 절대 다수였다. 19. 상반기 서울시 7급 O | X

08 외거하는 사노비는 주인으로부터 사경지(私耕地)를 받아 그 수확을 자신이 차지하여 재산을 축적하기도 하였다. 19. 상반기 서울시 7급 O | X

09 공명첩은 부유한 상민의 신분 상승에 이용되었다. 18. 교육행정 O | X

★ **10** 순조는 공노비 중 일부를 양인으로 해방시켜 주었다. 18. 서울시 9급 O | X

★ **11** 노비는 재산으로 취급되어 매매나 상속의 대상이 되었다. 18. 상반기 서울시 7급 O | X

12 동일한 범죄에 대해서는 신분에 관계없이 동일한 처벌이 따랐다. 18. 경찰 3차 O | X

13 민간인 사이에 다툼이 있거나 범죄가 발생하면 『경국대전』과 명의 형법 규정인 『대명률』을 적용하였다. 18. 경찰 3차 O | X

14 조선 후기, 역관은 외래 문화의 수용에서 선구적 역할을 수행하였다. 17. 지방 7급 O | X

15 중인은 직역을 세습하고, 같은 신분 안에서 혼인하였으며, 관청에서 가까운 곳에 거주하였다. 17. 경찰 1차 O | X

★ **16** 조선 후기, 서얼의 청요직 진출이 부분적으로 허용되었다. 16. 지방 9급 O | X

17 조선 후기, 양민의 대다수를 차지한 농민을 백정(白丁)이라고 하였다. 16. 지방 9급 O | X

18 조선 후기, 중인은 집단으로 상소하여 청요직 허통(許通)을 요구하였다. 15. 국가 9급 O | X

오답 **확인하기**

05 중인이 아니라 서얼 출신의 인물들이다.
07 외거 노비가 솔거 노비보다 숫자가 더 많았다.
12 조선은 신분제 사회로, 각종 법률과 제도로 양반의 신분적 특권을 제도화했기 때문에 동일한 범죄라 하더라도 신분에 따라 처벌의 경중이 달랐다.
17 고려 시대에 대한 설명이다.

정답

05 X 06 O 07 X 08 O 09 O
10 O 11 O 12 X 13 O 14 O
15 O 16 O 17 X 18 O

19 서얼은 『경국대전』에 의해 문과 응시가 가능했지만 실제로는 제약을 받았다.
13. 국가 7급 O | X

20 국역 노동이 끝난 공장(工匠)들은 시장을 상대로 필요한 물품을 만들어 판매하여 이득을 취하였다.
13. 국가 7급 O | X

★ 21 중인들은 문과와 생원, 진사시에 응시할 수 있었다. 12. 지방 9급 O | X

22 조선 초기, 중인은 개시 무역에 종사하여 많은 부를 축적하였다.
12. 지방 9급 O | X

★ 23 조선 후기, 중인은 시사(詩社)를 조직하여 문예 활동을 하였다.
12. 지방 9급 O | X

24 18세기 이후 서얼에 대한 차별이 더욱 심화되었다. 12. 지방 9급 O | X

25 조선 후기에 아버지가 노비라도 어머니가 양민이면 자식을 양민으로 삼는 법이 실시되었다.
12. 경찰 1차 O | X

26 조선 후기, 양천제가 해체되면서 이를 대신해서 정부는 반상제를 법제적 신분제로 규정하였다.
11. 지방 7급 O | X

27 의료 시설로는 혜민국, 동·서 대비원, 제생원, 동·서 활인서 등이 있었다.
10. 서울시 9급 O | X

테마 4 조선의 향촌 사회

기출필수코드 45

★ 01 조선 후기, 향전의 전개 속에서 수령의 권한이 강화되었다. 20. 국가 9급 O | X

02 조선 후기에 신향층은 수령과 그를 보좌하는 향리층과 결탁하였다.
20. 국가 9급 O | X

03 조선 후기에 수령은 경재소와 유향소를 연결하여 지방 통치를 강화하였다.
20. 국가 9급 O | X

Self Check

문항	○	×	틀린 이유
19	○	×	
20	○	×	
21	○	×	
22	○	×	
23	○	×	
24	○	×	
25	○	×	
26	○	×	
27	○	×	
01	○	×	
02	○	×	
03	○	×	

오답 확인하기

19 서얼은 법적으로 문과 응시가 금지되었다.
22 개시 무역은 조선 후기에 국경지대를 중심으로 실시되었다.
24 조선 후기에는 서얼에 대한 차별이 상대적으로 완화되었다.
26 조선은 법적으로는 계속 양천제를 유지하였다.

03 조선 전기의 일이다.

정답

19 X 20 O 21 O 22 X 23 O
24 X 25 O 26 X 27 O

01 O 02 O 03 X

Self Check ☑

문항	○	×	틀린 이유
04	○	×	
05	○	×	
06	○	×	
07	○	×	
08	○	×	
09	○	×	
10	○	×	
11	○	×	
12	○	×	
13	○	×	
14	○	×	
15	○	×	
16	○	×	
17	○	×	
18	○	×	

04 조선 후기의 재지 사족은 동계와 동약을 통해 향촌 사회에 대한 영향력을 유지하려 하였다. 20. 국가 9급 O | X

05 신향들은 구향들과 향촌 지배권을 둘러싸고 경쟁하였다. 이를 '향전'이라 한다. 18. 경찰 3차 O | X

★ **06** 조선 후기에 유향소를 통제하기 위하여 경재소가 설치되었다. 16. 국가 9급 O | X

★ **07** 조선 후기, 부농층이 관권과 결탁하여 향임직에 진출하였다. 16. 국가 9급 O | X

08 조선 후기, 불교의 신앙 조직인 향도가 널리 확산되었다. 16. 지방 9급 O | X

★ **09** 조선 후기, 사족들이 형성한 동족 마을이 증가하였다. 16. 국가 9급 O | X

10 조선 후기, 향회가 수령의 부세 자문 기구로 변질되었다. 16. 국가 9급 O | X

11 조선 후기에는 선현 봉사(奉祀)와 교육을 위한 서원이 설립되기 시작하였다. 16. 지방 9급 O | X

12 유향소는 수령을 보좌하고 향리를 감찰하며 향촌 사회의 풍속을 바로잡기 위한 기구였다. 16. 경찰 1차 O | X

13 경재소는 중앙 정부가 현직 관료로 하여금 연고지의 유향소를 통제하게 하는 제도로서, 중앙과 지방의 연락 업무를 맡았다. 16. 경찰 1차 O | X

14 향약은 중종 때 조광조가 처음 시행한 이후 전국적으로 확산되었다. 16. 경찰 1차 O | X

15 조선 전기, 사림은 도덕과 의례의 기본 서적인 『소학』을 보급하였다. 15. 국가 9급 O | X

★ **16** 조선 전기에 사림은 촌락 단위의 동약을 실시하고, 문중 중심으로 서원과 사우를 많이 세웠다. 15. 국가 9급 O | X

17 서원은 학파와 붕당을 결속시키는 구심점이 되었다. 15. 교육행정 O | X

18 조선 후기, 사족의 향촌 지배력이 약화되었다. 15. 지방 9급 O | X

오답 **확인하기**

06 경재소는 조선 전기에 설치되었다.
08 조선 후기에는 향도의 활동이 약화(위축)되었다.
11 최초의 서원은 조선 중종 때 설립된 백운동 서원이다.
16 조선 후기의 사회 모습이다.

정답

04 O 05 O 06 X 07 O 08 X
09 O 10 O 11 X 12 O 13 O
14 O 15 O 16 X 17 O 18 O

★ **19** 향약은 서원과 더불어 향촌 사회에서 사림의 지위를 강화시키는 역할을 하였다.
15. 지방 7급 O | X

★ **20** 향약은 향촌 사회의 질서를 유지하고 치안을 담당하는 향촌의 자치 기능을 맡았다.
13. 국가 9급 O | X

21 향약은 전통적 미풍양속을 계승하면서 삼강오륜을 중심으로 한 유교 윤리를 가미하였다.
13. 국가 9급 O | X

22 향약은 어려운 일이 생겼을 때에 서로 돕는 역할을 하였고, 상두꾼도 이 조직에서 유래하였다.
13. 국가 9급 O | X

23 향약은 지방 유력자가 주민을 위협, 수탈하는 배경을 제공하는 부작용도 있었다.
13. 국가 9급 O | X

테마 5 전근대 가족 제도

기출필수코드45

01 고려 시대에는 사위가 처가의 호적에 입적하는 경우도 자주 있었다.
19. 경찰 2차 O | X

02 고려 시대의 제사는 형제자매가 돌아가면서 지냈다. 19. 경찰 2차 O | X

★ **03** 조선 전기에 윤회봉사·외손봉사 등이 행해졌다. 17. 하반기 국가 9급 O | X

04 조선 전기의 족보에는 아들을 먼저 기록하고 딸을 그 다음에 기록하였다.
17. 하반기 국가 9급 O | X

★ **05** 조선 전기에는 자손이 없으면 무후(無後)라 하고 양자를 널리 맞아들였다.
17. 하반기 국가 9급 O | X

★ **06** 조선 전기에 남자는 대개 결혼 후에 바로 친가에서 거주하였다.
17. 하반기 국가 9급 O | X

07 현존하는 가장 오래된 족보는 성종 7년에 간행된 『문화 류씨 가정보』이다.
17. 지방 9급 O | X

Self Check

문항	○	×	틀린 이유
19	○	×	
20	○	×	
21	○	×	
22	○	×	
23	○	×	
01	○	×	
02	○	×	
03	○	×	
04	○	×	
05	○	×	
06	○	×	
07	○	×	

오답 확인하기

22 향도에 대한 설명이다.

04 조선 후기의 일이다.
05 조선 후기의 일이다.
06 조선 후기의 일이다.
07 현존하는 가장 오래된 족보는 성종 때 간행된 『안동 권씨 성화보』이다. 『문화 류씨 가정보』는 16세기 명종 때 간행되었다.

정답

19 O 20 O 21 O 22 X 23 O

01 O 02 O 03 O 04 X 05 X 06 X 07 X

제5막

Self Check ☑

문항	○	×	틀린 이유
08	○	×	
09	○	×	
10	○	×	
11	○	×	
12	○	×	
13	○	×	
14	○	×	
01	○	×	
02	○	×	
03	○	×	
04	○	×	
05	○	×	

08 조선 초기의 족보는 친손과 외손을 구별하지 않고 모두 수록하였다.
17. 지방 9급 O | X

09 조선 후기, 친영이 일반화되었다. 17. 하반기 국가 7급 O | X

10 조선 후기, 이성불양의 관념으로 양자 제도가 확산되었다.
17. 하반기 국가 7급 O | X

11 고려 시대, 여성은 호주가 될 수 없었다. 17. 지방 7급 O | X

★ **12** 고려 시대, 부모의 재산은 아들과 딸의 구분 없이 고르게 상속되었다.
17. 지방 7급 O | X

13 고려 시대, 결혼할 때 여성이 데려온 노비에 대한 소유권은 남편에게 귀속되었다.
17. 지방 7급 O | X

14 고려 시대 여성의 재가는 비교적 자유롭게 이루어졌으나, 그 소생 자식의 사회적 진출에는 차별을 두었다. 15. 경찰 2차 O | X

테마 6 천주교 · 동학

01 [순서나열] 윤지충과 권상연을 사형에 처하고, 진산군(珍山郡)은 현(縣)으로 강등하라는 명이 내려졌다. → 이승훈이 최창현 · 홍낙민 등과 함께 서소문 밖에서 참수되었다. → 황사영 백서 사건이 일어났다. 24. 법원 9급 O | X

02 [순서나열] 이수광이 『지봉유설』에서 마테오 리치의 『천주실의』를 소개하였다. → 이승훈이 북경에서 서양 신부에게 영세를 받고 돌아왔다. → 윤지충이 모친상 때 신주를 불사르고 천주교 의식을 행하였다. → 황사영이 북경에 있는 프랑스인 주교에게 군대를 동원하여 조선에서 신앙과 포교의 자유를 보장받을 수 있도록 청하는 서신을 보내려다 발각되었다. 22. 서울 9급 O | X

★ **03** 순조 즉위 이후 동학에 대한 대탄압이 가해졌다. 20. 국가 9급 O | X

04 동학의 경전으로 『동경대전』과 『용담유사』가 편찬되었다. 20. 국가 9급 O | X

05 조선 후기 윤지충 사건을 계기로 하여 기해박해가 일어났다. 19. 지방 9급 O | X

오답 확인하기

- 11 고려 시대에 여성은 호주가 될 수 있었다.
- 13 고려 시대에 여성은 자신의 재산을 소유할 수 있었다.
- 14 고려 시대 재가녀의 자식은 사회적 진출에 차별을 받지 않았다.

- 03 천주교에 대한 설명이다.
- 05 조선 정조 때 제사 대신 천주교 의식에 따라 모친상을 치른 윤지충 사건을 계기로 신해박해가 일어났다. 기해박해는 조선 헌종 때의 일이다.

정답

08 O 09 O 10 O 11 X 12 O 13 X 14 X

---

01 O 02 O 03 X 04 O 05 X

06 조선 후기, 최초의 한국인 신부 김대건이 귀국하여 포교 중 순교하였다.
19. 지방 9급 O | X

07 조선 후기, 서울 부근의 일부 남인 학자는 천주교를 수용하였다.
17. 하반기 지방 9급 O | X

08 안정복은 성리학의 입장에서 천주교를 비판하는 『천학문답』을 저술하였다.
14. 국가 9급 O | X

테마 7 전근대 민란과 사회 변혁의 움직임

01 [순서나열] 운문을 거점으로 한 김사미와 초전의 효심이 반란을 일으켰다. → 원종과 애노 등이 사벌주를 근거지로 반란을 일으켰다. → 전 우병사 백낙신의 수탈로 인해 진주의 난민들이 소동을 일으켰다. → 홍경래가 평원대원수라고 자칭하면서 반란을 일으켰다. 24. 지방 9급 O | X

02 임술 농민 봉기가 일어나자 정부는 집강소를 설치하였다. 21. 소방직 O | X

★ **03** 임술 농민 봉기가 일어나자 정부는 삼정이정청을 설치하였다. 21. 소방직 O | X

04 임술 농민 봉기는 신유박해를 시작하게 된 계기가 되었다. 20. 국가 7급 O | X

★ **05** 임술 농민 봉기 때 전봉준 등이 사발통문을 보내 봉기를 호소하였다.
20. 국가 7급 O | X

06 두 차례의 호란 직후 사회가 불안정해져 평안도의 인구가 급감하였다.
17. 하반기 지방 9급 O | X

07 조선 후기, 평안도 사람들은 서북인이라 하여 차별을 받았다.
17. 하반기 지방 9급 O | X

08 숙종 때 양주 백정 출신인 임꺽정을 중심으로 황해도에서 활동하였다.
17. 국가 7급 O | X

09 숙종 때 장길산을 우두머리로 하여 황해도와 평안도 등지에서 활동하였다.
17. 국가 7급 O | X

Self Check ☑

문항	○	×	틀린 이유
06	○	×	
07	○	×	
08	○	×	
01	○	×	
02	○	×	
03	○	×	
04	○	×	
05	○	×	
06	○	×	
07	○	×	
08	○	×	
09	○	×	

제5막

오답 확인하기

01 원종과 애노의 난 → 김사미와 효심의 난 → 홍경래의 난 → 임술 농민 봉기
02 1894년 동학 농민 운동 때의 일이다.
04 신유박해는 순조 때 일어난 사건이고, 임술 농민 봉기는 철종 때 발생하였다.
05 고종 때 일어난 고부 민란에 대한 설명으로, 임술 농민 봉기 이후이다.
06 호란 직후에도 평안도 지역은 인구가 꾸준히 증가하는 추세를 보였다.
08 명종 때의 일이다.

정답

06 O 07 O 08 O

01 X 02 X 03 O 04 X 05 X
06 X 07 O 08 X 09 O

Self Check

문항	○	×	틀린 이유
10	○	×	
11	○	×	
12	○	×	
13	○	×	
14	○	×	
15	○	×	
16	○	×	
17	○	×	
18	○	×	
19	○	×	
20	○	×	

10 임술 농민 봉기~고종 즉위 사이의 시기에 홍경래를 중심으로 한 세력이 청천강 이북을 점령하였다. 16. 법원 9급 O | X

11 임꺽정은 광대 출신으로 승려 세력과 함께 봉기하여 서울로 들어가려고 하였다. 14. 지방 9급 O | X

12 임꺽정은 황해도를 중심으로 경기, 강원, 평안, 함경도 주변 지역에서 활동하였다. 14. 지방 9급 O | X

13 임꺽정은 대동계라는 비밀 결사를 조직하여 새 왕조를 세우려는 역성 혁명을 꿈꾸었다. 14. 지방 9급 O | X

14 홍경래의 난을 주도한 세력은 금광 경영이나 인삼 무역으로 자금을 마련하였다. 14. 국가 7급 O | X

15 임술 농민 봉기 당시, 노비 문서의 소각과 탐관오리의 엄징을 요구하였다. 14. 국가 7급 O | X

16 홍경래의 난을 주도한 세력은 세도 정권과 특권 어용 상인에 대한 불만을 표출하였다. 14. 국가 7급 O | X

★ **17** 홍경래의 난에는 서북 지방의 몰락 양반과 영세 농민, 중소 상인, 광산 노동자 등이 참여하였다. 11. 사회복지 O | X

18 홍경래의 난에 대한 호응이 전국적으로 일어날 만큼 지역 차별이 극심하였다. 10. 지방 7급 O | X

19 조선 후기에는 미륵 사상이나 『정감록』 등이 민중에게 널리 전파되었다. 10. 지방 7급 O | X

20 철종 때 교정청을 설치하여 삼정 문란을 바로잡고자 노력하였다. 10. 지방 7급 O | X

오답 **확인하기**

10 홍경래의 난에 대한 설명으로, 임술 농민 봉기 이전인 순조 재위 기간의 일이다.
11 장길산에 대한 설명이다.
13 정여립에 대한 설명이다.
15 1차 동학 농민 운동 때 폐정 개혁안의 내용이다.
18 홍경래의 난은 청천강 이남까지 확산되지는 못하였다.
20 교정청은 고종 때인 1894년에 설치된 기구이다.

정답

10 X 11 X 12 O 13 X 14 O
15 X 16 O 17 O 18 X 19 O
20 X

테마 8 성리학의 변화

기출필수코드 48

01 양명학은 명종 대에 처음 전래되어 이황에 의해 이단으로 비판받았다.
19. 국가 7급 O | X

02 양명학은 박은식의 유교 구신론과 정인보의 조선학 운동에 큰 영향을 끼쳤다.
19. 국가 7급 O | X

03 호론의 주장에는 청나라를 중화로 보려는 대의명분론이 깔려 있었다.
18. 경찰 1차 O | X

★ **04** 조선 후기, 노론과 남인 간에 인성(人性)·물성(物性) 논쟁이 전개되었다.
17. 하반기 지방 9급 O | X

05 정제두는 양지와 양능의 본체성을 근거로 지행합일을 긍정하였다.
17. 국가 7급 O | X

06 정제두는 교조화된 주자학을 비판하다가 사문난적으로 몰리어 죽음을 당하였다.
17. 국가 7급 O | X

07 정제두는 서인의 영수로서 왕과 사족, 서민은 예가 같아야 한다고 주장하였다.
17. 국가 7급 O | X

08 18세기에는 인간과 사물의 본성이 다르다고 주장하는 호론과, 이를 같다고 주장하는 낙론 사이에서 논쟁이 벌어졌다.
14. 국가 9급 O | X

★ **09** 호론은 북학파의 과학 기술 존중과 이용후생 사상으로 이어졌다.
13. 국가 9급 O | X

★ **10** 호론은 화이론에 따라 중화와 오랑캐를 본질적으로 구별되는 존재로 보려는 배타적 입장이 깔려 있었다.
13. 국가 7급 O | X

11 양명학은 누구나 양지를 가지고 있음을 주장하고, 지행일치를 강조하였다.
11. 지방 7급 O | X

★ **12** 18세기 초 정제두는 양명학을 체계적으로 연구하여 학파로 발전시켰다.
11. 지방 7급 O | X

Self Check

문항	○	×	틀린 이유
01	○	×	
02	○	×	
03	○	×	
04	○	×	
05	○	×	
06	○	×	
07	○	×	
08	○	×	
09	○	×	
10	○	×	
11	○	×	
12	○	×	

제5막

오답 확인하기

01 양명학은 16세기 조선 중종 때 처음으로 전래되었다.
03 호론의 '인물성이론'에는 청나라를 중화가 아니라 오랑캐로 보는 화이론적 관점이 깔려 있었다.
04 인성·물성에 대한 논쟁(호락논쟁)은 노론 내부에서 전개되었다.
06 윤휴, 박세당에 대한 설명이다.
07 송시열에 대한 설명이다.
09 낙론에 대한 설명이다.

정답

01 X 02 O 03 X 04 X 05 O
06 X 07 X 08 O 09 X 10 O
11 O 12 O

Self Check ☑

문항	○	×	틀린 이유
01	○	×	
02	○	×	
03	○	×	
04	○	×	
05	○	×	
06	○	×	
07	○	×	
08	○	×	
09	○	×	
10	○	×	
11	○	×	
12	○	×	
13	○	×	
14	○	×	
15	○	×	
16	○	×	

테마 9 실학(중농학파)

기출필수코드 49

01 이익은 『목민심서』와 『경세유표』 등의 저술을 남겼다. 23. 법원 9급 O | X

★ **02** 이익은 나라를 좀먹는 여섯 가지의 폐단을 지적하였다. 23. 법원 9급 O | X

03 이익은 신분에 따라 차등 있게 토지를 분배하는 균전론을 내세웠다. 23. 법원 9급 O | X

04 정약용은 『열하일기』를 저술하였다. 20. 법원 9급 O | X

05 정약용은 『반계수록』을 저술하였다. 20. 법원 9급 O | X

06 정약용은 『성호사설』을 저술하였다. 20. 법원 9급 O | X

★ **07** 정약용은 『목민심서』를 저술하였다. 20. 법원 9급 O | X

08 이익은 우리나라와 중국의 문화를 백과사전식으로 소개・비판한 『성호사설』을 저술하였다. 19. 상반기 서울시 7급 O | X

09 이익은 여전론을 제안하였다. 19. 법원 9급 O | X

10 이익은 노론 계열의 실학자이다. 19. 법원 9급 O | X

★ **11** 이익은 성호학파를 형성하였다. 19. 법원 9급 O | X

12 종래의 조선 농학과 박물학을 집대성한 서유구는 『임원경제지』를 저술하였다. 18. 지방 9급 O | X

★ **13** 정약용은 홍역 관련 의서를 종합해 『마과회통』을 저술하였다. 17. 지방 9급 O | X

14 정약용은 『농가집성』을 펴내 이앙법 보급에 공헌하였다. 17. 지방 9급 O | X

15 정약용은 우리나라에서 처음으로 지전설을 주장하였다. 17. 지방 9급 O | X

16 『경세유표』에서는 주례에 나타난 주나라 제도를 모범으로 하여 중앙과 지방의 정치 제도를 개혁할 것을 제안했다. 17. 지방 7급 O | X

오답 확인하기

01 정약용에 대한 설명이다.
03 유형원에 대한 설명이다.
04 박지원에 대한 설명이다.
05 유형원에 대한 설명이다.
06 이익에 대한 설명이다.
09 정약용에 대한 설명이다.
10 이익은 남인 출신의 실학자이다. 노론 계열의 실학자로는 홍대용, 박지원 등이 있다.
14 신속에 대한 설명이다.
15 숙종 때 김석문은 처음으로 지구가 1년에 366회씩 자전한다고 주장하였다.

정답

01 X 02 O 03 X 04 X 05 X
06 X 07 O 08 O 09 X 10 X
11 O 12 O 13 O 14 X 15 X
16 O

17 『목민심서』는 수령들이 백성을 기르는 목민관으로서 지켜야 할 규범을 제시한 일종의 수신 교과서이다. 17. 지방 7급 O | X

18 『흠흠신서』는 백성들이 억울한 벌을 받지 않도록 형법을 신중하게 집행하기 위해 지은 책이다. 17. 지방 7급 O | X

19 『과농소초』는 정약용의 저술로 농업 기술과 농업 정책에 관하여 논하였다. 17. 서울시 사복 O | X

20 성호 이익은 매 호마다 영업전(永業田)을 갖게 하고, 그 이외의 토지는 매매를 허락하여 점진적으로 토지 균등을 이루어 나가자고 주장하였다. 16. 서울시 7급 O | X

21 이익은 『동사강목』을 저술하여 한국사의 독자적 정통론을 체계화하였다. 15. 교육행정 O | X

22 정약용은 박제가와 함께 종두법을 연구하고 실험하였다. 15. 국가 7급 O | X

23 정약용은 지구가 우주의 중심이 아니라는 무한우주론을 내놓았다. 15. 국가 7급 O | X

★ **24** 정약용은 『북학의』를 저술하여 청의 문물을 적극 수용하자고 하였다. 15. 국가 7급 O | X

25 이수광은 『지봉유설』을 저술하여 문화 인식의 폭을 확대하였고, 한백겸은 『동국지리지』를 저술하여 우리나라의 역사 지리를 치밀하게 고증하였다. 15. 경찰 1차 O | X

26 이익은 화폐 사용이 백성들의 삶에 크게 유익하다는 주장을 제기하였다. 12. 국가 7급 O | X

27 허목은 중농 정책의 강화, 부세의 완화, 호포제 실시 반대 등을 주장하였다. 11. 지방 9급 O | X

28 이익은 관직은 적은데 과거에 응시한 사람이 많은 데서 붕당이 생긴다고 보았다. 10. 국가 7급 O | X

Self Check ☑

문항	○	×	틀린 이유
17	○	×	
18	○	×	
19	○	×	
20	○	×	
21	○	×	
22	○	×	
23	○	×	
24	○	×	
25	○	×	
26	○	×	
27	○	×	
28	○	×	

제5막

오답 확인하기

19 『과농소초』는 박지원의 저서이다.
21 안정복에 대한 설명이다.
23 홍대용에 대한 설명이다.
24 박제가에 대한 설명이다.
26 이익은 화폐의 폐지를 주장하는 폐전론을 주장하였다.

정답

17 O 18 O 19 X 20 O 21 X
22 O 23 X 24 X 25 O 26 X
27 O 28 O

Self Check

문항	○	×	틀린 이유
01	○	×	
02	○	×	
03	○	×	
04	○	×	
05	○	×	
06	○	×	
07	○	×	
08	○	×	
09	○	×	
10	○	×	
11	○	×	
12	○	×	
13	○	×	
14	○	×	

테마 10 실학(중상학파)

기출필수코드 49

★ **01** 박제가는 청과의 통상과 수레의 이용을 주장하였다. 24. 지방 9급 O | X

02 박제가는 양명학을 연구하여 강화학파를 형성하였다. 24. 지방 9급 O | X

03 박제가는 토지의 매매를 제한하는 한전론을 주장하였다. 24. 지방 9급 O | X

★ **04** 박제가는 지전설을 주장하여 중국 중심의 세계관을 비판하였다. 24. 지방 9급 O | X

05 박제가는 『북학의』를 저술하여 청의 선진 기술을 적극적으로 수용할 것과 상공업 육성 등을 역설하였다. 21. 지방 9급 O | X

06 북학론을 주장한 세력들은 청의 중국 지배 현실을 인정해야 한다고 주장하였다. 21. 경찰 1차 O | X

★ **07** 박제가는 『열하일기』를 저술하였다. 21. 경찰 1차 O | X

08 박제가는 토지 소유에서 한전론을 주장하였다. 21. 경찰 1차 O | X

09 박지원은 지구가 둥글다는 것을 인정하고, 중국이 세계의 중심이라는 생각을 비판했다. 20. 경찰 2차 O | X

★ **10** 박지원은 토지를 공동으로 소유 경작하여, 노동량에 따라 수확량을 배분하자고 제안했다. 20. 경찰 2차 O | X

11 홍대용은 『우서』에서 상업적 경영을 통해 농업 생산성을 높여야 한다고 주장하였다. 17. 국가 9급 O | X

12 홍대용은 『반계수록』에서 신분에 따라 토지를 차등 있게 재분배하자고 주장하였다. 17. 국가 9급 O | X

13 홍대용은 『임하경륜』에서 성인 남자에게 2결의 토지를 나누어 주자고 주장하였다. 17. 국가 9급 O | X

★ **14** 홍대용은 『북학의』에서 소비를 권장하여 생산을 촉진하자고 주장하였다. 17. 국가 9급 O | X

오답 확인하기

02 정제두에 대한 설명이다.
03 이익·박지원 등에 대한 설명이다.
04 홍대용에 대한 설명이다.
07 박지원에 대한 설명이다.
08 토지 개혁론으로 한전론을 주장한 인물로는 이익, 박지원 등이 있다.
09 홍대용에 대한 설명이다.
10 정약용이 주장한 여전제에 대한 설명이다.
11 유수원에 대한 설명이다.
12 유형원에 대한 설명이다.
14 박제가에 대한 설명이다.

정답

01 O 02 X 03 X 04 X 05 O
06 O 07 X 08 X 09 X 10 X
11 X 12 X 13 O 14 X

★ 15 박제가는 『의산문답』에서 중국이 세계의 중심이라는 생각을 비판하였다.
17. 하반기 국가 7급 O | X

16 박제가는 중국과 일본에 있는 우리나라 관련 기록을 참조하여 『해동역사』를 저술하였다. 17. 하반기 국가 7급 O | X

17 박지원은 청에 다녀와 『열하일기』를 저술하고 상공업의 진흥을 강조하면서 수레와 선박의 이용, 화폐 유통의 필요성 등을 주장하였다. 17. 경찰 1차 O | X

★ 18 박제가는 서얼 출신으로 규장각 검서관에 등용되었다. 16. 사회복지 O | X

19 박지원은 정조가 일으킨 문체반정(文體反正)의 주 대상 인물이었다.
16. 지방 7급 O | X

20 박지원은 주자 성리학을 비판하고 양명학을 학문적으로 체계화하였다.
16. 지방 7급 O | X

21 연암 박지원은 한전론(限田論)을 제안하였는데, 토지 소유의 상한선을 정하면 토지 소유의 양극화를 해소할 수 있다고 생각하였다. 16. 서울시 7급 O | X

★ 22 박제가는 『양반전』과 『호질』에서 양반의 부패를 풍자하였다. 16. 법원 9급 O | X

23 박제가는 생산력을 높이기 위해 소비를 권장해야 한다고 주장하였다.
16. 법원 9급 O | X

★ 24 박지원은 청에 갔던 기행문인 『연기』를 저술하였다. 15. 서울시 9급 O | X

25 홍대용은 『동국지리지』를 저술하여 역사 지리 연구의 단서를 열어 놓았다.
14. 국가 9급 O | X

26 홍대용은 『동사』에서 조선의 자연환경과 풍속, 인성의 독자성을 강조하였다.
14. 국가 9급 O | X

27 홍대용은 『동국지도』를 만들어 지도 제작의 과학화에 기여하였다.
14. 국가 9급 O | X

Self Check ☑

문항	○	×	틀린 이유
15	○	×	
16	○	×	
17	○	×	
18	○	×	
19	○	×	
20	○	×	
21	○	×	
22	○	×	
23	○	×	
24	○	×	
25	○	×	
26	○	×	
27	○	×	

제5막

오답 확인하기

15 홍대용에 대한 설명이다.
16 한치윤에 대한 설명이다.
20 정제두에 대한 설명이다.
22 박지원에 대한 설명이다.
24 『연기』는 홍대용이 북경에 다녀온 후에 쓴 기행문이다.
25 한백겸에 대한 설명이다.
26 허목에 대한 설명이다.
27 정상기에 대한 설명이다.

정답

15 X 16 X 17 O 18 O 19 O
20 X 21 O 22 X 23 O 24 X
25 X 26 X 27 X

Self Check ☑

문항	○	×	틀린 이유
28	○	×	
29	○	×	
30	○	×	
31	○	×	
32	○	×	
33	○	×	
34	○	×	
01	○	×	
02	○	×	
03	○	×	
04	○	×	
05	○	×	
06	○	×	

28 유수원은 『우서』를 저술하여 상공업의 진흥을 위한 사농공상의 직업적 평등과 전문화를 주장하였다. 14. 서울시 9급 O | X

29 박제가는 『존언』, 『만물일체설』로 지행합일 이론을 체계화하였다. 13. 지방 9급 O | X

30 박제가는 인간과 사물의 본성이 같다는 인물성동론의 입장을 보였다. 13. 지방 9급 O | X

31 박지원은 『한민명전의』에서 한전법을 주장하였다. 13. 국가 7급 O | X

★ **32** 박지원은 『과농소초』를 통해 농기구의 개량을 주장하였다. 13. 국가 7급 O | X

33 홍대용은 지구가 우주의 중심이 아니라는 무한우주론을 내놓았다. 10. 국가 7급 O | X

34 홍대용은 '실옹'과 '허자'의 문답 형식을 빌려 지금까지 믿어 온 고정 관념을 상대주의 논법으로 비판하였다. 10. 국가 7급 O | X

테마 11 실학(역사서)

기출필수코드 50

★ **01** 『발해고』는 만주 지역까지 우리 역사의 범위를 확장하였다. 22. 국가 9급 O | X

02 『발해고』는 고조선부터 고려에 이르는 역사를 체계적으로 정리하였다. 22. 국가 9급 O | X

★ **03** 안정복의 『동사강목』은 기사 본말체로 역사를 서술하였다. 22. 지방 9급 O | X

★ **04** 유득공의 『발해고』에는 남북국이라는 용어가 사용되었다. 22. 지방 9급 O | X

05 한치윤은 중국 및 일본의 방대한 자료를 참고하여 『해동역사』를 편찬함으로써, 한·중·일 간의 문화 교류를 잘 보여주었다. 21. 지방 9급 O | X

06 [순서나열] 『해동제국기』 → 『표해록』 → 『열하일기』 → 『서유견문』 18. 국가 9급 O | X

오답 확인하기

29 정제두에 대한 설명이다.

02 『발해고』는 발해의 역사를 다룬 책이다.
03 『동사강목』은 편년체와 강목체의 서술 방식을 따랐다.

정답

28 O 29 X 30 O 31 O 32 O
33 O 34 O

01 O 02 X 03 X 04 O 05 O
06 O

★ **07** 안정복의 『동사강목』은 단군으로부터 고려에 이르기까지의 우리 역사를 치밀한 고증에 입각하여 엮은 통사이다. 18. 지방 9급 O | X

08 [순서나열] 『지봉유설』 → 『성호사설』 → 『대동운부군옥』 → 『오주연문장전산고』 18. 상반기 서울시 9급 O | X

★ **09** 안정복의 『동사강목』에서는 삼국을 무통으로 하고 단군－기자－마한－통일 신라를 정통으로 하였다. 17. 국가 7급 O | X

10 홍만종의 『동국역대총목』에서는 단군을 배제하고 기자－마한－통일 신라의 흐름을 정통으로 규정하였다. 17. 국가 7급 O | X

11 이의봉은 『고금석림』을 편찬하여 우리의 어휘를 정리하였다. 17. 서울시 9급 O | X

12 이종휘는 『동사』를 지어 고구려사에 대한 관심을 고조시켰다. 17. 서울시 9·7급 O | X

13 신경준이 저술한 『대동운부군옥』은 단군 시대 이래의 지리, 역사, 인물, 문학, 식물, 동물 등을 총망라한 어휘 백과사전이다. 17. 경기 북부 여경 O | X

★ **14** 김정희는 『금석과안록』을 지어 북한산비가 진흥왕 순수비임을 밝혔다. 16. 경찰 1차 O | X

★ **15** 『동사강목』은 우리 역사의 독자적 정통론을 세워 이를 체계화하였다. 15. 지방 9급 O | X

★ **16** 『동사강목』은 중국 및 일본의 자료를 망라한 기전체 사서로 민족사 인식의 폭을 넓혔다. 15. 지방 9급 O | X

17 [순서나열] 『동국이상국집』 → 『불씨잡변』 → 『임원경제지』 → 『해동제국기』 11. 국가 7급 O | X

18 이익은 역사를 움직이는 힘을 '시세(時勢)', '행불행(幸不幸)', '시비(是非)'의 순서로 봄으로써 도덕 중심 사관을 비판하였다. 11. 지방 7급 O | X

19 이긍익은 조선 시대의 정치와 문화를 정리하여 『연려실기술』을 저술하였다. 10. 서울시 7급 O | X

Self Check

문항	○	×	틀린 이유
07	○	×	
08	○	×	
09	○	×	
10	○	×	
11	○	×	
12	○	×	
13	○	×	
14	○	×	
15	○	×	
16	○	×	
17	○	×	
18	○	×	
19	○	×	

오답 확인하기

08 『대동운부군옥』 → 『지봉유설』 → 『성호사설』 → 『오주연문장전산고』

10 홍만종은 『동국역대총목』에서 단군 정통론을 제시하였다.

13 『대동운부군옥』은 권문해가 저술한 어휘 백과사전이다.

16 한치윤의 『해동역사』에 대한 설명이다.

17 『동국이상국집』 → 『불씨잡변』 → 『해동제국기』 → 『임원경제지』

정답

07 O 08 X 09 O 10 X 11 O
12 O 13 X 14 O 15 O 16 X
17 X 18 O 19 O

기출필수코드52 기출필수코드53

테마 12 과학 기술의 발달과 문화의 새 경향

01 김제 금산사 미륵전은 우리나라에 남아 있는 조선 시대 건축물 중 유일한 5층 목탑이다. 24. 지방 9급 O | X

02 조선 후기, 문화 인식의 폭이 확대되어 백과사전류의 저서가 편찬되었다. 23. 법원 9급 O | X

03 조선 후기에는 격식에 구애받지 않고 감정을 표현하는 사설시조가 유행하였다. 23. 법원 9급 O | X

04 조선 후기, 주자소가 설치되어 계미자를 비롯한 다양한 활자를 주조하였다. 23. 법원 9급 O | X

★ **05** 조선 후기에는 『홍길동전』, 『춘향전』 등과 같이 신분제를 비판하거나 탐관오리를 응징하는 한글 소설이 유행하였다. 20. 경찰 2차 O | X

06 김제 금산사 미륵전은 다층 건물이나 내부가 하나로 통한다. 19. 국가 9급 O | X

07 조선 후기에 판소리, 잡가, 가면극이 유행하였다. 19. 법원 9급 O | X

08 조선 후기에는 위선적인 양반의 생활을 풍자하는 『양반전』, 『허생전』 등의 한문 소설이 유행하였다. 19. 법원 9급 O | X

09 조선 후기에는 서얼이나 노비 출신의 문인들이 등장하였고, 황진이와 같은 여류 작가들도 활동하였다. 19. 법원 9급 O | X

10 김제 금산사 미륵전, 보은 법주사 팔상전, 논산 쌍계사 등이 조선 후기를 대표하는 불교 건축물이다. 19. 법원 9급 O | X

11 조선 후기에 곤여만국전도 같은 세계 지도가 전해짐으로써 보다 과학적이고 정밀한 지리학의 지식을 가지게 되었다. 19. 경찰 2차 O | X

★ **12** 조선 후기에 홍대용은 김석문과 함께 지전설을 주장하였고, 지구가 우주의 중심이 아니라는 무한우주론을 주장하였다. 19. 경찰 2차 O | X

★ **13** 『일성록』, 『난중일기』, 『비변사등록』, 『승정원일기』, 한국의 유교 책판 등은 유네스코 세계 기록 유산에 등재되었다. 17. 국가 7급 O | X

Self Check ☑

문항	○	×	틀린 이유
01	○	×	
02	○	×	
03	○	×	
04	○	×	
05	○	×	
06	○	×	
07	○	×	
08	○	×	
09	○	×	
10	○	×	
11	○	×	
12	○	×	
13	○	×	

오답 확인하기

01 보은 법주사 팔상전에 대한 설명이다.
04 조선 전기에 대한 설명이다.
09 16세기의 일이다.
13 『비변사등록』은 유네스코 세계 기록 유산에 등재되지 않았다.

정답

01 X 02 O 03 O 04 X 05 O
06 O 07 O 08 O 09 X 10 O
11 O 12 O 13 X

14 정약용은 『기기도설』을 참고하여 거중기를 제작하였다. 17. 경찰 2차 O | X

★ **15** '진경산수'가 유행하여 우리 산천에 대한 사실적인 묘사가 많아졌다. 16. 사회복지 O | X

16 18세기에 들어 중국의 화풍을 배격하고 우리의 고유한 자연과 풍속을 있는 그대로 묘사한 진경산수의 화풍이 등장했으며, 정선은 진경산수화의 대가로 '금강전도', '인왕제색도' 등을 그렸다. 16. 경찰 2차 O | X

17 김홍도는 섬세하고 정교한 필치로 정조의 화성 행차와 관련된 병풍, 행렬도, 의궤 등 궁중 풍속을 많이 남겼다. 16. 경찰 2차 O | X

18 신윤복은 주로 도시인의 풍류 생활과 부녀자의 풍속, 남녀 사이의 애정 등을 감각적이고 해학적인 필치로 묘사하였다. 16. 경찰 2차 O | X

19 기해사옥 때 흑산도로 유배를 간 정약전은 그 지역의 어류를 조사한 『자산어보』를 서술하였다. 14. 국가 9급 O | X

20 김정희는 우리의 정서와 개성을 추구하는 단아한 글씨의 동국진체를 완성하였다. 11. 사회복지 O | X

21 강세황은 서양화 기법을 반영하여 사물을 실감나게 표현하였다. 11. 사회복지 O | X

22 정선은 바위산을 선으로 묘사하고, 흙산을 묵으로 묘사하는 기법을 활용하였다. 11. 사회복지 O | X

Self Check ☑

문항	○	×	틀린 이유
14	○	×	
15	○	×	
16	○	×	
17	○	×	
18	○	×	
19	○	×	
20	○	×	
21	○	×	
22	○	×	

제5막

오답 **확인하기**

16 진경산수화는 중국의 화풍을 배격한 것이 아니라 중국의 남종·북종 화법을 고루 수용하였다.
19 기해사옥이 아니라 신유박해이다.
20 동국진체를 완성한 사람은 이광사이다.

정답

14 O 15 O 16 X 17 O 18 O
19 X 20 X 21 O 22 O

노범석 한국사

기선제압 OX

제6막

근대 사회의 발전

CHAPTER 01

근대 사회의 전개(정치)

테마 1 흥선 대원군의 대내외 정책

기출필수코드 21

01 병인양요 당시, 프랑스 함대가 강화부를 점령하였다. 24. 지방 9급 O | X

★ 02 병인양요의 결과, 외규장각이 소실되었고 의궤 등을 약탈당했다. 24. 지방 9급 O | X

★ 03 병인양요 당시, 어재연이 강화도 광성보 전투에서 전사하였다. 24. 지방 9급 O | X

04 병인양요는 프랑스 선교사와 천주교도가 처형당한 것이 원인이 되었다. 24. 지방 9급 O | X

05 [순서나열] 병인양요 → 신미양요 → 오페르트 도굴 사건 → 강화도 조약 체결 24. 법원 9급 O | X

06 흥선 대원군은 사창제를 실시하였다. 23. 국가 9급 O | X

★ 07 흥선 대원군은 『대전회통』을 편찬하였다. 23. 국가 9급 O | X

★ 08 흥선 대원군은 비변사의 기능을 강화하였다. 23. 국가 9급 O | X

★ 09 흥선 대원군은 통상 수교 거부 정책을 추진하였다. 23. 국가 9급 O | X

10 평양에서 제너럴셔먼호 사건이 발생하였다. 23. 국가 9급 O | X

11 고종은 삼정의 문란을 바로잡기 위해 삼정이정청을 설치했다. 22. 국가 9급 O | X

12 흥선 대원군은 미국에 보빙사라는 사절단을 파견하였다. 22. 국가 9급 O | X

13 흥선 대원군은 전국 여러 곳에 척화비를 세우도록 했다. 22. 국가 9급 O | X

Self Check ☑

문항	○	×	틀린 이유
01	○	×	
02	○	×	
03	○	×	
04	○	×	
05	○	×	
06	○	×	
07	○	×	
08	○	×	
09	○	×	
10	○	×	
11	○	×	
12	○	×	
13	○	×	

오답 확인하기

03 신미양요 때의 일이다.
05 병인양요 → 오페르트 도굴 사건 → 신미양요 → 강화도 조약 체결
08 흥선 대원군은 세도 정치의 핵심 기구인 비변사를 축소·격하시켜 사실상 폐지시켰다.
11 고종이 아니라 철종 때의 일이다.
12 보빙사를 파견한 것은 1883년의 일로, 흥선 대원군이 하야한 이후인 고종 친정 시기이다.

정답

01 O 02 O 03 X 04 O 05 X
06 O 07 O 08 X 09 O 10 O
11 X 12 X 13 O

14 흥선 대원군은 국경을 획정하고자 백두산정계비를 세웠다. 22. 국가 9급 O | X

15 흥선 대원군은 통리기무아문을 설치하고 그 아래에 12사를 두었다. 22. 국가 9급 O | X

16 신미양요~갑오개혁 사이의 시기에 오페르트 도굴 미수 사건이 일어났다. 22. 국가 9급 O | X

17 흥선 대원군은 만동묘 건립을 주도하였다. 21. 국가 9급 O | X

★18 흥선 대원군은 군국기무처 총재를 역임하였다. 21. 국가 9급 O | X

★19 흥선 대원군은 통리기무아문을 폐지하고 5군영을 부활하였다. 21. 국가 9급 O | X

20 흥선 대원군은 탕평 정치를 정리한 『만기요람』을 편찬하였다. 21. 국가 9급 O | X

21 흥선 대원군은 대한국 국제를 만들어 공포하였다. 21. 지방 9급 O | X

★22 흥선 대원군은 서원을 대폭 줄이는 정책을 추진하였다. 21. 지방 9급 O | X

23 흥선 대원군은 우정총국 개국 축하연을 이용해 정변을 일으켰다. 21. 지방 9급 O | X

24 흥선 대원군은 황쭌셴의 『조선책략』을 가져와 널리 유포하였다. 21. 지방 9급 O | X

25 제너럴셔먼호 사건부터 신미양요 사이의 시기에 일본의 운요호가 초지진을 포격하였다. 21. 지방 9급 O | X

26 흥선 대원군은 일본에 조사 시찰단을 파견하였다. 21. 법원 9급 O | X

27 흥선 대원군은 은결을 색출하고 호포제를 실시하였다. 21. 법원 9급 O | X

28 흥선 대원군은 탕평파를 육성하고 탕평비를 건립하였다. 21. 법원 9급 O | X

★29 흥선 대원군은 『대전통편』을 편찬해 통치 체제를 정비하였다. 21. 법원 9급 O | X

Self Check ☑

문항	○	×	틀린 이유
14	○	×	
15	○	×	
16	○	×	
17	○	×	
18	○	×	
19	○	×	
20	○	×	
21	○	×	
22	○	×	
23	○	×	
24	○	×	
25	○	×	
26	○	×	
27	○	×	
28	○	×	
29	○	×	

오답 확인하기

14 조선 후기인 숙종 때의 일이다.
15 흥선 대원군이 하야한 이후인 1880년의 일로, 고종 친정 시기이다.
16 신미양요 이전인 1868년의 일이다.
17 흥선 대원군 때는 노론의 정신적 지주 역할을 한 만동묘를 폐지하였다.
18 김홍집에 대한 설명이다.
20 『만기요람』은 순조 때 서영보·심상규 등이 왕명을 받아 편찬한 책이다.
21 고종은 1899년 대한국 국제를 공포했는데, 이는 흥선 대원군 사후의 일이다.
23 김옥균 등 급진 개화파들이 일으킨 갑신정변에 대한 설명이다.
24 2차 수신사로 일본에 파견된 김홍집에 대한 설명이다.
25 신미양요 이후인 1875년의 일이다.
26 흥선 대원군 하야 이후인 1881년의 일이다.
28 영조의 업적이다.
29 『대전통편』은 정조 때 편찬된 법전이다.

정답

14 X 15 X 16 X 17 X 18 X
19 O 20 X 21 X 22 O 23 X
24 X 25 X 26 X 27 O 28 X
29 X

제6막

Self Check

문항	○	×	틀린 이유
30	○	×	
31	○	×	
32	○	×	
33	○	×	
34	○	×	
35	○	×	
36	○	×	
37	○	×	
38	○	×	
39	○	×	
40	○	×	
41	○	×	
42	○	×	
43	○	×	

30 흥선 대원군 집권기에 삼군부가 부활되고 삼수병이 강화되었다.
19. 지방 9급 O | X

31 흥선 대원군 집권기에 비변사 당상들이 중요한 권력을 장악하였다.
19. 지방 9급 O | X

32 흥선 대원군은 임진왜란 때 소실된 경복궁을 재건하고, 광화문 앞의 육조 거리 등 한양의 도시 구조를 복원하였다.
18. 경찰 1차 O | X

33 신미양요는 『조선책략』에 대한 반발로 발생한 사건이었다.
17. 하반기 지방 9급 O | X

★ **34** 신미양요는 전국 여러 곳에 척화비가 세워지는 계기가 되었다.
17. 하반기 지방 9급 O | X

★ **35** 신미양요 당시 정족산성에서 양헌수 부대가 승리를 거두었다.
17. 하반기 지방 9급 O | X

36 흥선 대원군은 순무영을 설치하였다.
17. 하반기 국가 7급 O | X

★ **37** 신미양요 때 외규장각에 보관된 왕실 도서가 약탈당하였다.
16. 교육행정 O | X

38 흥선 대원군은 을미의병이 확산되자 해산 권고 조칙을 발표하였다.
16. 지방 7급 O | X

39 흥선 대원군은 갑신정변이 발발하자 청군의 개입을 요청하였다.
16. 지방 7급 O | X

★ **40** 흥선 대원군은 임오군란으로 집권하여 5군영을 복구하였다.
16. 지방 7급 O | X

41 『직지심체요절』은 병인양요 때 프랑스군에게 약탈당하였다.
13. 국가 9급 O | X

★ **42** 흥선 대원군은 비변사를 사실상 혁파하고, 의정부와 삼군부의 기능을 다시 강화하였다.
12. 서울시 9급 O | X

★ **43** 흥선 대원군은 통치 체제 정비를 위해 『대전회통』, 『육전조례』 등의 법전을 편찬하였다.
12. 서울시 9급 O | X

오답 확인하기

31 흥선 대원군 집권기에는 비변사를 축소·격하시켜 사실상 폐지시켰다.
33 『조선책략』이 조선에 유입된 것은 신미양요 이후인 1880년의 일이다.
35 1866년 병인양요에 대한 설명이다.
37 병인양요 때의 일이다.
38 고종에 대한 설명이다.
39 흥선 대원군이 아니라 민씨 정권이다.
41 『직지심체요절』이 아니라 외규장각 의궤이다.

정답

30 O 31 X 32 O 33 X 34 O
35 X 36 O 37 X 38 X 39 X
40 O 41 X 42 O 43 O

테마 2 개항과 불평등 조약의 체결 기출필수코드 22

01 청나라는 조선과 강화도 조약을 맺었다. 24. 법원 9급 O | X

★**02** 조・일 수호 조규~조・청 상민 수륙 무역 장정 시기 사이에 개항장에서는 일본 화폐가 통용되었다. 23. 국가 9급 O | X

03 신미양요~갑오개혁 사이 시기에 조・미 수호 통상 조약이 체결되었다. 22. 국가 9급 O | X

04 조・미 수호 통상 조약에 따라 영사 재판권이 인정되었다. 21. 국가 9급 O | X

05 조・미 수호 통상 조약은 임오군란을 계기로 체결되었다. 21. 국가 9급 O | X

★**06** 조・미 수호 통상 조약에는 최혜국 대우 조항이 포함되었다. 21. 국가 9급 O | X

★**07** 조・미 수호 통상 조약은 『조선책략』의 영향을 받았다. 21. 국가 9급 O | X

08 운요호 사건~원산 개항 시기의 사이에 조・일 수호 조규 부록과 조・일 무역 규칙이 체결되었다. 21. 법원직 9급 O | X

09 조・일 무역 규칙 체결과 개정 조・일 통상 장정 체결 사이의 시기에 양화진에 청국인 상점을 허용하는 조약이 체결되었다. 19. 지방 9급 O | X

10 조・미 수호 통상 조약에는 양곡의 무제한 유출, 무관세, 무항세 조항이 포함되었다. 17. 국가 7급 O | X

★**11** 강화도 조약으로 부산에 이어 인천, 원산 순으로 개항되었다. 17. 경찰 1차 O | X

12 조・미 수호 통상 장정은 강화도 조약과 달리 관세 조항이 들어 있었다. 17. 경찰 1차 O | X

★**13** 강화도 조약은 최혜국 대우가 인정되어 불평등 조약으로 평가받는다. 17. 경찰 2차 O | X

★**14** 조・일 통상 장정(1876)에는 곡물 유출을 막는 방곡령 규정이 합의되었다. 16. 국가 9급 O | X

Self Check

문항	○	×	틀린 이유
01	○	×	
02	○	×	
03	○	×	
04	○	×	
05	○	×	
06	○	×	
07	○	×	
08	○	×	
09	○	×	
10	○	×	
11	○	×	
12	○	×	
13	○	×	
14	○	×	

제6막

오답 확인하기

01 일본에 대한 설명이다.
05 조・미 수호 통상 조약은 임오군란 발발 이전인 1882년 4월에 체결된 조약이다.
10 조・일 무역 규칙에 대한 설명이다.
11 강화도 조약으로 부산, 원산, 인천 순으로 개항되었다.
13 강화도 조약에는 최혜국 대우와 관련된 규정이 포함되어 있지 않다.
14 방곡령 규정이 합의된 개정 조・일 통상 장정은 1883년에 체결되었다.

정답

01 X 02 O 03 O 04 O 05 X
06 O 07 O 08 O 09 O 10 X
11 X 12 O 13 X 14 X

Self Check

문항	○	×	틀린 이유
15	○	×	
16	○	×	
17	○	×	
18	○	×	
19	○	×	
20	○	×	
21	○	×	
22	○	×	
23	○	×	
24	○	×	
25	○	×	
26	○	×	

15 개정 조·일 통상 장정(1883)의 체결로 일본과 수출입하는 물품에 일정 세율이 부과되었다. 16. 국가 9급 O | X

16 한·청 통상 조약(1899) 당시 대한 제국 황제와 청 황제가 대등한 위치에서 조약을 체결하였다. 16. 국가 9급 O | X

★ **17** 조·일 수호 조규에서 개항장에서 일본 화폐의 유통을 허용하였다. 16. 국가 7급 O | X

★ **18** 조·일 수호 조규 부록에서는 일본국 항해자가 조선의 연해를 자유롭게 측량하도록 허가하였다. 16. 국가 7급 O | X

★ **19** 조·일 무역 규칙에서는 일본 정부 소속의 선박에는 항세를 면제하였다. 16. 국가 7급 O | X

20 제물포 조약을 통해 일본 공사관에서 경비병의 주둔을 허락하였다. 15. 국가 7급 O | X

21 조·청 상민 수륙 장정을 통해 조선에서 청국 상무위원의 영사 재판권을 인정하였다. 15. 국가 7급 O | X

★ **22** 강화도 조약은 운요호 사건 이후 체결된 것이다. 14. 지방 9급 O | X

★ **23** 조·청 상민 수륙 무역 장정은 갑신정변 이후 체결된 것이다. 14. 지방 9급 O | X

24 조·청 상민 수륙 무역 장정에는 천주교의 포교권 인정이 규정되어 있다. 14. 지방 9급 O | X

25 강화도 조약 및 부속 조약의 체결로 개항지 지정이 약정되면서 군산항, 목포항, 양화진이 차례로 개항되었다. 13. 지방 9급 O | X

26 조·일 수호 조규 부록에서는 개항장 밖 10리까지 외국인의 왕래를 허가하였다. 13. 국가 7급 O | X

오답 확인하기

17 조·일 수호 조규 부록의 내용이다.
18 조·일 수호 조규의 내용이다.
23 조·청 상민 수륙 무역 장정은 갑신정변 이전인 1882년에 체결되었다.
24 조·불 수호 통상 조약의 내용이다.
25 부산, 원산, 인천이 개항되었다.

정답

15 O 16 O 17 X 18 X 19 O
20 O 21 O 22 O 23 X 24 X
25 X 26 O

테마 3 위정척사와 개화

기출필수코드 23

01 『조선책략』은 강화도 조약 체결 이전에 조선에 널리 퍼졌다. 24. 국가 9급 O | X

02 『조선책략』은 흥선 대원군이 척화비를 세우는 계기가 되었다. 24. 국가 9급 O | X

★ 03 『조선책략』은 이만손 등 영남 유생들의 반발을 불러일으켰다. 24. 국가 9급 O | X

04 『조선책략』은 청에 영선사로 파견된 김윤식에 의해 소개되었다. 24. 국가 9급 O | X

05 동도서기론자들은 왜양일체론(倭洋一體論)을 주장하였다. 20. 국가 9급 O | X

★ 06 동도서기론은 근대 문물 수용의 사상적 기반이 되었다. 20. 국가 9급 O | X

07 동도서기론은 갑신정변 주도 세력의 견해를 대변하였다. 20. 국가 9급 O | X

08 동도서기론은 우등한 사회가 열등한 사회를 지배하는 것이 당연하다고 보았다. 20. 국가 9급 O | X

09 강화도 조약 체결과 영선사 파견 사이의 시기에 개화 정책을 추진할 기구로 통리기무아문을 설치하였다. 20. 지방 9급 O | X

10 최익현은 『조선책략』을 입수하여 국내에 소개하였다. 20. 국가 7급 O | X

★ 11 최익현은 왜양일체론을 내세우며 개항 반대 운동을 전개하였다. 19. 서울시 9급 O | X

12 이항로는 척화주전론을 주장하며 통상 반대 운동을 전개하였다. 19. 서울시 9급 O | X

13 기정진 등 영남 유생들이 만인소를 올려 『조선책략』을 들여온 김홍집의 처벌을 요구하였다. 19. 서울시 9급 O | X

14 1880년대 교정청은 개화 정책을 총괄하는 기구였다. 18. 국가 7급 O | X

15 청에 파견된 영선사 김윤식 일행은 무기 제조법을 배웠다. 18. 국가 7급 O | X

Self Check

문항	○	×	틀린 이유
01	○	×	
02	○	×	
03	○	×	
04	○	×	
05	○	×	
06	○	×	
07	○	×	
08	○	×	
09	○	×	
10	○	×	
11	○	×	
12	○	×	
13	○	×	
14	○	×	
15	○	×	

제6막

오답 확인하기

01 『조선책략』은 강화도 조약 체결 이후에 들어왔다.
02 병인양요와 신미양요에 대한 설명이다.
04 『조선책략』은 2차 수신사로 파견된 김홍집에 의해 소개되었다.
05 '왜양일체론'은 위정척사 운동을 주도한 최익현이 주장한 논리이고, '동도서기론'은 김윤식 등 온건 개화파가 주장한 논리이다.
07 문명개화론을 주장한 급진 개화파 세력이 갑신정변을 주도하였다.
08 사회진화론에 대한 설명이다.
10 김홍집에 대한 설명이다.
13 기정진은 1860년대 통상 반대 운동을 주도했던 인물로, 영남 만인소에는 참여하지 않았다.
14 교정청은 1894년에 설치되었다.

정답

01 X 02 X 03 O 04 X 05 X
06 O 07 X 08 X 09 O 10 X
11 O 12 O 13 X 14 X 15 O

Self Check ☑

문항	○	×	틀린 이유
16	○	×	
17	○	×	
18	○	×	
19	○	×	
20	○	×	
21	○	×	
22	○	×	
23	○	×	
01	○	×	
02	○	×	
03	○	×	
04	○	×	
05	○	×	

16 미국에 파견된 보빙사는 근대 시설을 시찰하고 대통령을 접견하였다.
18. 국가 7급 O | X

★17 김홍집은 조사 시찰단으로 일본을 방문하여 『조선책략』을 가지고 돌아왔다.
18. 국가 7급 O | X

★18 1880년 이후 최익현은 일본과 통상을 반대하는 「오불가소(五不可疏)」를 올렸다.
17. 지방 9급 O | X

★19 [순서나열] 1차 수신사 → 2차 수신사 → 조사 시찰단 → 영선사 → 보빙사
17. 서울시 사복 O | X

20 위정척사 운동은 대원군의 쇄국 정책을 뒷받침하였다. 12. 국가 9급 O | X

21 위정척사 운동은 동도서기론과 문명개화론을 주장하였다. 12. 국가 9급 O | X

★22 위정척사 운동의 일환으로 영남 유생들의 만인소 운동이 일어났다.
12. 국가 9급 O | X

★23 영선사의 활동을 계기로 근대적 병기 공장인 기기창이 설치되었다.
12. 지방 9급 O | X

테마 4 임오군란과 갑신정변

기출필수코드 23

01 조·청 상민 수륙 무역 장정과 시모노세키 조약 사이의 시기에 영국이 거문도를 점령하였다.
24. 지방 9급 O | X

★02 조·청 상민 수륙 무역 장정과 시모노세키 조약 사이의 시기에 김옥균 등이 갑신정변을 일으켰다.
24. 지방 9급 O | X

03 일본은 흥선 대원군을 자국으로 납치하였다. 24. 법원 9급 O | X

04 미국은 거문도를 불법 점령하였다. 24. 법원 9급 O | X

05 일본과 청나라는 톈진 조약을 체결하였다. 24. 법원 9급 O | X

오답 확인하기

17 조사 시찰단이 아니라 2차 수신사이다.
18 최익현이 「오불가소」를 올린 것은 1870년대의 일이다.
21 동도서기론은 온건 개화파, 문명개화론은 급진 개화파의 주장이다.

03 청나라에 대한 설명이다.
04 영국에 대한 설명이다.

정답

16 O 17 X 18 X 19 O 20 O
21 X 22 O 23 O

01 O 02 O 03 X 04 X 05 O

★ **06** [순서나열] 임오군란 → 강화도 조약 → 갑신정변 → 톈진 조약
22. 서울 9급 O | X

07 임오군란~갑신정변 사이의 시기에 군국기무처가 설치되었다.
22. 소방직 O | X

08 임오군란~갑신정변 사이의 시기에 이만손 등이 영남 만인소를 올렸다.
22. 소방직 O | X

09 임오군란~갑신정변 사이의 시기에 영국이 거문도를 불법으로 점령하였다.
22. 소방직 O | X

★ **10** 임오군란~갑신정변 사이의 시기에 조선은 일본과 제물포 조약을 체결하였다.
22. 소방직 O | X

11 제물포 조약과 한성 조약 체결 사이에 통리기무아문이 철폐되었다.
21. 경찰 1차 O | X

12 제물포 조약과 한성 조약 체결 사이에 묄렌도르프가 고문으로 파견되었다.
21. 경찰 1차 O | X

13 제물포 조약과 한성 조약 체결 사이에 청과 일본 사이에 톈진 조약이 체결되었다.
21. 경찰 1차 O | X

★ **14** 갑신정변은 한성 조약 체결의 계기가 되었다. 21. 소방직 O | X

15 갑신정변은 최익현 등의 유생들에 의해 주도되었다. 21. 소방직 O | X

★ **16** 갑신정변은 구식 군인에 대한 차별 대우가 발단이 되었다. 21. 소방직 O | X

17 임오군란의 결과 청에 영선사가 파견되었다. 18. 교육행정 O | X

18 임오군란의 결과 스티븐스가 외교 고문에 임명되었다. 18. 교육행정 O | X

19 갑신정변의 결과 청의 내정 간섭이 강화되었다. 18. 국가 7급 O | X

★ **20** 갑신정변의 결과 박문국과 전환국이 설립되었다. 18. 국가 7급 O | X

Self Check ☑

문항	○	×	틀린 이유
06	○	×	
07	○	×	
08	○	×	
09	○	×	
10	○	×	
11	○	×	
12	○	×	
13	○	×	
14	○	×	
15	○	×	
16	○	×	
17	○	×	
18	○	×	
19	○	×	
20	○	×	

제6막

오답 확인하기

- 06 강화도 조약 → 임오군란 → 갑신정변 → 톈진 조약
- 07 갑신정변 이후인 1894년의 일이다.
- 08 임오군란 이전인 1881년의 일이다.
- 09 갑신정변 이후인 1885~1887년의 일이다.
- 11 통리기무아문은 임오군란 때 철폐되었는데, 이는 제물포 조약 체결 직전의 일이다.
- 13 톈진 조약은 한성 조약 체결 이후인 1885년에 체결되었다.
- 15 위정척사 운동에 대한 설명이다.
- 16 임오군란에 대한 설명이다.
- 17 임오군란 이전인 1881년의 일이다.
- 18 1904년 한·일 협약 체결 이후이다.
- 20 박문국과 전환국은 갑신정변 발발 이전인 1883년에 설치되었다.

정답

06 X 07 X 08 X 09 X 10 O
11 X 12 O 13 X 14 O 15 X
16 X 17 X 18 X 19 O 20 X

Self Check

문항	○	×	틀린 이유
21	○	×	
22	○	×	
23	○	×	
24	○	×	
25	○	×	
26	○	×	
27	○	×	
28	○	×	
29	○	×	
30	○	×	
31	○	×	

21 갑신정변의 결과 개혁 추진 기관으로 통리기무아문이 설치되었다.
18. 국가 7급 O | X

★22 갑신정변의 결과 조·청 상민 수륙 무역 장정이 체결되었다.
18. 서울시 7급 O | X

23 갑신정변 이후 독일 부영사 부들러는 조선의 영세 중립국화를 건의하였다.
17. 국가 9급 O | X

★24 갑신정변 이후 러시아의 남하 정책에 대응하여 영국 함대가 거문도를 불법 점령하였다.
17. 국가 9급 O | X

★25 1880년 이후 개화파가 우정총국 개국 축하연을 이용해 정변을 일으켜 정권을 장악하였다.
17. 지방 9급 O | X

26 갑신정변 때 일본 공사관이 불타고 일본군이 청군에 패퇴하였다.
16. 국가 9급 O | X

27 임오군란 당시 군대 해산에 반발한 군인들은 의병 부대에 합류하였다.
16. 지방 9급 O | X

28 임오군란 당시 보국안민, 제폭구민의 대의를 위해 봉기할 것을 호소하였다.
16. 지방 9급 O | X

29 임오군란에는 정부의 개화 정책에 반대하는 서울의 하층민들도 참여하였다.
16. 지방 9급 O | X

★30 김윤식은 갑신정변이 일어나자 청국 군대의 개입을 요청하였다.
16. 국가 7급 O | X

31 임오군란의 결과, 5군영이 2영으로 통합되고 통리기무아문이 신설되었다.
16. 법원 9급 O | X

오답 **확인하기**

21 통리기무아문이 설치된 것은 갑신정변 발발 이전인 1880년의 일이다.
22 임오군란의 결과이다.
27 정미의병에 대한 설명이다.
28 동학 농민 운동에 대한 설명이다.
31 5군영이 2영으로 통합된 것은 1881년의 일이고, 통리기무아문이 설치된 것은 1880년의 일이다. 둘 다 임오군란 이전에 일어났다.

정답

21 X 22 X 23 O 24 O 25 O
26 O 27 X 28 X 29 O 30 O
31 X

테마 5 동학 농민 운동의 전개 기출필수코드 24

01 동학 농민 운동 세력은 혜상공국 폐지 등의 정강을 발표하였다.
24. 지방 9급 O | X

★ **02** 동학 농민 운동 세력은 집강소를 설치하고 폐정 개혁을 시도하였다.
24. 지방 9급 O | X

03 동학 농민 운동은 별기군에 비해 차별을 받던 구식 군인들이 일으켰다.
24. 지방 9급 O | X

04 동학 농민 운동 세력은 13도 창의군을 조직하고 서울 진공 작전을 추진하였다.
24. 지방 9급 O | X

★ **05** [순서나열] 전라도 각지에 집강소가 설치되었다. → 고부에서 만석보가 허물어졌다. → 청과 일본이 시모노세키 조약을 체결하였다.
24. 법원 9급 O | X

06 경복궁 점령과 공주 우금치 전투 사이의 시기에 농민군은 청·일 양군에 대한 철병 요구와 폐정 개혁을 조건으로 관군과 전주 화약을 맺고 해산하였다.
20. 경찰 1차 O | X

★ **07** 안핵사 이용태의 파견~전주 화약 체결 사이에 논산에서 남·북접의 동학군이 집결하였다.
18. 국가 9급 O | X

08 안핵사 이용태의 파견~전주 화약 체결 사이에 우금치 전투에서 동학군이 일본군과 격전을 벌였다.
18. 국가 9급 O | X

09 안핵사 이용태의 파견~전주 화약 체결 사이에 백산에서 전봉준이 보국안민을 위해 궐기하라는 통문을 보냈다.
18. 국가 9급 O | X

10 김구는 동학 접주로서 농민 전쟁에 참전하였다.
17. 하반기 국가 7급 O | X

11 전주 화약 이후 조선 정부는 청·일 군대의 철수를 요청하였다.
15. 지방 9급 O | X

★ **12** 조선 정부는 동학 농민들의 요구에 대응하여 삼정이정청을 설치하였다.
15. 지방 9급 O | X

Self Check

문항	○	×	틀린 이유
01	○	×	
02	○	×	
03	○	×	
04	○	×	
05	○	×	
06	○	×	
07	○	×	
08	○	×	
09	○	×	
10	○	×	
11	○	×	
12	○	×	

오답 확인하기

01 갑신정변을 주도한 김옥균 등 급진 개화파에 대한 설명이다.
03 임오군란에 대한 설명이다.
04 정미의병에 대한 설명이다.
05 고부 민란 → 집강소 설치 → 시모노세키 조약 체결
06 1차 동학 농민 운동 때인 1894년 5월의 일로, 경복궁 점령 이전이다.
07 전주 화약 체결 이후인 1894년 10월의 사실이다.
08 전주 화약 체결 이후인 1894년 11월의 사실이다.
12 삼정이정청이 아니라 교정청이다.

정답

01 X 02 O 03 X 04 X 05 X
06 X 07 X 08 X 09 O 10 O
11 O 12 X

제6막

Self Check

문항	○	×	틀린 이유
13	○	×	
14	○	×	
15	○	×	
16	○	×	
17	○	×	
18	○	×	
19	○	×	
01	○	×	
02	○	×	
03	○	×	
04	○	×	

13 일본군이 경복궁을 점령한 후 전라도와 충청도 지역의 농민군이 연합하였다.
15. 지방 9급 O | X

★14 [순서나열] 황룡촌 전투 → 교정청 설치 → 전주 화약 → 군국기무처 설치 → 우금치 전투
15. 경찰 2차 O | X

15 동학 농민군은 봉기군을 이끌고 황토현에서 관군과 교전하였다.
14. 국가 7급 O | X

16 동학 농민군은 고부읍을 점령하고 백산에서 농민군을 정비하였다.
14. 국가 7급 O | X

17 동학 농민군은 삼정의 문란을 비판하고 전운사를 혁파하려 하였다.
14. 국가 7급 O | X

18 청이 조선 정부의 요청으로 파병하자 일본은 임오군란 때 맺은 톈진(천진) 조약을 구실로 파병하였다.
14. 경찰 1차 O | X

★19 농민군은 전주 화약의 체결로 전라도 일대에 집강소를 설치하여 치안과 행정을 담당하였다.
14. 경찰 1차 O | X

테마 6 갑오개혁과 을미개혁

기출필수코드 25

01 조·청 상민 수륙 무역 장정과 시모노세키 조약 사이의 시기에 청과 일본 사이에 전쟁이 발발하였다.
24. 지방 9급 O | X

02 을미사변 이후 신변의 위협을 느낀 고종은 러시아의 공사관으로 피신하였다.
20. 법원 9급 O | X

03 유길준은 갑신정변 이후 일본을 거쳐 미국에 망명하였고, 1894년에 귀국하여 제2차 김홍집 내각의 법부대신이 되었다.
20. 경찰 1차 O | X

04 유길준은 1894년 제1차 갑오개혁 당시 군국기무처의 회의원으로 참여하였고, 후에 국어 문법서인 『조선문전』을 저술하였다.
20. 경찰 1차 O | X

오답 확인하기

14 황룡촌 전투 → 전주 화약 → 교정청 설치 → 군국기무처 설치 → 우금치 전투

18 톈진 조약은 갑신정변 진압 이후인 1885년에 체결되었다.

03 서광범에 대한 설명이다.

정답

13 O 14 X 15 O 16 O 17 O 18 X 19 O

01 O 02 O 03 X 04 O

★ **05** 2차 갑오개혁 때 과거제를 폐지하였다. 19. 법원 9급 O | X

★ **06** 2차 갑오개혁 때 재판소를 설치하였다. 19. 법원 9급 O | X

07 2차 갑오개혁 때 8도를 23부로 개편하였다. 19. 법원 9급 O | X

★ **08** 2차 갑오개혁 때 교육 입국 조서를 반포하였다. 18. 국가 7급 O | X

09 2차 갑오개혁 때 종래의 6조를 8아문으로 개편하였다. 18. 국가 7급 O | X

10 2차 갑오개혁 때 경무청을 신설하여 경찰 제도를 도입하였다. 18. 국가 7급 O | X

★ **11** 2차 갑오개혁 때 궁내부를 신설하여 왕실과 정부 사무를 분리하였다. 18. 국가 7급 O | X

12 갑오개혁 때 내장원에서 광산, 홍삼 전매 등을 관장하였다. 18. 지방 7급 O | X

13 갑오개혁 때 신식 화폐 발행 장정을 반포하여 일본 화폐의 유통을 허용하였다. 18. 지방 7급 O | X

14 1차 김홍집 내각에서 모든 재정은 호조에서 통할하도록 하였다. 17. 국가 7급 O | X

★ **15** 1차 김홍집 내각에서 국가 재정을 탁지아문의 관할로 일원화시키도록 하였다. 17. 국가 7급 O | X

16 우금치 전투 당시 정부는 개국기년을 사용하기로 하였다. 16. 국가 7급 O | X

17 우금치 전투 당시 건양이라는 연호가 제정되었다. 16. 국가 7급 O | X

★ **18** 우금치 전투 당시 지방 제도가 23부 337군으로 개편되었다. 16. 국가 7급 O | X

19 1차 갑오개혁 때 중국 연호의 사용을 폐지하였다. 16. 지방 9급 O | X

★ **20** 1차 갑오개혁은 군국기무처의 주도 하에 추진되었다. 16. 지방 9급 O | X

21 을미개혁 당시 건양이라는 연호를 제정하였다. 14. 국가 7급 O | X

Self Check ☑

문항	○	×	틀린 이유
05	○	×	
06	○	×	
07	○	×	
08	○	×	
09	○	×	
10	○	×	
11	○	×	
12	○	×	
13	○	×	
14	○	×	
15	○	×	
16	○	×	
17	○	×	
18	○	×	
19	○	×	
20	○	×	
21	○	×	

오답 확인하기

05 1차 갑오개혁 때의 일이다.
09 1차 갑오개혁 때 실시된 정책이다.
10 1차 갑오개혁 때 실시된 정책이다.
11 1차 갑오개혁 때 실시된 정책이다.
12 광무개혁 때 실시된 정책이다.
14 갑신정변 당시 발표된 14개조 개혁 정강의 내용이다.
17 우금치 전투 이후의 일(을미개혁)이다.
18 우금치 전투 이후의 일(2차 갑오개혁)이다.

정답

05 X 06 O 07 O 08 O 09 X
10 X 11 X 12 X 13 O 14 X
15 O 16 O 17 X 18 X 19 O
20 O 21 O

Self Check

문항	○	×	틀린 이유
22	○	×	
23	○	×	
24	○	×	
01	○	×	
02	○	×	
03	○	×	
04	○	×	
05	○	×	
06	○	×	
07	○	×	
08	○	×	
09	○	×	
10	○	×	
11	○	×	
12	○	×	

★ **22** 을미개혁 당시 서울에 친위대를, 지방에 진위대를 두었다. 14. 국가 7급 O | X

23 을미개혁 당시 단발령을 폐지하고 의정부를 다시 설치하였다. 14. 국가 7급 O | X

★ **24** [순서나열] 과거 제도와 신분제를 폐지한다. → 지방 제도는 전국을 23부로 개편한다. → 군대는 친위대와 진위대를 설치한다. → 양전 사업을 실시하여 지계를 발급한다. 11. 지방 9급 O | X

테마 7 독립 협회와 광무개혁

기출필수코드 26

★ **01** 조·청 상민 수륙 무역 장정과 시모노세키 조약 사이의 시기에 한·청 통상 조약이 체결되었다. 24. 지방 9급 O | X

02 독립 협회는 '구국 운동 상소문'을 지었다. 23. 법원 9급 O | X

★ **03** 독립 협회는 고종 강제 퇴위 반대 운동에 앞장섰다. 23. 법원 9급 O | X

04 독립 협회는 일제의 황무지 개간권 요구에 반대하였다. 23. 법원 9급 O | X

★ **05** 독립 협회는 러시아의 내정 간섭과 이권 요구에 반대하였다. 23. 법원 9급 O | X

06 독립 협회는 교육 입국 조서를 작성해 공포하였다. 22. 국가 9급 O | X

★ **07** 독립 협회는 영은문이 있던 자리 부근에 독립문을 세웠다. 22. 국가 9급 O | X

08 독립 협회는 개혁의 기본 강령인 홍범 14조를 발표하였다. 22. 국가 9급 O | X

09 독립 협회는 일본에 진 빚을 갚자는 국채 보상 운동을 일으켰다. 22. 국가 9급 O | X

10 을미사변~러·일 전쟁 사이 시기에 독립문이 건립되었다. 22. 지방 9급 O | X

★ **11** 대한 제국 시기에 대한국 국제를 반포하였다. 22. 소방직 O | X

12 대한 제국 시기에 토지 소유자에게 지계를 발급하였다. 22. 소방직 O | X

오답 확인하기

23 을미개혁 이후인 아관 파천 시기에 추진된 정책들이다.

01 시모노세키 조약 체결 이후인 1899년의 일이다.
03 대한 자강회 등에 대한 설명이다.
04 보안회에 대한 설명이다.
06 교육 입국 조서는 고종이 1895년에 공포한 것으로, 독립 협회와는 관련이 없다.
08 홍범 14조는 고종이 1894년 12월에 발표한 것으로, 독립 협회와는 관련이 없다.
09 국채 보상 운동은 독립 협회가 해체된 이후인 1907년에 전개되었다.

정답

22 O 23 X 24 O

01 X 02 O 03 X 04 X 05 O
06 X 07 O 08 X 09 X 10 O
11 O 12 O

13 대한 제국 시기에 근대식 교육 기관인 육영 공원을 설립하였다.
22. 소방직 O | X

14 대한 제국 시기에 청과 대등한 입장에서 통상 조약을 체결하였다.
22. 소방직 O | X

15 독립 협회는 만주에 독립군 기지를 마련하였다. 21. 소방직 O | X

16 독립 협회는 자유 민권 운동과 의회 설립 운동을 추진하였다. 21. 소방직 O | X

★ **17** 독립 협회는 헌정 연구회의 활동을 계승하여 월보를 간행하고 지회를 설치하였다.
20. 지방 9급 O | X

18 독립 협회는 국민 계몽을 위해 회보를 발간하고 만민 공동회 등 대규모 집회를 열었다. 20. 지방 9급 O | X

19 양전 지계 사업은 러·일 전쟁 발발 직후 일본의 간섭으로 중단되었다.
20. 국가 7급 O | X

★ **20** 대한 제국은 양전 사업을 실시하고 지계(地契)를 발급하였다.
20. 지방 7급 O | X

★ **21** 대한 제국 때 국가 재정은 탁지아문으로 일원화하였다. 20. 지방 7급 O | X

22 대한 제국은 서북철도국을 설치하여 경의철도 부설을 시도하였다.
20. 지방 7급 O | X

★ **23** 대한 제국은 원수부를 설치하여 황제가 군의 통수권을 장악하였다.
20. 지방 7급 O | X

24 대한 제국은 '옛 것을 근본으로 하고 새로운 것을 참작한다.'라는 구본신참의 원칙을 내세워 개혁을 추진하였다. 20. 경찰 1차 O | X

25 대한 제국 시기에 시위대와 진위대를 증강하였다. 19. 지방 9급 O | X

★ **26** 대한 제국 시기에 『독립신문』의 창간을 지원하였다. 19. 지방 9급 O | X

★ **27** 대한 제국 시기에 황실 재정을 담당하는 내장원의 기능을 확대하였다.
19. 지방 9급 O | X

Self Check

문항	○	×	틀린 이유
13	○	×	
14	○	×	
15	○	×	
16	○	×	
17	○	×	
18	○	×	
19	○	×	
20	○	×	
21	○	×	
22	○	×	
23	○	×	
24	○	×	
25	○	×	
26	○	×	
27	○	×	

제6막

오답 확인하기

13 육영 공원이 설립된 것은 대한 제국 선포(1897) 이전인 1886년의 일이다.
15 신민회에 대한 설명이다.
17 대한 자강회에 대한 설명이다.
21 1차 갑오개혁의 내용이다.
26 대한 제국 성립(1897. 10.) 이전인 1896년 4월의 일이다.

정답

13 X 14 O 15 X 16 O 17 X
18 O 19 O 20 O 21 X 22 O
23 O 24 O 25 O 26 X 27 O

Self Check

문항	○	×	틀린 이유
28	○	×	
29	○	×	
30	○	×	
31	○	×	
32	○	×	
33	○	×	
34	○	×	
35	○	×	
36	○	×	
37	○	×	
38	○	×	
39	○	×	
40	○	×	
41	○	×	

★ **28** 독립 협회는 러시아가 절영도 조차를 요구하자 이에 반대하였다.
19. 지방 7급 O | X

29 대한 제국 정부는 삼정 문란을 바로잡기 위하여 삼정이정청을 창설하였다.
19. 지방 7급 O | X

30 대한 제국은 별기군을 폐지하고 5군영을 복구하였다. 18. 지방 9급 O | X

★ **31** 대한 제국은 양전 사업을 시행하고자 양지아문을 설치하였다.
18. 지방 9급 O | X

32 대한 제국은 통리기무아문을 설치하여 개화 정책을 추진하였다.
18. 지방 9급 O | X

33 대한 제국은 화폐 제도를 은 본위제로 개혁하고자 신식 화폐 발행 장정을 공포하였다. 18. 지방 9급 O | X

34 헌의 6조가 결의된 후 고종이 러시아 공사관으로 거처를 옮기게 되었다.
17. 국가 9급 O | X

35 대한 제국은 과거와는 달리 목포, 군산, 원산을 스스로 개항하였다.
17. 서울시 7급 O | X

36 『대한국 국제』는 황제에게 육해군 통수권, 입법권, 행정권, 조약 체결권 등 모든 권한을 집중시켰다. 17. 서울시 7급 O | X

37 대한 제국은 만국 우편 연합에 가입하고, 만국 박람회에 참여하였다.
17. 서울시 7급 O | X

38 대한 제국은 군국기무처를 설치하고 국가의 주요 정책에 대한 개혁을 추진하였다.
17. 경찰 1차 O | X

39 대한 제국 시기에 경운궁을 정궁으로 삼았다. 16. 국가 9급 O | X

40 대한 제국 시기에 한성은행, 대한천일은행 등 민족계 은행을 지원하였다.
16. 국가 9급 O | X

41 대한 제국 시기에 중추원을 개조하여 우리 옛 법령과 풍속을 연구하였다.
16. 국가 9급 O | X

오답 확인하기

29 조선 후기인 철종 때의 일이다.
30 임오군란으로 재집권한 흥선 대원군이 추진한 정책이다.
32 1880년대 초기 개화 정책이다.
33 제1차 갑오개혁 때 추진된 정책이다.
34 헌의 6조 결의 이전의 일이다.
35 원산은 1876년 강화도 조약 체결로 인해 개항한 곳이다.
38 제1차 갑오개혁 때의 일이다.
41 일제 강점기 때의 일이다.

정답

28 O 29 X 30 X 31 O 32 X
33 X 34 X 35 X 36 O 37 O
38 X 39 O 40 O 41 X

42 대한 제국 시기에 한성 전기 회사를 통하여 서울에 전차 노선을 개통하였다.
16. 국가 9급 O | X

43 대한 제국은 금 본위제를 실시하려고 하였다. 16. 지방 7급 O | X

44 대한 제국은 산업 정책을 담당하는 공무아문을 설치하였다. 16. 지방 7급 O | X

45 고종은 연호를 광무라 하고 경운궁에서 황제 즉위식을 거행하였다.
16. 서울시 9급 O | X

★ **46** 독립 협회 해산 이후 황제의 군사권을 강화하고자 원수부를 설치하였다.
13. 지방 9급 O | X

47 대한 제국은 광무개혁을 통해 과거제를 폐지하고 근대적 관리 임용 제도를 도입하였다. 11. 국가 7급 O | X

48 대한 제국은 보부상과 상인을 지원하기 위해 상무사를 설립하였다.
11. 서울시 9급 O | X

테마 8 근대 개혁안

★ **01** 홍범 14조에서 탁지아문에서 조세 부과와 왕실과 국정 사무의 분리를 규정하였다. 23. 국가 9급 O | X

02 홍범 14조의 내용으로 '문벌에 구애받지 않고 인재 등용의 길을 넓힌다.'가 있다.
18. 경찰 2차 O | X

03 홍범 14조의 내용으로 '의정부와 6조 외의 불필요한 관청은 모두 없앤다.'가 있다.
18. 경찰 2차 O | X

04 동학 농민군의 주장으로는 각종 무명잡세를 근절할 것이 있다.
16. 지방 7급 O | X

05 갑신정변의 14개조 정강에 따르면 지조법을 개정하여 관리의 부정을 막고 백성을 구제하며 국가 재정을 충실케 한다. 16. 경찰 1차 O | X

Self Check ☑

문항	○	×	틀린 이유
42	○	×	
43	○	×	
44	○	×	
45	○	×	
46	○	×	
47	○	×	
48	○	×	
01	○	×	
02	○	×	
03	○	×	
04	○	×	
05	○	×	

제6막

오답 확인하기

44 공무아문은 1차 갑오개혁 때 설치되었다.
45 경운궁이 아니라 환구단이다.
47 1차 갑오개혁 때의 일이다.

03 갑신정변의 14개조 개혁 정강 내용이다.

정답

42 O 43 O 44 X 45 X 46 O 47 X 48 O

01 O 02 O 03 X 04 O 05 O

★ **06** 동학 농민군의 주장으로는 '관리 채용에는 지벌을 타파하고, 인재를 등용할 것'이 있다. 15. 서울시 7급 O | X

07 홍범 14조에 따르면 왕실 사무와 국정 사무를 모름지기 나누어 서로 뒤섞지 아니한다. 14. 지방 9급 O | X

★ **08** 헌의 6조에 따르면 재정은 모두 탁지부에서 전담하여 맡고, 예산과 결산은 인민에게 공포한다. 14. 지방 9급 O | X

09 갑신정변 14개조 정강의 내용으로 '재정을 모두 호조에서 관할하도록 할 것'이 있다. 14. 서울시 9급 O | X

10 헌의 6조의 내용으로는 토지는 평균으로 나누어 경작하도록 한다. 13. 지방 7급 O | X

테마 9 간도와 독도

기출필수코드20

01 독도가 대한민국의 영토임을 알 수 있는 자료들로는 은주시청합기, 삼국접양지도, 일본의 태정관 지령문, 일본의 시마네현 고시 등이 있다. 20. 국가 9급 O | X

02 순종 재위 기간에 일본이 간도를 청에 귀속하는 협약을 체결하였다. 20. 지방 7급 O | X

03 세종실록 지리지에는 독도를 강원도 울진현 소속으로 구분하고, 우산으로 표기하였다. 17. 지방 7급 O | X

04 일본 정부는 1870년대에 독도가 조선의 영토임을 인정했으면서도, 1905년 국제법상 무주지(無主地)라는 명목으로 일본 영토에 편입시켰다. 17. 지방 7급 O | X

★ **05** 러·일 전쟁 중에 일본은 대한 제국 정부에 알리지 않고 독도를 시마네현에 편입시켰다. 13. 지방 7급 O | X

06 대한 제국 정부는 칙령을 반포하여 울릉도를 군으로 승격시키고 독도[石島]를 관할 구역 안에 포함시켰다. 13. 지방 7급 O | X

Self Check ☑

문항	○	×	틀린 이유
06	○	×	
07	○	×	
08	○	×	
09	○	×	
10	○	×	
01	○	×	
02	○	×	
03	○	×	
04	○	×	
05	○	×	
06	○	×	

오답 확인하기

10 동학 농민군의 폐정 개혁안이다.

01 일본의 시마네현 고시는 일본이 독도 영유권을 주장하는 문헌 근거로써, 독도가 대한민국의 영토임을 알 수 있는 자료로 적절치 못하다.

정답

06 O 07 O 08 O 09 O 10 X

01 X 02 O 03 O 04 O 05 O 06 O

07 우리의 외교권을 빼앗은 일제는 1909년 간도 협약을 체결하여 남만주의 철도 부설권을 얻는 대가로 간도를 청의 영토로 인정하였다. 12. 경찰 3차 O | X

★ **08** 조선과 청은 1712년 "서쪽으로는 압록강, 동쪽으로는 토문강을 국경으로 한다."는 백두산정계비를 세웠다. 10. 국가 9급 O | X

09 대한 제국 정부는 간도 관리사로 이범윤을 임명하는 한편, 이를 한국 주재 청국 공사에게 통고하고 간도의 소유권을 주장하였다. 10. 국가 9급 O | X

테마 10 국권의 피탈 과정

기출필수코드27

★ **01** 1차 한·일 협약의 체결로 메가타는 화폐 정리 사업을 실시하였다. 24. 법원 9급 O | X

02 을사늑약의 체결로 청과 일본 간의 간도 협약이 체결되었다. 24. 법원 9급 O | X

03 포츠머스 강화 조약 이후 일본은 독도를 불법 점령하였다. 24. 법원 9급 O | X

★ **04** 1차 한·일 협약 – 포츠머스 강화 조약 – 을사늑약 순서로 조약이 체결되었다. 24. 법원 9급 O | X

05 신미양요~갑오개혁 사이에 을사늑약이 체결되었다. 22. 국가 9급 O | X

★ **06** 을미사변~러·일 전쟁 사이 시기에 통감부가 설치되었다. 22. 지방 9급 O | X

07 을미사변~러·일 전쟁 사이 시기에 동양 척식 주식회사가 설립되었다. 22. 지방 9급 O | X

08 을미사변~러·일 전쟁 사이 시기에 임진왜란 때 소실된 경복궁이 중건되었다. 22. 지방 9급 O | X

★ **09** 을사조약은 헤이그 특사 사건 직후 일제의 강요로 체결되었다. 21. 지방 9급 O | X

10 을사조약에는 방곡령 시행 전에 미리 통보해야 한다는 합의가 실려 있다. 21. 지방 9급 O | X

Self Check

문항	○	×	틀린 이유
07	○	×	
08	○	×	
09	○	×	
01	○	×	
02	○	×	
03	○	×	
04	○	×	
05	○	×	
06	○	×	
07	○	×	
08	○	×	
09	○	×	
10	○	×	

오답 **확인하기**

03 포츠머스 강화 조약 이전인 1904년 러·일 전쟁 중의 일이다.
05 갑오개혁 이후인 1905년의 일이다.
06 러·일 전쟁 이후인 1906년의 일이다.
07 러·일 전쟁 이후인 1908년의 일이다.
08 을미사변 이전인 흥선 대원군 때의 일이다.
09 헤이그 특사 사건은 을사조약 체결 이후인 1907년의 일이다.
10 1883년에 체결된 개정 조·일 통상 장정에 대한 설명이다.

정답

07 O 08 O 09 O

01 O 02 O 03 X 04 O 05 X
06 X 07 X 08 X 09 X 10 X

제6막

★ **11** 을사조약에는 일본의 중재 없이 국제적 성격을 가진 조약을 체결할 수 없다는 내용이 담겨 있다. 21. 지방 9급 O | X

12 1차 한·일 협약의 영향을 받아 화폐 정리 사업이 추진되었다. 21. 경찰 1차 O | X

13 한·일 신협약의 영향을 받아 대한 제국의 군대가 해산되었다. 21. 경찰 1차 O | X

★ **14** 순종 재위 기간에 대한 제국의 외교권을 박탈하고 통감부를 설치하였다. 20. 지방 7급 O | X

★ **15** 한·일 신협약(정미 7조약) 이후 각 부의 차관에 일본인이 임명되어 이른바 차관 정치가 시작되었다. 19. 서울시 9급 O | X

16 한·일 신협약(정미 7조약) 이후 사법권과 경찰권을 빼앗겼다. 19. 서울시 9급 O | X

17 한·일 신협약 체결은 고종이 헤이그에 특사를 파견하는 계기가 되었다. 18. 지방 9급 O | X

18 한·일 신협약은 통감이 추천하는 일본인을 한국 관리에 임명한다는 내용을 담고 있다. 18. 지방 9급 O | X

19 [순서나열] 일본군이 인천항에 정박한 러시아 군함 2척을 공격 → 대한 제국 정부의 국외 중립 선언 → 일본군이 러시아에 선전포고 → 한·일 의정서 체결 18. 상반기 서울시 9급 O | X

★ **20** [순서나열] 일본인 메가타를 재정 고문으로, 미국인 스티븐스를 외교 고문으로 임명하도록 하였다. → 헤이그 특사 파견을 문제 삼아 고종 황제를 강제로 퇴위시켰다. → 통감이 추천한 일본인을 대한 제국의 관리로 임명하도록 하였다. → 대한 제국의 사법권을 빼앗고 감옥 사무를 장악하였다. 17. 국가 9급 O | X

21 한·일 의정서는 러·일 전쟁의 원활한 수행을 위해 일본이 대한 제국의 국외 중립 선언을 무시하고 체결하였다. 17. 경찰 2차 O | X

22 한·일 신협약에 따라 한국 고등 관리의 임면은 통감의 동의로써 이를 행할 것을 규정하였다. 17. 국가 9급 O | X

Self Check

문항	○	×	틀린 이유
11	○	×	
12	○	×	
13	○	×	
14	○	×	
15	○	×	
16	○	×	
17	○	×	
18	○	×	
19	○	×	
20	○	×	
21	○	×	
22	○	×	

오답 확인하기

14 순종 즉위 이전의 사실들이다. 1905년 을사조약이 체결됐으며, 1906년 통감부가 설치되었다. 순종은 다음해인 1907년에 즉위하였다.

17 을사조약에 대한 설명이다.

19 대한 제국 정부의 국외 중립 선언 → 일본군이 인천항에 정박한 러시아 군함 2척을 공격 → 일본군이 러시아에 선전포고 → 한·일 의정서 체결

정답

11 O 12 O 13 O 14 X 15 O
16 O 17 X 18 O 19 X 20 O
21 O 22 O

테마 11 항일 의병과 애국 계몽 운동 기출필수코드 28

01 신미양요~갑오개혁 사이에 정미의병이 발생하였다. 22. 국가 9급 O | X

02 안중근은 한인 애국단 소속이었다. 22. 지방 9급 O | X

★03 안중근은 「동양평화론」을 집필하였다. 22. 지방 9급 O | X

04 안중근은 연해주에서 의병 투쟁을 전개하였다. 22. 지방 9급 O | X

★05 정미의병은 고종이 해산 권고 조칙을 내리자 대부분 해산하였다. 21. 법원 9급 O | X

★06 정미의병은 13도 창의군을 결성하여 서울 진공 작전을 시도하였다. 21. 법원 9급 O | X

07 정미의병은 각국 영사관에 교전 단체로 인정해 줄 것을 요구하였다. 21. 법원 9급 O | X

★08 을사조약이 체결되자 신돌석 등 평민 출신 의병장이 활약하였다. 20. 국가 7급 O | X

09 신민회는 해외 독립운동 기지 건설에 앞장섰다. 20. 법원 9급 O | X

10 신민회는 고종이 퇴위당하자 의병 투쟁에 앞장섰다. 20. 법원 9급 O | X

★11 신민회는 입헌 군주제 수립을 목표로 활동하였다. 20. 법원 9급 O | X

12 신민회는 5적 암살단을 조직하였다. 20. 법원 9급 O | X

13 최익현은 의병을 이끌고 홍주성을 점령하였다. 18. 국가 7급 O | X

14 최익현은 대마도(쓰시마)로 압송된 후 순국하였다. 18. 국가 7급 O | X

15 [순서나열] 국모 시해와 단발령에 반발 → 평민 출신 의병장 신돌석이 의병 활동 시작 → '한·일 신협약'으로 해산된 군인들이 의병에 합류 → '남한 대토벌 작전' 이후 의병들이 간도와 연해주 등으로 이동 18. 경찰 2차 O | X

Self Check

문항	○	×	틀린 이유
01	○	×	
02	○	×	
03	○	×	
04	○	×	
05	○	×	
06	○	×	
07	○	×	
08	○	×	
09	○	×	
10	○	×	
11	○	×	
12	○	×	
13	○	×	
14	○	×	
15	○	×	

오답 확인하기

01 갑오개혁 이후인 1907년의 일이다.
02 한인 애국단은 안중근 사망 이후인 1931년에 조직되었다.
05 을미의병에 대한 설명이다.
10 대한 자강회에 대한 설명이다.
11 헌정 연구회에 대한 설명이다.
12 5적 암살단은 나철, 오기호 등이 친일 인사들을 습격할 목적으로 조직한 단체로, 신민회와는 관련이 없다.
13 민종식에 대한 설명이다.

정답

01 X 02 X 03 O 04 O 05 X
06 O 07 O 08 O 09 O 10 X
11 X 12 X 13 X 14 O 15 O

제6막

Self Check

문항	○	×	틀린 이유
16	○	×	
17	○	×	
18	○	×	
19	○	×	
20	○	×	
21	○	×	
22	○	×	
23	○	×	
24	○	×	
25	○	×	
26	○	×	
27	○	×	
28	○	×	
29	○	×	

16 대한 제국의 군대 해산 이후, 단발령의 실시로 위정척사 사상에 바탕을 둔 의병 운동이 시작되었다. 17. 국가 9급 O | X

17 정미의병 때 민종식 의병 부대가 홍주성을 점령하였다. 17. 교육행정 O | X

18 정미의병 때 13도 연합 의병이 결성되어 서울 진공 작전을 전개하였다. 17. 교육행정 O | X

19 신민회는 평양과 대구 등의 지역에 태극서관을 설립하였다. 16. 교육행정 O | X

★ **20** 신민회는 평양에 대성 학교, 정주에 오산 학교를 설립하였다. 16. 서울시 7급 O | X

21 신민회는 평양 근교에 자기(磁器) 회사를 설립·운영하기도 하였다. 16. 서울시 7급 O | X

22 신민회는 통감부가 설치된 직후에 정치 집회가 금지되면서 해산당했다. 16. 서울시 7급 O | X

★ **23** 대한 자강회는 만민 공동회를 개최하여 러시아의 침략 정책을 강력하게 규탄하였다. 15. 지방 9급 O | X

★ **24** 대한 자강회는 고종의 강제 퇴위 반대 운동을 전개하다가 일본의 탄압으로 해산되었다. 15. 지방 9급 O | X

25 대한 자강회는 일본의 황무지 개간에 대한 대중적인 반대 운동을 일으켜 이를 철회시키는 데 성공하였다. 15. 지방 9급 O | X

★ **26** 을미의병은 아관 파천 이후 고종의 해산 조칙을 계기로 대부분 해산하였다. 15. 지방 7급 O | X

27 을미의병은 일제의 강요로 군대가 해산되자 그에 반발하여 일어났다. 15. 지방 7급 O | X

★ **28** 을사조약에 반발하여 민종식, 최익현 등이 의병을 일으켰다. 15. 국가 7급 O | X

29 을사조약에 대하여 장지연은 논설 '시일야방성대곡'으로 비판하였다. 15. 국가 7급 O | X

오답 확인하기

16 을미의병에 대한 설명이다.
17 을사의병에 대한 설명이다.
22 신민회가 해체된 것은 1911년의 일이고, 통감부 설치는 1906년이기 때문에 시기상 적절하지 않다.
23 독립 협회에 대한 설명이다.
25 보안회에 대한 설명이다.
27 정미의병에 대한 설명이다.

정답

16 X 17 X 18 O 19 O 20 O
21 O 22 X 23 X 24 O 25 X
26 O 27 X 28 O 29 O

★ **30** 신민회의 국내 조직은 105인 사건으로 인하여 와해되었다. 15. 경찰 1차 O | X

31 민영환은 을사조약을 체결하자 이에 저항하여 자결하였다. 13. 국가 7급 O | X

★ **32** 정미의병은 고종이 퇴위하고 정미 7조약이 강요되는 계기가 되었다. 12. 지방 7급 O | X

★ **33** 정미의병은 해산된 군인의 합류로 전투력이 크게 향상되었다. 11. 지방 9급 O | X

34 정미의병 때 일본의 '남한 대토벌 작전'으로 인해 의병 투쟁은 크게 타격을 받았다. 11. 지방 9급 O | X

35 보안회는 일본이 황무지 개척을 구실로 토지를 약탈하려 하자 이를 철회시켰다. 11. 지방 7급 O | X

Self Check

문항	○	×	틀린 이유
30	○	×	
31	○	×	
32	○	×	
33	○	×	
34	○	×	
35	○	×	

제6막

오답 확인하기

32 정미의병의 계기가 된 사건은 정미 7조약 체결과 군대 해산이었다.

정답

30 O 31 O 32 X 33 O 34 O 35 O

02 근대의 경제 · 사회 · 문화

테마 1 근대 개항기의 경제 · 사회

기출필수코드 55

01 조 · 일 수호 조규~조 · 청 상민 수륙 무역 장정 시기 사이에 러시아가 압록강 유역의 산림 채벌권을 획득하였다. 23. 국가 9급 O | X

02 조 · 일 수호 조규~조 · 청 상민 수륙 무역 장정 시기 사이에 황국 중앙 총상회가 조직되어 상권 수호 운동을 전개하였다. 23. 국가 9급 O | X

03 국채 보상 운동 때 조선 형평사를 조직하였다. 23. 지방 9급 O | X

04 국채 보상 운동 때 조선 물산 장려회를 조직하였다. 23. 지방 9급 O | X

★ **05** 국채 보상 운동은 1907년 대구에서 시작되어 전국으로 확산되었다. 23. 지방 9급 O | X

06 여권통문의 발표를 계기로 찬양회가 조직되었다. 22. 서울 9급 O | X

07 여권통문은 교육 입국 조서 발표의 배경이 되었다. 22. 서울 9급 O | X

08 여권통문의 발표에 따라 한성 사범 학교가 설치되었다. 22. 서울 9급 O | X

★ **09** 화폐 정리 사업은 재정 고문 메가타의 주도로 시행되었다. 22. 소방직 O | X

10 화폐 정리 사업에 따라 전환국에서 새로운 화폐를 발행하게 되었다. 22. 소방직 O | X

11 화폐 정리 사업에 따라 일본 제일은행이 한국의 중앙은행 지위를 확보하게 되었다. 22. 소방직 O | X

12 근대 개항기, 개항장에서 조선인 객주가 중개 활동을 하였다. 21. 국가 9급 O | X

Self Check

문항	○	×	틀린 이유
01	○	×	
02	○	×	
03	○	×	
04	○	×	
05	○	×	
06	○	×	
07	○	×	
08	○	×	
09	○	×	
10	○	×	
11	○	×	
12	○	×	

오답 확인하기

01 1896년 2월 아관 파천 직후, 러시아는 압록강 유역의 산림 채벌권을 획득하였다.
02 조 · 청 상민 수륙 무역 장정 이후인 1898년의 일이다.
03 조선 형평사는 1923년에 조직된 단체로, 백정들의 평등한 대우를 요구하는 형평 운동을 전개하였다.
04 조선 물산 장려회는 1920년대 물산 장려 운동과 관련된 단체이다.
07 교육 입국 조서는 여권통문 발표 이전인 1895년에 발표되었기 때문에 시기상 적절치 못하다.
08 한성 사범 학교는 교육 입국 조서의 발표에 따라 설치되었다.
10 화폐 정리 사업이 추진됨에 따라 전환국은 폐지되었다.

정답

01 X 02 X 03 X 04 X 05 O
06 O 07 X 08 X 09 O 10 X
11 O 12 O

★ **13** 조·일 통상 장정의 개정으로 곡물 수출이 금지되기도 하였다.
21. 국가 9급 **O** | **X**

14 통감부 지배 시기에 백동화 및 엽전을 신화폐로 교환하는 화폐 정리 사업을 개시하였다.
20. 국가 7급 **O** | **X**

15 통감부 지배 시기에 일본 농민의 이주와 토지 수탈을 지원하고자 동양 척식 주식회사를 설립하였다.
20. 국가 7급 **O** | **X**

16 경부선은 군용 철도 명목으로 개통되었다.
20. 국가 7급 **O** | **X**

★ **17** 조·일 무역 규칙 체결과 개정 조·일 통상 장정 체결 사이의 시기에 메가타 재정 고문이 화폐 정리 사업을 시도하였다.
19. 지방 9급 **O** | **X**

18 조·일 무역 규칙 체결과 개정 조·일 통상 장정 체결 사이의 시기에 함경도 방곡령 사건으로 일본과 외교적 마찰이 일어났다.
19. 지방 9급 **O** | **X**

19 화폐 정리 사업은 한·일 신협약을 계기로 추진되었다.
19. 국가 7급 **O** | **X**

20 미국은 운산 금광 채굴권을 차지하였다.
19. 서울시 9급 **O** | **X**

21 농광 회사는 황무지 개간권 요구에 대응하여 설립된 특허 회사였다.
18. 국가 9급 **O** | **X**

22 국채 보상 운동은 보안회가 주도하였다.
16. 사회복지 **O** | **X**

★ **23** 국채 보상 운동은 총독부의 탄압과 방해로 실패하였다.
16. 사회복지 **O** | **X**

24 국채 보상 운동은 '내 살림 내 것으로', '조선 사람 조선 것' 등의 표어를 내걸었다.
16. 사회복지 **O** | **X**

25 황국 중앙 총상회를 조직한 시전 상인들은 경제적 특권 회복을 요구하였다.
14. 사회복지 **O** | **X**

26 국채 보상 운동은 한·일 신협약에 따라 중지되었다.
14. 국가 7급 **O** | **X**

27 국채 보상 운동 당시 서울에서는 국채 보상 기성회가 발족되었다.
14. 국가 7급 **O** | **X**

Self Check ☑

문항	○	×	틀린 이유
13	○	×	
14	○	×	
15	○	×	
16	○	×	
17	○	×	
18	○	×	
19	○	×	
20	○	×	
21	○	×	
22	○	×	
23	○	×	
24	○	×	
25	○	×	
26	○	×	
27	○	×	

오답 확인하기

14 화폐 정리 사업은 통감부 설치 이전인 1905년에 실시되었다.
17 1905년의 일이다.
18 함경도 방곡령 사건은 1889년에 일어났다.
19 한·일 신협약은 1907년에 체결되었기 때문에 시기상 맞지 않는 설명이다.
22 보안회는 국채 보상 운동이 일어나기 전에 협동회로 개편되었다.
23 통감부의 탄압과 방해로 실패하였다.
24 물산 장려 운동에 대한 설명이다.
26 한·일 신협약에 따라 중지된 것이 아니라 통감부의 탄압으로 중단되었다.

정답

13 O 14 X 15 O 16 O 17 X
18 X 19 X 20 O 21 O 22 X
23 X 24 X 25 O 26 X 27 O

Self Check

문항	○	×	틀린 이유
28	○	×	
29	○	×	
30	○	×	
31	○	×	
01	○	×	
02	○	×	
03	○	×	
04	○	×	
05	○	×	
06	○	×	
07	○	×	
08	○	×	
09	○	×	

28 국채 보상 운동 당시 2,000만 조선인의 금연 및 금주 운동이 전개되었다.
14. 국가 7급 O | X

★ **29** 국채 보상 운동은 언론 기관인 대한매일신보사와 황성신문사가 지원하였다.
14. 국가 7급 O | X

30 화폐 정리 사업으로 일본 제일은행이 중앙은행의 역할을 하게 되었다.
13. 국가 9급 O | X

★ **31** 화폐 정리 사업은 액면가대로 바꾸어 주는 화폐 교환 방식을 따랐다.
13. 국가 9급 O | X

테마 2 근대 개항기의 문화

기출필수코드 56

01 장지연은 『한성순보』를 창간하였다. 24. 국가 9급 O | X

02 장지연은 『한국통사』를 저술하였다. 24. 국가 9급 O | X

★ **03** 장지연은 「독사신론」을 발표하였다. 24. 국가 9급 O | X

04 장지연은 『황성신문』의 주필을 역임하였다. 24. 국가 9급 O | X

★ **05** 『독립신문』은 한글판을 발행하여 서양의 문물과 제도를 소개했으며, 영문판을 발행하여 국내 사정을 외국인에게도 전달하였다. 23. 지방 9급 O | X

06 경부선의 부설을 위하여 한성 전기 회사가 설립되었다. 20. 국가 7급 O | X

07 한성순보의 창간 이전 시기에는 국내외 정보를 제공한 독립신문이 서재필에 의해 발간되었다. 20. 지방 7급 O | X

08 [순서나열] 경의선 철도 개통 → 경부선 철도 개통 → 국채 보상 운동 전개 → 신채호의 「독사신론」 발표 → 덕수궁 석조전 완성 19. 경찰간부 O | X

★ **09** 1883년 박문국이 설립되어 『한성순보』를 발간하기 시작하였다.
19. 경찰 1차 O | X

오답 **확인하기**

31 액면가를 무시하고 동전의 질에 따라 교환해주었다.

01 『한성순보』는 박문국에서 간행하였다.
02 박은식에 대한 설명이다.
03 신채호에 대한 설명이다.
06 경부선이 아니라 전차에 대한 설명이다.
07 한성순보 창간 이후인 1896년의 일이다.
08 경부선 철도 개통 → 경의선 철도 개통 → 국채 보상 운동 전개 → 신채호의 「독사신론」 발표 → 덕수궁 석조전 완성

정답

28 O 29 O 30 O 31 X

01 X 02 X 03 X 04 O 05 O
06 X 07 X 08 X 09 O

10 1883년 전환국이 설립되어 당오전을 발행하였다. 19. 경찰 1차 O | X

★ **11** 1883년 우리나라 최초의 근대적 사립 학교인 원산 학사가 설립되었다. 19. 경찰 1차 O | X

★ **12** 1883년 우리나라 최초의 철도인 경인선이 개통되었다. 19. 경찰 1차 O | X

13 덕수궁 석조전은 서양 고딕 양식의 건물이다. 18. 지방 9급 O | X

14 신채호는 이순신, 을지문덕 등 위인의 전기를 써 민족 의식을 고취하였다. 18. 국가 7급 O | X

15 정부는 외국어 교육 기관으로 동문학을 설립하였다. 18. 지방 7급 O | X

16 배재 학당은 선교사 아펜젤러가 서울에 설립한 사립 학교이다. 18. 서울시 9급 O | X

17 원산 학사는 함경도 덕원 주민들이 기금을 조성하여 설립한 학교이다. 18. 서울시 9급 O | X

★ **18** 한성순보는 우리나라 최초의 신문으로 1883년 창간되었으며, 한문체로 발간된 관보의 성격을 띠었다. 17. 서울시 사복 O | X

19 임오군란~갑오개혁 사이의 시기에 최초의 근대식 병원인 광혜원이 설립되었다. 17. 법원 9급 O | X

20 육영 공원은 관민이 합심하여 설립하였다. 17. 법원 9급 O | X

21 육영 공원은 좌원과 우원의 두 반으로 편성되었다. 17. 법원 9급 O | X

22 육영 공원은 근대식 사관 양성을 목적으로 하였다. 17. 법원 9급 O | X

23 국문 연구소가 만들어져 주시경과 지석영 등의 주도로 국문의 정리가 확립되기 시작하였다. 17. 경기 북부 여경 O | X

24 황성신문은 언론 검열을 피하기 위해 영국인 베델을 발행인으로 초빙하였다. 16. 사회복지 O | X

25 황성신문은 남궁억이 창간한 국한문 혼용체의 신문으로 민족 의식을 고취하였다. 16. 사회복지 O | X

Self Check

문항	○	×	틀린 이유
10	○	×	
11	○	×	
12	○	×	
13	○	×	
14	○	×	
15	○	×	
16	○	×	
17	○	×	
18	○	×	
19	○	×	
20	○	×	
21	○	×	
22	○	×	
23	○	×	
24	○	×	
25	○	×	

오답 확인하기

12 1899년의 일이다.
13 덕수궁 석조전은 르네상스 건축 양식으로 지어졌다.
20 원산 학사(1883)에 대한 설명이다.
22 연무 공원(1888)에 대한 설명이다.
24 대한매일신보에 대한 설명이다.

정답

10 O 11 O 12 X 13 X 14 O
15 O 16 O 17 O 18 O 19 O
20 X 21 O 22 X 23 O 24 X
25 O

Self Check ☑

문항	○	×	틀린 이유
26	○	×	
27	○	×	
28	○	×	
29	○	×	
30	○	×	
31	○	×	
32	○	×	
33	○	×	
34	○	×	
35	○	×	
36	○	×	
37	○	×	
38	○	×	
39	○	×	

26 아관 파천 기간에 대한 천일 은행에서 근무하는 은행원을 볼 수 있었다.
16. 지방 7급 O | X

27 아관 파천 기간에 백동화를 주조하는 주전관을 볼 수 있었다.
16. 지방 7급 O | X

28 대한매일신보는 영국인 베델과 양기탁에 의하여 설립되었고 국채 보상 운동에도 앞장섰다. 16. 경찰 1차 O | X

29 일본은 1909년 신문지법을 제정하여 언론에 대한 탄압을 강화하였다.
16. 경찰 1차 O | X

30 대한 제국 시기에 전등이 켜진 경복궁을 볼 수 있었다. 15. 국가 7급 O | X

★ **31** 대한 제국 시기에 한성순보를 읽는 관리를 볼 수 있었다. 15. 국가 7급 O | X

32 대한 제국 시기에 종로 일대를 달리는 전차를 볼 수 있었다. 15. 국가 7급 O | X

★ **33** 박은식은 실천적인 새로운 유교 정신을 강조하는 유교구신론을 주장하였다.
14. 지방 9급 O | X

34 박은식은 양명학을 토대로 대동 사상을 주창하였다. 13. 서울시 9급 O | X

★ **35** 박은식은 「독사신론」을 통해 역사학의 방향을 제시하였다. 13. 서울시 9급 O | X

36 순한글로 간행된 제국신문은 창간 이듬해 이인직이 인수하여 친일지로 개편되었다. 13. 서울시 9급 O | X

37 지석영은 서양 의학의 성과를 토대로 서구의 종두법을 최초로 소개하였다.
12. 국가 9급 O | X

38 대한매일신보에 고종은 을사조약의 부당성을 폭로하는 친서를 발표하였다.
11. 국가 9급 O | X

39 손병희는 일진회가 동학 조직을 흡수하려 하자, 천도교를 창설하고 정통성을 지키려 하였다. 11. 국가 9급 O | X

오답 **확인하기**

26 대한 천일 은행은 1899년에 설립되었다.
29 신문지법은 1907년에 제정되었다.
31 한성순보는 대한 제국 성립 이전인 1884년에 폐간되었다.
35 신채호에 대한 설명이다.
36 만세보에 대한 설명이다.
37 정약용에 대한 설명이다.

정답

26 X 27 O 28 O 29 X 30 O
31 X 32 O 33 O 34 O 35 X
36 X 37 X 38 O 39 O

일제의 침략과 민족의 독립운동

01 일제 강점기의 정치

테마 1 식민 통치 체제의 구축

기출필수코드 29

★ **01** 1차 조선 교육령 발표와 2차 조선 교육령 발표 사이에 경성 제국 대학이 설립되었다.
24. 국가 9급 O | X

02 1차 조선 교육령 발표와 2차 조선 교육령 발표 사이에 근대 교육 기관인 육영 공원이 설립되었다.
24. 국가 9급 O | X

03 1차 조선 교육령 발표와 2차 조선 교육령 발표 사이에 보안회의 주도로 일본의 황무지 개간권 반대 운동이 일어났다.
24. 국가 9급 O | X

★ **04** 회사령이 시행되던 시기에 국민학교에 등교하는 학생의 모습을 볼 수 있었다.
24. 법원 9급 O | X

05 회사령이 시행되던 시기에 대한 광복회를 체포하려는 헌병 경찰의 모습을 볼 수 있었다.
24. 법원 9급 O | X

06 회사령이 시행되던 시기에 치안 유지법에 의해 구금되는 독립운동가의 모습을 볼 수 있었다.
24. 법원 9급 O | X

07 만주 사변 발생~태평양 전쟁 발발 사이에 소학교에 등교하는 조선인 학생을 볼 수 있다.
23. 국가 9급 O | X

★ **08** 만주 사변 발생~태평양 전쟁 발발 사이에 황국 신민 서사를 암송하는 청년을 볼 수 있다.
23. 국가 9급 O | X

09 1910년대 무단 통치 시기에 보통학교 수업 연한을 4년으로 정한 조선 교육령이 공포되었다.
23. 국가 9급 O | X

★ **10** 무단 통치 시기에 창씨개명 조치가 시행되었다.
22. 국가 9급 O | X

11 무단 통치 시기에 초등 교육 기관의 명칭이 국민학교로 변경되었다.
22. 국가 9급 O | X

Self Check

문항	○	×	틀린 이유
01	○	×	
02	○	×	
03	○	×	
04	○	×	
05	○	×	
06	○	×	
07	○	×	
08	○	×	
09	○	×	
10	○	×	
11	○	×	

오답 확인하기

01 2차 조선 교육령 발표 이후에 경성 제국 대학이 설립되었다.
02 1차 조선 교육령 발표 이전에 육영 공원이 설립되었다.
03 1차 조선 교육령 발표 이전에 보안회의 황무지 개간권 반대 운동이 일어났다.
04 1940년대 이후의 사회 모습으로, 회사령 폐지 이후의 일이다.
06 회사령 폐지 이후 1925년부터의 사회 모습이다.
10 1930년대 중·일 전쟁 이후에 실시된 민족 말살 통치 시기에 대한 설명이다.
11 일제는 1941년 국민학교령을 제정하여 심상소학교의 명칭을 '황국 신민 학교'의 줄임말인 '국민학교'로 개칭하였다.

정답

01 X 02 X 03 X 04 X 05 O
06 X 07 O 08 O 09 O 10 X
11 X

12 국가 총동원법을 한국에 적용한 이후, 일제는 헌병 경찰 제도를 실시하였다.
22. 서울 9급 O | X

13 중·일 전쟁 이후 조선 총독부는 아침마다 궁성 요배를 강요하였다.
21. 국가 9급 O | X

14 중·일 전쟁 이후 조선 총독부는 황국 신민 의식을 강화하고자 소학교를 국민 학교로 개칭하였다.
21. 국가 9급 O | X

15 국가 총동원법이 제정된 이후에 조선 사상범 예방 구금령이 제정·공포되었다.
21. 법원 9급 O | X

16 2차 조선 교육령이 시행되던 시기에 사립학교령이 공포되었다.
21. 경찰 1차 O | X

17 2차 조선 교육령이 시행되던 시기에 조선어가 선택 과목이 되었다.
21. 경찰 1차 O | X

★ **18** 치안 유지법이 시행되던 시기에 조선 태형령이 공포되었다. 20. 국가 9급 O | X

19 치안 유지법이 시행되던 시기에 경성 제국 대학이 설립되었다.
20. 국가 9급 O | X

20 회사령이 시행되던 시기에 경성 제국 대학이 설립되었다. 19. 국가 7급 O | X

★ **21** 회사령이 시행되던 시기에 경찰범 처벌 규칙이 제정되었다. 19. 국가 7급 O | X

22 회사령이 시행되던 시기에 학교에서 조선어 사용이 금지되었다.
19. 국가 7급 O | X

23 조선 총독은 일본 천황에 직속되어 한반도에 대한 입법·사법·행정권을 장악하였다.
19. 상반기 서울시 9급 O | X

24 문화 통치 시기에 헌병 경찰제가 보통 경찰제로 전환되면서 경찰의 수가 증가하였다.
18. 지방 7급 O | X

★ **25** 문화 통치 시기에 치안 유지법을 제정하여 사상을 통제하고 사회 운동을 탄압하였다.
18. 지방 7급 O | X

Self Check

문항	O	×	틀린 이유
12	O	×	
13	O	×	
14	O	×	
15	O	×	
16	O	×	
17	O	×	
18	O	×	
19	O	×	
20	O	×	
21	O	×	
22	O	×	
23	O	×	
24	O	×	
25	O	×	

제7막

오답 확인하기

12 일제가 헌병 경찰 제도를 실시한 것은 1910년대 무단 통치 시기의 일이다.
16 2차 조선 교육령 시행 이전인 1908년의 일이다.
17 3차 조선 교육령 시행 시기의 일이다.
18 치안 유지법 제정 이전인 1912년의 일이다.
19 치안 유지법 제정 이전인 1924년의 일이다.
20 회사령 폐지 이후인 1924년의 일이다.
22 1943년에 제정된 4차 조선 교육령 시기의 일로 회사령 폐지 이후이다.

정답

12 X 13 O 14 O 15 O 16 X
17 X 18 X 19 X 20 X 21 O
22 X 23 O 24 O 25 O

26 문화 통치 시기에 문관도 총독으로 임명될 수 있도록 하였으나 무관 총독만이 부임하였다. 18. 지방 7급 O | X

27 1910년대 일제는 총독의 자문 기관인 중추원 관제를 공포하였다. 17. 하반기 국가 7급 O | X

28 1910년대 일제는 계몽 운동을 주도한 황성신문을 폐간하였다. 17. 하반기 국가 7급 O | X

29 국가 총동원령 공포 이후 마을에 애국반을 편성하여 일상 생활을 통제하였다. 15. 지방 9급 O | X

30 무단 통치 시기 제1차 조선 교육령이 공포되었다. 15. 서울시 7급 O | X

31 문화 통치 시기 조선 총독부는 조선인 계통의 신문인 조선일보, 동아일보의 발행을 허가하였다. 14. 국가 7급 O | X

32 문화 통치 시기 조선 총독부는 친일파 양성을 위해 도 평의회와 부·면 협의회를 만들었다. 14. 국가 7급 O | X

★33 중·일 전쟁 이후 일제는 헌병 경찰이 칼을 차고 민간의 치안 및 행정 업무를 처리하도록 하였다. 13. 지방 9급 O | X

34 1910년대 조선인에 한해 태형령이 적용되었다. 13. 서울시 7급 O | X

테마 2 일제의 경제 수탈

기출필수코드 29

★01 회사령이 시행되던 시기에 농촌 진흥 운동을 홍보하는 조선 총독부 직원의 모습을 볼 수 있었다. 24. 법원 9급 O | X

02 1910년대 무단 통치 시기에 산미 증식 계획이 폐지되었다. 23. 국가 9급 O | X

★03 1910년대 무단 통치 시기에 국가 총동원법이 제정되었다. 23. 국가 9급 O | X

04 1910년대 무단 통치 시기에 원료 확보를 위해 남면북양 정책이 추진되었다. 23. 국가 9급 O | X

Self Check

문항	○	×	틀린 이유
26	○	×	
27	○	×	
28	○	×	
29	○	×	
30	○	×	
31	○	×	
32	○	×	
33	○	×	
34	○	×	
01	○	×	
02	○	×	
03	○	×	
04	○	×	

오답 확인하기

33 1910년대의 일이다.

01 농촌 진흥 운동은 회사령 폐지 이후인 1932년부터 1940년까지 추진되었다.

02 일제는 1920년부터 산미 증식 계획을 실시했으나, 1934년 일본의 농민들을 보호하기 위해 산미 증식 계획을 중단하였다.

03 국가 총동원법은 민족 말살 통치 시기인 1938년에 제정되었다.

04 일제는 1930년대부터 공업 원료의 수탈을 목적으로 남면북양 정책을 추진하였다.

정답

26 O 27 O 28 O 29 O 30 O
31 O 32 O 33 X 34 O

01 X 02 X 03 X 04 X

★05 무단 통치 시기에 토지 조사령이 공포되었다. 22. 국가 9급 O | X

06 국가 총동원법을 한국에 적용한 이후, 일제는 국민 징용령을 공포하였다. 22. 서울 9급 O | X

07 국가 총동원법을 한국에 적용한 이후, 일제는 여자 근로 정신령을 만들었다. 22. 서울 9급 O | X

08 국가 총동원법을 한국에 적용한 이후, 일제는 학도 지원병제와 징병제를 시행하였다. 22. 서울 9급 O | X

★09 토지 조사 사업에 따라 역둔토, 궁장토를 총독부 소유로 만들었다. 21. 국가 9급 O | X

10 토지 조사 사업에 따라 토지 약탈을 위해 동양 척식 회사를 설립하였다. 21. 국가 9급 O | X

11 토지 조사 사업은 춘궁 퇴치, 농가 부채 근절을 목표로 내세웠다. 21. 국가 9급 O | X

12 토지 조사 사업의 결과, 조선 총독부의 지세 수입이 증가하였다. 21. 소방직 O | X

13 토지 조사 사업의 결과, 토지 소유권을 인정하는 증명서로 지계를 발급하였다. 21. 소방직 O | X

14 치안 유지법이 시행되던 시기에 학도 지원병 제도가 실시되었다. 20. 국가 9급 O | X

★15 중·일 전쟁 발발~한국 광복군 창설 사이의 시기에 국가 총동원법이 제정되었다. 20. 지방 7급 O | X

★16 회사령이 시행되던 시기에 일본 상품에 대한 관세가 철폐되었다. 19. 국가 7급 O | X

★17 토지 조사 사업에 따라 농민의 관습적 경작권이 인정되었다. 19. 법원 9급 O | X

18 토지 조사 사업의 결과 기한부 계약에 의한 소작인이 증가했다. 19. 법원 9급 O | X

Self Check

문항	○	×	틀린 이유
05	○	×	
06	○	×	
07	○	×	
08	○	×	
09	○	×	
10	○	×	
11	○	×	
12	○	×	
13	○	×	
14	○	×	
15	○	×	
16	○	×	
17	○	×	
18	○	×	

제7막

오답 확인하기

10 토지 조사 사업 실시 이전인 1908년의 일이다.
11 농촌 진흥 운동에 대한 설명이다.
13 지계는 대한 제국 때 발급한 증명서이다.
16 1923년의 일이다.
17 토지 조사 사업에 따라 농민의 관습적 경작권 등은 인정되지 않았고, 지주의 소유권만 인정되었다.

정답

05 O 06 O 07 O 08 O 09 O
10 X 11 X 12 O 13 X 14 O
15 O 16 X 17 X 18 O

Self Check ☑

문항	○	×	틀린 이유
19	○	×	
20	○	×	
21	○	×	
22	○	×	
23	○	×	
24	○	×	
25	○	×	
26	○	×	
27	○	×	
28	○	×	
29	○	×	
30	○	×	
31	○	×	

19 토지 조사 사업은 지세를 안정적으로 확보하기 위해 시행되었다.
19. 법원 9급 O | X

★ **20** 국가 총동원법에 근거하여 국민 징용령을 공포하여 강제적인 노무 동원을 실시하였다.
18. 국가 9급 O | X

21 국가 총동원법에 근거하여 금속류 회수령을 제정하여 주요 군수 물자를 공출하였다.
18. 국가 9급 O | X

22 국가 총동원법에 근거하여 육군 특별 지원병령을 제정하여 지원병을 선발하였다.
18. 국가 9급 O | X

23 국가 총동원법에 근거하여 물자 통제령을 공포하여 배급제를 확대하였다.
18. 국가 9급 O | X

24 국가 총동원법은 일제가 태평양 전쟁을 일으킨 이후 제정하였다.
17. 하반기 국가 9급 O | X

25 1910년대 일제는 일본인 업자에 특혜를 준 연초 전매령을 공포하였다.
17. 하반기 국가 7급 O | X

26 1910년대 일제는 농공 은행을 조선 식산 은행으로 개편하였다.
17. 하반기 국가 7급 O | X

27 1920년대 여자 정신 근로령을 발표하였다.
17. 교육행정 O | X

★ **28** 1920년대에 식민 통치 비용을 확보하고자 토지 조사 사업에 착수하였다.
17. 교육행정 O | X

29 토지 조사령에 따르면 토지와 임야를 함께 조사하도록 하였다.
16. 국가 9급 O | X

30 토지 조사령에 따르면 토지 등급은 물론 지적, 결수, 지목 등을 신고하도록 하였다.
16. 국가 9급 O | X

31 토지 조사령에 따라 토지 소유를 증명하는 토지 가옥 증명 규칙과 시행 세칙이 공포되었다.
16. 국가 9급 O | X

오답 확인하기

22 육군 특별 지원병령은 국가 총동원법 시행 이전인 1938년 2월에 공포되었다.
24 국가 총동원법은 태평양 전쟁 발발 이전에 제정되었다.
25 일제는 1921년 연초 전매령을 공포하였다.
27 여자 정신 근로령은 1944년에 실시되었다.
28 토지 조사 사업은 1910년대에 실시되었다.
29 토지 조사 사업에서는 임야를 함께 조사하지는 않았다.
31 토지 가옥 증명 규칙은 1906년에 공포되었다.

정답

19 O 20 O 21 O 22 X 23 O
24 X 25 X 26 O 27 X 28 X
29 X 30 O 31 X

★ **32** 무단 통치 시기 조선 총독부는 회사령을 공포하여 회사를 설립할 때 총독의 허가를 받도록 하였다. 16. 지방 7급 O | X

33 토지 조사 사업에서 소유권 분쟁을 인정하지 않아 분쟁은 발생하지 않았다. 16. 서울시 9급 O | X

34 일제는 군 인력 보충을 위해 처음에 '징병 제도'를 실시했으나 이후에는 '지원병 제도'로 바꾸었다. 16. 사회복지 O | X

35 1920년대 조선 광업령을 공포하여 광업권에 대한 허가제를 실시하였다. 16. 경찰 2차 O | X

36 산미 증식 계획은 춘궁 퇴치, 자력갱생 등을 내세웠다. 15. 지방 9급 O | X

37 산미 증식 계획은 공업화로 인한 일본의 식량 부족 문제를 해결하고자 실시하였다. 15. 지방 9급 O | X

★ **38** 산미 증식 계획의 결과 쌀 생산량의 증가보다 일본으로의 수출량 증가가 두드러졌다. 15. 서울시 9급 O | X

39 여성도 근로 보국대라는 이름으로 동원하여 노동력을 착취하였다. 14. 지방 7급 O | X

40 중·일 전쟁 이후 일제는 공출 제도를 강화하여 놋그릇, 농기구까지 수탈하였다. 13. 지방 9급 O | X

41 중·일 전쟁 이후 미곡 증산을 위해 흥남 질소 비료 공장을 설립하였다. 13. 국가 7급 O | X

42 태평양 전쟁 이후 징병제를 실시하여 조선인 청년을 국내외로 동원하였다. 13. 국가 7급 O | X

43 1920년대 일본 자본의 조선 진출 요구가 커지자, 조선 총독부는 회사의 설립과 해산을 신고제에서 허가제로 강화하였다. 12. 국가 7급 O | X

44 토지 조사 사업에서 국유지는 동양 척식 회사 등을 통해 일본인에게 불하되었다. 12. 지방 7급 O | X

Self Check

문항	O	×	틀린 이유
32	O	×	
33	O	×	
34	O	×	
35	O	×	
36	O	×	
37	O	×	
38	O	×	
39	O	×	
40	O	×	
41	O	×	
42	O	×	
43	O	×	
44	O	×	

오답 확인하기

33 토지 조사 사업이 추진됨에 따라 다수의 분쟁이 발생하였다.
34 일제는 '지원병제'를 먼저 실시하였고, 이후 '징병제'를 도입하였다.
35 1910년대의 일이다.
36 농촌 진흥 운동에 대한 설명이다.
41 중·일 전쟁은 1937년, 흥남 질소 비료 공장 설립은 1927년의 일이다.
43 회사 설립을 '허가제'에서 '신고제'로 완화하였다.

정답

32 O 33 X 34 X 35 X 36 X 37 O 38 O 39 O 40 O 41 X 42 O 43 X 44 O

Self Check ☑

문항	○	×	틀린 이유
45	○	×	
46	○	×	
47	○	×	
48	○	×	
01	○	×	
02	○	×	
03	○	×	
04	○	×	
05	○	×	
06	○	×	
07	○	×	
08	○	×	

45 [순서나열] 토지의 소유권과 가격에 대한 대대적인 조사를 진행하였다. → 회사령을 철폐하여 일본 자본이 조선에 자유롭게 유입될 수 있게 하였다. → 농촌 경제의 안정화를 명분으로 농촌 진흥 운동을 전개하였다. → 학도 지원병 제도를 강행하여 학생들을 전쟁터로 내몰았다. 11. 국가 9급 O | X

★ **46** 일제는 1910년 토지 조사국을 설치하고 1912년 토지 조사령을 공포하였다. 11. 지방 9급 O | X

47 토지 조사 사업은 전국의 토지를 측량하여 소유권 및 지적(地籍)을 확정한다는 명분으로 실시하였다. 11. 지방 9급 O | X

48 토지 조사 사업으로 명의상의 주인을 내세우기 어려운 동중·문중 토지의 상당 부분이 국유지에 편입되었다. 11. 국가 7급 O | X

테마 3 3·1 운동과 대한민국 임시 정부

기출필수코드31 기출필수코드32

★ **01** [순서나열] 국민 대표 회의 개최 → 한인 애국단 창설 → 한국 광복군 창설 → 주석·부주석제로 개헌 24. 국가 9급 O | X

02 1차 조선 교육령 발표와 2차 조선 교육령 발표 사이에 일본에서 2·8 독립 선언서가 발표되었다. 24. 국가 9급 O | X

★ **03** 임시 정부는 충칭에서 정규군인 한국 광복군을 창설하였다. 24. 법원 9급 O | X

04 임시 정부는 1941년 일제에 대일 선전 성명서를 발표하였다. 24. 법원 9급 O | X

05 임시 정부는 조선 의용대 화북 지대를 조선 의용군으로 개편하였다. 24. 법원 9급 O | X

06 임시 정부에는 민족 혁명당과 사회주의 계열 단체 인사가 합류하였다. 24. 법원 9급 O | X

07 대한민국 임시 정부는 독립 공채를 발행하였다. 23. 국가 9급 O | X

08 대한민국 임시 정부는 기관지로 『독립신문』을 발간하였다. 23. 국가 9급 O | X

오답 확인하기

05 화북 조선 독립 동맹에 대한 설명이다.

정답

45 O 46 O 47 O 48 O

01 O 02 O 03 O 04 O 05 X
06 O 07 O 08 O

★09 대한민국 임시 정부는 비밀 행정 조직인 연통부를 설치하였다.
23. 국가 9급 O | X

10 대한민국 임시 정부는 재정 확보를 위하여 전환국을 설립하였다.
23. 국가 9급 O | X

★11 임시 정부는 외교 운동을 위해 미국에 구미 위원부를 설치하였다.
22. 국가 9급 O | X

12 임시 정부는 비밀 결사 운동을 추진하고자 독립 의군부를 만들었다.
22. 국가 9급 O | X

13 임시 정부는 이인영, 허위 등을 중심으로 서울 진공 작전을 추진하였다.
22. 국가 9급 O | X

14 임시 정부는 영국인 베델을 발행인으로 한 대한매일신보를 창간하였다.
22. 국가 9급 O | X

15 박은식은 대한민국 임시 정부의 2대 대통령을 역임하였다. 22. 서울 9급 O | X

16 국민 대표 회의에서 임시 정부를 대체할 새로운 조직을 만들자는 주장이 나왔다.
21. 국가 9급 O | X

17 임시 정부는 대동단결 선언을 발표하였다. 21. 지방 9급 O | X

★18 임시 정부는 국내와의 연락을 위해 교통국을 두었다. 21. 지방 9급 O | X

19 임시 정부는 독립군을 양성하기 위해 신흥 무관 학교를 설립하였다.
21. 지방 9급 O | X

20 임시 정부는 조선 혁명 선언을 강령으로 삼아 의열 투쟁을 전개하였다.
21. 지방 9급 O | X

21 국민 대표 회의 이후 임시 정부는 헌법을 고쳐 대통령 중심의 집단 지도 체제로 전환하였다. 21. 법원 9급 O | X

22 대일 선전 포고를 발표한 이후에 대한민국 임시 정부는 김구를 주석으로 하는 단일 지도 체제를 만들고 대한민국 건국 강령을 제정하였다.
20. 국가 9급 O | X

Self Check ☑

문항	○	×	틀린 이유
09	○	×	
10	○	×	
11	○	×	
12	○	×	
13	○	×	
14	○	×	
15	○	×	
16	○	×	
17	○	×	
18	○	×	
19	○	×	
20	○	×	
21	○	×	
22	○	×	

제7막

오답 확인하기

10 화폐 주조 기관인 전환국이 설치된 것은 근대 시기인 1883년의 일이다.

12 독립 의군부는 임시 정부가 수립되기 이전인 1912년에 국내에서 결성된 단체이다.

13 서울 진공 작전은 정미의병 때인 1908년에 추진되었다.

14 대한매일신보가 창간된 것은 근대 시기인 1904년의 일이다.

17 임시 정부가 수립되기 이전인 1917년의 일이다.

19 이회영·이시영 등 신민회 회원들에 대한 설명이다.

20 의열단에 대한 설명이다.

21 임시 정부는 1925년 지도 체제를 개편하여 대통령 중심제에서 국무령 중심의 내각 책임제로 바꾸었다.

22 대일 선전 포고는 1941년 12월에 발표되었고, 대한민국 건국 강령은 그 직전인 1941년 11월에 발표되었다.

정답

09 O 10 X 11 O 12 X 13 X
14 X 15 O 16 O 17 X 18 O
19 X 20 X 21 X 22 X

Self Check ☑

문항	○	×	틀린 이유
23	○	×	
24	○	×	
25	○	×	
26	○	×	
27	○	×	
28	○	×	
29	○	×	
30	○	×	
31	○	×	
32	○	×	
33	○	×	
34	○	×	

23 김구는 상해 임시 정부의 초대 경무국장으로 활동하였다. 20. 경찰 2차 O | X

24 대한민국 임시 정부는 이승만을 대통령, 이시영을 부통령으로 선출하였다. 19. 지방 9급 O | X

25 대한민국 임시 정부는 자유시 참변을 겪고 러시아 적군에 무장 해제를 당하였다. 19. 지방 9급 O | X

★ **26** 대한민국 임시 정부는 미군 전략 정보국(OSS) 지원 아래 국내 진공 작전을 준비하였다. 19. 지방 9급 O | X

27 2·8 독립 선언 발표와 6·10 만세 운동 발발 사이에 상하이에서 대한민국 임시 정부가 수립되었다. 19. 국가 7급 O | X

28 임시 정부는 화북 지방에서 조선 의용군을 결성하여 일제에 저항하였다. 19. 법원 9급 O | X

29 기미 독립 선언문의 본문은 최남선이 작성하고 공약 3장은 한용운이 작성하였다. 19. 경찰간부 O | X

★ **30** 3·1 운동은 제1차 세계 대전 승전국의 식민지에서 일어난 최초의 반제 민족 운동이다. 19. 경찰 1차 O | X

31 1940년대 임시 정부는 의열 활동을 위해 한인 애국단을 결성하였다. 18. 국가 7급 O | X

32 1940년대 임시 정부는 삼균주의를 바탕으로 한 건국 강령을 발표하였다. 18. 국가 7급 O | X

★ **33** 국민 대표 회의에서 창조파와 개조파 등의 주장이 대립되었다. 17. 국가 9급 O | X

34 [순서나열] 임시 정부는 중국 국민당 정부를 따라 충칭으로 이동하였다. → 임시 정부는 조소앙의 삼균주의를 기초로 하는 대한민국 건국 강령을 발표하였다. → 임시 정부는 김원봉이 이끄는 조선 의용대를 한국 광복군에 편입하였다. → 임시 정부는 부주석제를 신설하여 김규식을 부주석으로 하였다. 17. 국가 7급 O | X

오답 **확인하기**

24 1948년에 구성된 제헌 국회에서 이승만을 대통령, 이시영을 부통령으로 선출하였다.
25 대한 독립군단 등에 대한 설명이다.
28 화북 조선 독립 동맹에 대한 설명이다.
31 한인 애국단은 1931년에 결성되었다.

정답

23 O 24 X 25 X 26 O 27 O 28 X 29 O 30 O 31 X 32 O 33 O 34 O

35 대한민국 임시 정부는 1919년 파리 강화 회의에 대표를 파견하는 등 외교 활동을 전개하였다. 17. 지방 7급 O | X

★ **36** 대한민국 임시 정부는 국내 항일 세력들과 연락하기 위해 연통제를 운영하였다. 17. 서울시 9급 O | X

37 대한민국 임시 정부는 임시 정부 수립 직후 임시 의정원을 구성하였다. 17. 서울시 9급 O | X

38 대한민국 헌법 전문에는 우리 국가의 정통성이 대한민국 임시 정부에 있음을 밝히고 있다. 16. 경찰 2차 O | X

39 3·1 운동은 대한매일신보, 제국신문 등 언론의 지원을 받았다. 15. 교육행정 O | X

40 3·1 운동은 도쿄에서 발표된 2·8 독립 선언에 자극을 받았다. 15. 교육행정 O | X

41 임시 정부는 사료 편찬소를 두어 『한·일 관계 사료집』을 간행하였다. 15. 지방 7급 O | X

★ **42** 3·1 운동의 결과 일제는 무단 통치를 이른바 '문화 통치'로 바꾸었다. 14. 국가 9급 O | X

43 3·1 운동을 계기로 운동 이념상 복벽주의는 점차 청산되었다. 14. 사회복지 O | X

44 [순서나열] 이승만을 대통령에서 탄핵 → 국민 대표 회의 소집 → 한국 국민당 창립 → 한인 애국단 조직 14. 서울시 7급 O | X

45 임시 정부는 주석 중심제로 정부 체제를 개편하고 대한민국 건국 강령을 발표하였다. 12. 지방 9급 O | X

46 임시 정부 사료 편찬소에서 박은식의 『한국독립운동지혈사』가 간행되었다. 12. 서울시 9급 O | X

Self Check

문항	○	×	틀린 이유
35	○	×	
36	○	×	
37	○	×	
38	○	×	
39	○	×	
40	○	×	
41	○	×	
42	○	×	
43	○	×	
44	○	×	
45	○	×	
46	○	×	

제7부

오답 확인하기

37 임시 의정원은 임시 정부 수립 직전(4월 9일)에 구성되었다.

39 대한매일신보, 제국신문은 1910년에 폐간되었다.

44 국민 대표 회의 소집 → 이승만을 대통령에서 탄핵 → 한인 애국단 조직 → 한국 국민당 창립

정답

35 O 36 O 37 X 38 O 39 X
40 O 41 O 42 O 43 O 44 X
45 O 46 O

Self Check

문항	○	×	틀린 이유
01	○	×	
02	○	×	
03	○	×	
04	○	×	
05	○	×	
06	○	×	
07	○	×	
08	○	×	
09	○	×	
10	○	×	
11	○	×	
12	○	×	
13	○	×	
14	○	×	

테마 4 국내의 민족 운동

기출필수코드30 기출필수코드33 기출필수코드34

★ **01** 6·10 만세 운동과 광주 학생 항일 운동 사이에 신간회가 창설되었다. 24. 국가 9급 O | X

02 6·10 만세 운동과 광주 학생 항일 운동 사이에 진단 학회가 설립되었다. 24. 국가 9급 O | X

03 6·10 만세 운동과 광주 학생 항일 운동 사이에 진주에서 조선 형평사가 창립되었다. 24. 국가 9급 O | X

04 6·10 만세 운동과 광주 학생 항일 운동 사이에 대구에서 국채 보상 운동이 시작되었다. 24. 국가 9급 O | X

05 근우회는 호주제 폐지 운동을 전개하였다. 24. 지방 9급 O | X

06 근우회는 여학교 설립을 주장하는 「여권통문」을 발표하였다. 24. 지방 9급 O | X

07 근우회는 어린이날을 제정하고 잡지 『어린이』를 창간하였다. 24. 지방 9급 O | X

★ **08** 근우회는 봉건적 인습 타파, 여성 노동자의 임금 차별 철폐 등을 주장했다. 24. 지방 9급 O | X

09 1910년대 임병찬이 주도한 독립 의군부는 항일 운동을 전개하였다. 23. 지방 9급 O | X

10 신간회는 조선 민립 대학 기성회를 창립하였다. 23. 지방 9급 O | X

11 신간회는 파리 강화 회의에 대표를 파견하였다. 23. 지방 9급 O | X

12 신간회는 6·10 만세 운동을 사전에 계획하였다. 23. 지방 9급 O | X

★ **13** 신간회는 광주 학생 항일 운동이 일어나자 조사단을 파견하였다. 23. 지방 9급 O | X

14 대한 광복회는 독립군 양성을 위한 신흥 강습소를 설치하였다. 22. 서울 9급 O | X

오답 확인하기

02 광주 학생 항일 운동 이후에 진단 학회가 설립되었다.
03 6·10 만세 운동 이전에 조선 형평사가 조직되었다.
04 6·10 만세 운동 이전에 국채 보상 운동이 시작되었다.
05 한국 여성 단체 연합은 1999년부터 호주제 폐지 운동을 전개하였다.
06 1898년 서울의 양반층 부인들이 「여권통문」을 발표하였다.
07 천도교 소년회(방정환)의 활동에 대한 설명이다.
10 민립 대학 설립 운동과 관련된 내용이다.
11 신한 청년당(단)과 임시 정부에 대한 설명이다.
12 6·10 만세 운동은 신간회 결성 이전인 1926년에 일어났다.
14 대한 광복회는 1915년에 국내에서 조직되었고, 신흥 강습소는 1911년에 남만주에서 설립되었기 때문에 관계가 없다.

정답

01 O 02 X 03 X 04 X 05 X
06 X 07 X 08 O 09 O 10 X
11 X 12 X 13 O 14 X

15 대한 광복회는 무력 항쟁의 의지를 담은 대한 독립 선언서를 발표하였다.
22. 서울 9급 O | X

16 신간회는 조선 물산 장려회를 조직해 물산 장려 운동을 펼쳤다.
21. 지방 9급 O | X

17 신간회는 고등 교육 기관을 설립하기 위해 민립 대학 설립 운동을 시작하였다.
21. 지방 9급 O | X

18 신간회는 문맹 퇴치와 미신 타파를 목적으로 브나로드 운동을 전개하였다.
21. 지방 9급 O | X

19 신간회는 광주 학생 항일 운동의 진상을 조사하고 이를 알리는 대회를 개최하고자 하였다.
21. 지방 9급 O | X

20 광주 학생 항일 운동은 전국으로 확대되어 이듬해까지 동맹 휴학 투쟁이 계속되었다.
21. 법원 9급 O | X

★ **21** 대한 광복회는 공화제 국가 수립을 지향하였다. 20. 지방 7급 O | X

22 대한 광복회는 군자금을 모집하고 친일파를 공격하였다. 20. 지방 7급 O | X

23 대한 광복회는 북간도에서 무장 독립 단체인 중광단을 조직하였다.
20. 지방 7급 O | X

24 2·8 독립 선언 발표와 6·10 만세 운동 발발 사이에 박상진이 대한 광복회를 조직하였다.
19. 지방 7급 O | X

25 2·8 독립 선언 발표와 6·10 만세 운동 발발 사이에 임병찬이 독립 의군부를 만들었다.
19. 지방 7급 O | X

★ **26** 신간회는 비타협적 민족주의 세력과 사회주의 세력이 연합하였다.
19. 상반기 서울시 9급 O | X

27 신간회는 일제에 의해 조작된 소위 105인 사건으로 탄압을 받았다.
19. 상반기 서울시 9급 O | X

★ **28** 신간회는 전국에 140여 개소의 지회와 약 4만 명의 회원을 확보하였다.
19. 상반기 서울시 9급 O | X

Self Check ☑

문항	○	×	틀린 이유
15	○	×	
16	○	×	
17	○	×	
18	○	×	
19	○	×	
20	○	×	
21	○	×	
22	○	×	
23	○	×	
24	○	×	
25	○	×	
26	○	×	
27	○	×	
28	○	×	

제7막

오답 확인하기

15 대한 독립 선언서는 중국 길림에서 39명의 민족 지도자가 발표하였다.
16 물산 장려 운동은 신간회 설립 이전인 1920년부터 시작되었다.
17 민립 대학 설립 운동은 신간회 설립 이전인 1920년대 전반에 시작되었다.
18 브나로드 운동은 동아일보가 1930년대에 전개한 운동이다.
23 중광단은 대종교가 만든 무장 독립 단체이다.
24 2·8 독립 선언 발표 이전인 1915년의 일이다.
25 2·8 독립 선언 발표 이전인 1912년의 일이다.
27 신민회에 대한 설명이다.

정답

15 X 16 X 17 X 18 X 19 O
20 O 21 O 22 O 23 X 24 X
25 X 26 O 27 X 28 O

Self Check ☑

문항	○	×	틀린 이유
29	○	×	
30	○	×	
31	○	×	
32	○	×	
33	○	×	
34	○	×	
35	○	×	
36	○	×	
37	○	×	
38	○	×	
39	○	×	
40	○	×	
41	○	×	
42	○	×	
43	○	×	

29 신간회의 회장은 이상재, 부회장은 홍명희가 선출되었다. 19. 경찰간부 O | X

30 신간회의 존속 기간에 암태도 소작 쟁의가 일어났다. 18. 상반기 서울시 9급 O | X

31 신간회는 조선인 본위의 교육 제도 실시를 주장하였고, 원산 노동자 총파업을 지원하였다. 17. 하반기 국가 9급 O | X

32 신간회는 민중의 직접 폭력 혁명으로 강도 일본을 무너뜨리는 목표를 설정하였다. 17. 하반기 국가 9급 O | X

★ **33** 광주 학생 항일 운동 때 신간회에서 진상 조사단을 파견하였다. 17. 법원 9급 O | X

34 광주 학생 항일 운동은 대한민국 임시 정부의 수립에 영향을 주었다. 17. 법원 9급 O | X

★ **35** 신간회는 6·10 만세 운동을 주도하였다. 16. 법원 9급 O | X

36 독립 의군부는 공화국의 건설을 목표로 하였다. 15. 국가 9급 O | X

37 대한 광복회는 고종의 비밀 지령을 받아 조직되었다. 15. 국가 9급 O | X

★ **38** 독립 의군부와 대한 광복회는 모두 1910년대 국내에서 결성된 단체이다. 15. 국가 9급 O | X

★ **39** 독립 의군부는 박상진을 중심으로, 대한 광복회는 임병찬을 중심으로 한 조직이었다. 15. 국가 9급 O | X

★ **40** 신간회는 정치·경제적 각성 촉구, 단결, 기회주의 배격을 기본 강령으로 내세웠다. 15. 지방 7급 O | X

41 신간회는 동양 척식 주식회사를 폐지하자고 하였다. 14. 국가 7급 O | X

42 신간회는 의무 교육제와 고등 교육 기관 설립을 주장하였다. 14. 국가 7급 O | X

★ **43** 6·10 만세 운동의 주도 세력은 순종의 장례일에 대규모 만세 시위를 계획하였다. 14. 서울시 9급 O | X

오답 **확인하기**

30 신간회 결성 이전인 1923년의 일이다.
32 의열단에 대한 설명이다.
34 3·1 운동에 대한 설명이다.
35 6·10 만세 운동은 신간회 창립 이전에 일어난 사건이다.
36 대한 광복회 등에 대한 설명이다. 독립 의군부는 복벽주의를 표방하였다.
37 독립 의군부에 대한 설명이다.
39 독립 의군부는 '임병찬'을, 대한 광복회는 '박상진'을 중심으로 조직되었다.
42 신간회는 고등 교육 기관의 설립을 주장하지 않았다.

정답

29 O 30 X 31 O 32 X 33 O
34 X 35 X 36 X 37 X 38 O
39 X 40 O 41 O 42 X 43 O

★ **44** 신간회는 여성 단체인 근우회의 결성에 자극을 주었다. 13. 지방 7급 O | X

45 광주 학생 항일 운동은 3·1 운동 이후 최대의 민족 운동으로 신간회 설립에 영향을 주었다. 11. 경찰 O | X

테마 5 의열단과 한인 애국단

기출필수코드 35

★ **01** 한인 애국단은 이봉창이 단원으로 활동하였다. 24. 지방 9급 O | X

02 한인 애국단은 고종의 밀명을 받아 결성되었다. 24. 지방 9급 O | X

★ **03** 한인 애국단은 조선 혁명 선언을 활동 지침으로 삼았다. 24. 지방 9급 O | X

04 한인 애국단은 일제가 날조한 105인 사건으로 와해되었다. 24. 지방 9급 O | X

★ **05** 김원봉은 조선 의용대를 결성하였고, 신채호는 '국혼'을 강조하였다. 22. 지방 9급 O | X

06 김원봉은 신흥 무관 학교를 세웠고, 신채호는 형평사를 창립하였다. 22. 지방 9급 O | X

07 김원봉은 조선 건국 동맹을 조직하였고, 신채호는 식민 사학의 한국사 정체성론을 반박하였다. 22. 지방 9급 O | X

08 김원봉은 황포 군관 학교에서 훈련받았고, 신채호는 민족주의 역사 서술의 기본 틀을 제시하였다. 22. 지방 9급 O | X

09 의열단은 독립 지사들에게 잔인한 고문을 일삼던 종로 경찰서에 폭탄을 던져 큰 피해를 주었다. 22. 서울 9급 O | X

★ **10** 박은식은 적극적인 의열 활동을 위해 한인 애국단을 만들었다. 20. 지방 9급 O | X

11 이봉창은 홍커우 공원에서 폭탄을 던졌다. 20. 국가 7급 O | X

12 의열단은 임시 정부 활동에 활기를 불어넣고자 결성하였다. 19. 지방 9급 O | X

Self Check

문항	○	×	틀린 이유
44	○	×	
45	○	×	
01	○	×	
02	○	×	
03	○	×	
04	○	×	
05	○	×	
06	○	×	
07	○	×	
08	○	×	
09	○	×	
10	○	×	
11	○	×	
12	○	×	

제7막

오답 확인하기

45 광주 학생 항일 운동은 신간회 설립 이후에 발생한 사건이다.

02 독립 의군부에 대한 설명이다.
03 의열단에 대한 설명이다.
04 신민회에 대한 설명이다.
05 국혼을 강조한 인물은 박은식이다.
06 신흥 무관 학교는 이회영 등이 세웠고, 형평사는 이학찬 등이 창립하였다.
07 여운형은 조선 건국 동맹을 조직하였고, 백남운은 식민 사학의 한국사 정체성론을 반박하였다.
10 김구에 대한 설명이다.
11 윤봉길에 대한 설명이다.
12 1931년에 결성된 한인 애국단에 대한 설명이다.

정답

44 O 45 X

01 O 02 X 03 X 04 X 05 X
06 X 07 X 08 O 09 O 10 X
11 X 12 X

Self Check

문항	○	×	틀린 이유
13	○	×	
14	○	×	
15	○	×	
16	○	×	
17	○	×	
18	○	×	
19	○	×	
20	○	×	
21	○	×	
22	○	×	
23	○	×	
24	○	×	
25	○	×	
26	○	×	

13 의열단은 청산리 지역에서 일본군과 접전을 벌여 대승을 거두었다.
19. 지방 9급 O | X

★**14** 의열단은 한국 독립당, 조선 혁명당 등과 함께 민족 혁명당을 결성하였다.
19. 지방 9급 O | X

15 의열단은 공화주의를 주창하는 내용의 대동단결 선언을 작성해 발표하였다.
18. 지방 9급 O | X

16 의열단은 일부 구성원을 황푸 군관 학교에 보내 군사 훈련을 받도록 하였다.
18. 지방 9급 O | X

17 의열단은 새로 부임하는 사이토 조선 총독에게 폭탄을 투척하는 의거를 일으켰다.
18. 지방 9급 O | X

★**18** 의열단의 단원 이봉창이 동경에서 일왕 히로히토에게 폭탄을 던졌다.
18. 상반기 서울시 9급 O | X

19 의열단의 단원 오성륜, 김익상, 이종암이 상해 황포탄에서 일본 육군 대장 다나카 기이치를 저격하였다.
18. 상반기 서울시 9급 O | X

20 의열단에 속한 김익상이 조선 총독부에 폭탄을 투척하였다.
17. 하반기 지방 9급 O | X

21 의열단은 경성 부민관에 폭탄을 투척하였다.
16. 국가 9급 O | X

22 의열단은 혁명 투사·독립운동 지도자를 양성하기 위한 조선 혁명 간부 학교를 설립·운영하였다.
16. 경찰 1차 O | X

23 의열단원인 박재혁이 부산 경찰서를 공격하였다.
15. 국가 7급 O | X

★**24** 의열단원인 김상옥이 종로 경찰서에 폭탄을 투척하였다.
15. 국가 7급 O | X

25 의열단원인 이재명이 이완용을 습격해 중상을 입혔다.
14. 지방 9급 O | X

26 의열단원인 나석주가 동양 척식 주식회사에 폭탄을 투척하였다.
14. 지방 9급 O | X

오답 확인하기

13 북로 군정서군·대한 독립군 등에 대한 설명이다.
15 대동단결 선언은 1917년에 박은식, 신규식 등이 작성하였다.
17 대한 노인단 소속인 강우규의 의거에 대한 설명이다.
18 이봉창은 한인 애국단 소속이다.
21 대한 애국 청년단에 대한 설명이다.
25 이재명은 의열단원이 아니다.

정답

13 X 14 O 15 X 16 O 17 X
18 X 19 O 20 O 21 X 22 O
23 O 24 O 25 X 26 O

27 의열단원인 장인환이 샌프란시스코에서 외교 고문 스티븐스를 사살하였다. 14. 지방 9급 O | X

28 의열단원인 안중근이 만주 하얼빈 역에서 초대 통감이었던 이토 히로부미를 사살하였다. 14. 지방 9급 O | X

★ **29** 신채호는 의열단의 요청으로 '조선 혁명 선언'을 집필하였고 뤼순 감옥에서 순국하였다. 13. 국가 7급 O | X

★ **30** 의열단은 만주 길림에서 김원봉이 중심이 되어 조직하였다. 13. 서울시 9급 O | X

테마 6 무장 독립 전쟁의 전개

기출필수코드 36

★ **01** 1930년대에 비밀 결사인 조선 건국 동맹이 결성되었다. 24. 국가 9급 O | X

02 1930년대에 중국 관내에서 조선 의용대가 창설되었다. 24. 국가 9급 O | X

★ **03** 1930년대에 연해주 지역에 대한 광복군 정부가 설립되었다. 24. 국가 9급 O | X

04 1930년대에 서일을 총재로 하는 대한 독립군단이 조직되었다. 24. 국가 9급 O | X

★ **05** 만주 사변 발생~태평양 전쟁 발발 사이에 쌍성보에서 항전하는 한국 독립당 군인을 볼 수 있다. 23. 국가 9급 O | X

06 1910년대 만주에서 참의부 · 정의부 · 신민부 등 3부가 조직되었다. 23. 지방 9급 O | X

★ **07** 1910년대 조선 혁명군이 양세봉의 지휘 아래 영릉가에서 일본군을 격파하였다. 23. 지방 9급 O | X

08 1910년대 중국 화북 지방에서 조선 독립 동맹이 결성되었다. 23. 지방 9급 O | X

09 김구는 무장 항일 투쟁을 위해 하와이로 건너가 대조선 국민군단을 결성하였다. 22. 국가 9급 O | X

Self Check

문항	○	×	틀린 이유
27	○	×	
28	○	×	
29	○	×	
30	○	×	
01	○	×	
02	○	×	
03	○	×	
04	○	×	
05	○	×	
06	○	×	
07	○	×	
08	○	×	
09	○	×	

오답 확인하기

27 장인환은 의열단원이 아니다.
28 안중근은 의열단원이 아니다.

01 1940년대의 일이다.
03 1910년대의 일이다.
04 1920년대의 일이다.
06 1920년대의 일이다.
07 1930년대의 일이다.
08 1940년대의 일이다.
09 박용만에 대한 설명이다.

정답

27 X 28 X 29 O 30 O

01 X 02 O 03 X 04 X 05 O
06 X 07 X 08 X 09 X

제7부

Self Check

문항	○	×	틀린 이유
10	○	×	
11	○	×	
12	○	×	
13	○	×	
14	○	×	
15	○	×	
16	○	×	
17	○	×	
18	○	×	
19	○	×	
20	○	×	
21	○	×	
22	○	×	
23	○	×	
24	○	×	

10 [순서나열] 김좌진이 이끄는 북로 군정서군이 백운평 전투와 천수평, 어랑촌 전투에서 대승을 거두었다. → 일본군이 청산리 대첩 패전에 대한 보복으로 간도 동포를 무차별로 학살하였다. → 서일을 총재로 조직된 대한 독립군단은 일본군을 피해 러시아 영토인 자유시로 집결하였다. → 참의부, 정의부, 신민부의 3부가 혁신 의회와 국민부로 재편되있다. 21. 법원 9급 O | X

11 [순서나열] 청산리 대첩 → 봉오동 전투 → 3부 통합 운동 → 자유시 참변 21. 소방직 O | X

★**12** 대일 선전 포고의 발표 이후, 한국 광복군은 김원봉이 이끌던 조선 의용대의 병력을 통합하였다. 20. 국가 9급 O | X

13 대일 선전 포고의 발표 이후, 영국군의 요청에 따라 인도·미얀마 전선에 한국 광복군이 파견되었다. 20. 국가 9급 O | X

14 대일 선전 포고의 발표 이후, 조선 독립 동맹은 조선 의용대 화북 지대를 기반으로 조선 의용군을 조직하였다. 20. 국가 9급 O | X

15 이회영은 조선어 학회 사건으로 옥고를 치렀다. 20. 지방 9급 O | X

★**16** 이회영은 독립운동 단체인 경학사를 조직하였다. 20. 지방 9급 O | X

17 이회영은 3·1 운동 민족 대표 33인 중 한 명이었다. 20. 지방 9급 O | X

18 이회영은 '삼균주의'에 입각한 한국 국민당을 결성하였다. 20. 지방 9급 O | X

19 1941년에 조선 민족 전선 연맹이 조선 의용대를 조직하였다. 20. 국가 7급 O | X

20 이상설은 독립 의군부를 조직하였다. 20. 지방 7급 O | X

21 이상설은 대한인 국민회를 조직하였다. 20. 지방 7급 O | X

★**22** 이상설은 대한 광복군 정부를 조직하였다. 20. 지방 7급 O | X

23 중·일 전쟁 발발~한국 광복군 창설 사이의 시기에 비밀 결사 조직인 조선 건국 동맹이 조직되었다. 20. 지방 7급 O | X

24 한국 독립군은 중국의 항일 무장 세력과 연합하여 쌍성보 전투, 사도하자 전투, 대전자령 전투 등에서 일본군을 격파하였다. 20. 경찰 2차 O | X

오답 확인하기

11 봉오동 전투 → 청산리 대첩 → 자유시 참변 → 3부 통합 운동
15 이회영은 조선어 학회 사건(1942)이 일어나기 이전인 1932년에 순국하였다.
17 이회영은 3·1 운동 당시 민족 대표 33명에 속하지 않았다.
18 김구에 대한 설명이다.
19 조선 의용대가 조직된 것은 1938년의 일이다.
20 임병찬에 대한 설명이다.
21 미국(미주)에서 1910년에 박용만과 이승만이 중심이 된 대한인 국민회가 조직되었다.
23 한국 광복군 창설 이후인 1944년의 일이다.

정답

10 O 11 X 12 O 13 O 14 O
15 X 16 O 17 X 18 X 19 X
20 X 21 X 22 O 23 X 24 O

★ **25** 1930년대에 의열단, 조선 혁명당 등이 결집하여 민족 혁명당을 창당하였다.
19. 국가 7급 O | X

★ **26** 1930년대에 양세봉이 이끄는 조선 혁명군이 흥경성 전투에서 일본군을 물리쳤다.
19. 국가 7급 O | X

27 한국 독립당은 무력 투쟁을 준비하기 위해 만주에 신흥 무관 학교를 창설하였다.
19. 지방 7급 O | X

28 한국 독립당은 대한민국 임시 정부를 주도적으로 이끌어 나가는 역할을 하였다.
19. 지방 7급 O | X

29 김구가 조직한 한국 독립당은 쌍성보와 대전자령 전투에서 일본군을 물리쳤다.
19. 지방 7급 O | X

30 안창호는 1913년에 미국 샌프란시스코에서 흥사단을 조직하였다.
19. 경찰간부 O | X

31 한국 독립군은 만주 지역에서 활동했던 한국 독립당의 산하 조직이었다.
18. 지방 9급 O | X

32 김구는 조선 민족 혁명당을 조직하고 조선 의용대를 이끌었다.
18. 지방 9급 O | X

★ **33** 민족 혁명당의 창설 당시 김구는 참여하지 않았다. 18. 국가 7급 O | X

34 민족 혁명당은 한국 독립당, 한국 국민당, 조선 혁명당 3당의 통합으로 만들어졌다. 18. 국가 7급 O | X

35 안창호는 헤이그 특사로 파견되었다. 18. 지방 7급 O | X

36 안창호는 대한매일신보에 '독사신론'을 연재하였다. 18. 지방 7급 O | X

37 지청천은 화북 조선 독립 동맹의 주석으로 선출되어 활동하였다.
18. 서울시 9급 O | X

★ **38** 조소앙은 정치·경제·교육의 균등을 주장하였다. 17. 지방 9급 O | X

39 미주에서 독립운동 기지인 한흥동이 건설되었다. 17. 국가 9급 O | X

Self Check ☑

문항	○	×	틀린 이유
25	○	×	
26	○	×	
27	○	×	
28	○	×	
29	○	×	
30	○	×	
31	○	×	
32	○	×	
33	○	×	
34	○	×	
35	○	×	
36	○	×	
37	○	×	
38	○	×	
39	○	×	

오답 확인하기

27 신흥 무관 학교 창설은 1919년의 일로, 시기상 적절하지 않다.
29 1930년대 만주에서 활동한 한국 독립군에 대한 설명이다.
32 김원봉 등에 대한 설명이다.
34 3당 통합으로 한국 독립당이 결성되었다.
35 헤이그 특사로 파견된 인물들은 이준·이상설·이위종이다.
36 신채호에 대한 설명이다.
37 김두봉에 대한 설명이다.
39 미주가 아니라 북만주 밀산부이다.

정답

25 O 26 O 27 X 28 O 29 X
30 O 31 O 32 X 33 O 34 X
35 X 36 X 37 X 38 O 39 X

Self Check

문항	○	×	틀린 이유
40	○	×	
41	○	×	
42	○	×	
43	○	×	
44	○	×	
45	○	×	
46	○	×	
47	○	×	
48	○	×	
49	○	×	
50	○	×	
51	○	×	
52	○	×	
53	○	×	

★ **40** 미주에서 군사 양성 기관인 대조선 국민군단이 창설되었다. 17. 국가 9급 O | X

★ **41** 연해주에서 권업회라는 독립운동 단체가 조직되었다. 17. 국가 7급 O | X

42 연해주에서는 독립군 양성을 위한 신흥 강습소가 설치되었다. 17. 국가 7급 O | X

43 연해주에서 신규식, 박은식 등의 주도로 동제사가 조직되었다. 17. 국가 7급 O | X

44 [순서나열] 일제는 중국 마적단을 매수하여 훈춘의 일본 영사관을 공격하게 하는 조작 사건을 일으켰다. → 서일을 총재로 하는 대한 독립군단은 소비에트 러시아의 자유시로 이동하였다. → 일제는 무장 독립 세력을 진압하기 위해 만주 군벌과 미쓰야 협정을 맺었다. → 한국 독립당의 산하에 지청천을 총사령관으로 하는 한국 독립군이 조직되었다. 17. 국가 7급 O | X

★ **45** 김구는 대한민국 임시 정부의 대통령을 역임하였다. 17. 하반기 국가 7급 O | X

46 1920년대 대종교 계통 인사들이 신민부를 결성하였다. 16. 국가 9급 O | X

★ **47** 1920년대 독립군 연합 부대가 봉오동 전투에서 승리하였다. 16. 국가 9급 O | X

48 1920년대 민족 유일당 운동의 일환으로 국민부를 결성하였다. 16. 국가 9급 O | X

49 충칭 정부 시기에 한국 광복군이 인도·미얀마 전선에서 활동하였다. 16. 교육행정 O | X

★ **50** 한국 광복군은 중국군과 연합하여 쌍성보 전투를 수행하였다. 16. 지방 7급 O | X

51 한국 광복군은 중국 팔로군과 함께 태항산 지구에서 일본군과 교전하였다. 16. 지방 7급 O | X

52 한국 독립당은 조선 혁명 선언을 활동 지침으로 삼았다. 15. 교육행정 O | X

53 한국 독립당은 대한민국 임시 정부의 여당 역할을 하였다. 15. 교육행정 O | X

오답 **확인하기**

42 신흥 강습소는 남만주 삼원보에 설립되었다.
43 동제사는 상하이에서 조직되었다.
45 이승만이나 박은식에 대한 설명이다.
50 한국 독립군에 대한 설명이다.
51 조선 의용군에 대한 설명이다.
52 의열단에 대한 설명이다.

정답

40 O 41 O 42 X 43 X 44 O
45 X 46 O 47 O 48 O 49 O
50 X 51 X 52 X 53 O

★ **54** 한국 광복군은 김원봉이 이끄는 조선 의용대의 일부를 통합하여 군사력을 증강하였다.
15. 서울시 9급 O | X

★ **55** 한국 광복군은 중국 주둔 미국 전략 정보국(OSS)과 합작하여 국내 진공 작전을 계획하였으나 실현되지 못했다.
15. 서울시 9급 O | X

56 한국 광복군은 총사령에 이청천, 참모장에 이범석을 선임하였다.
14. 국가 9급 O | X

57 [순서나열] 블라디보스토크에서 이상설, 이동휘 등이 중심이 된 대한 광복군 정부가 수립되었다. → 홍범도가 이끄는 대한 독립군을 비롯한 연합 부대는 봉오동 전투에서 대승을 거두었다. → 양세봉이 이끄는 조선 혁명군은 중국 의용군과 연합하여 영릉가 전투에서 일본군을 무찔렀다. → 대한민국 임시 정부가 지청천을 총사령으로 하는 한국 광복군을 창설하였다.
14. 지방 9급 O | X

★ **58** 한국 광복군은 중국 관내에서 조직된 최초 한국인 군사 조직이었다.
13. 지방 9급 O | X

59 이동휘는 하바로프스크에서 한인 사회당을 결성하기도 하였다.
12. 국가 9급 O | X

60 1920년 김좌진이 이끌던 북로 군정서군과 홍범도가 이끈 대한 독립군의 연합 부대는 청산리 일대에서 6일간 10여 차례의 전투를 통해 일본군을 대파하였다.
12. 국가 7급 O | X

61 연해주의 자유시로 이동한 독립군은 적색군에 의해 무장 해제를 당하였다.
11. 지방 9급 O | X

Self Check

문항	○	×	틀린 이유
54	○	×	
55	○	×	
56	○	×	
57	○	×	
58	○	×	
59	○	×	
60	○	×	
61	○	×	

오답 확인하기

58 조선 의용대에 대한 설명이다.

정답

54 O 55 O 56 O 57 O 58 X
59 O 60 O 61 O

02 일제 강점기의 경제 · 사회 · 문화

테마 1 민족 실력 양성 운동

기출필수코드56

01 평양에서 1923년 조선 형평사가 결성되었다. 23. 국가 9급 O | X

★02 물산 장려 운동은 조선 총독부의 회사령에 맞서기 위해 전개되었다. 22. 지방 9급 O | X

★03 일부 사회주의자는 물산 장려 운동이 자본가 계급을 위한 운동이라고 비판하였다. 22. 지방 9급 O | X

★04 치안 유지법이 시행되던 시기에 물산 장려 운동이 시작되었다. 20. 국가 9급 O | X

05 동아일보는 한글 보급 운동에 앞장서 『한글원본』을 만들었다. 20. 국가 9급 O | X

06 동아일보는 브나로드 운동이라는 농촌 계몽 운동을 전개하였다. 20. 국가 9급 O | X

07 동아일보는 『개벽』, 『신여성』, 『어린이』 등의 잡지를 발행하였다. 20. 국가 9급 O | X

08 동아일보는 신간회가 결성되자 신간회 본부와 같은 역할을 하게 되었다. 20. 국가 9급 O | X

09 물산 장려 운동은 원산 총파업을 계기로 조직적으로 전개될 수 있었다. 18. 지방 9급 O | X

★10 물산 장려 운동은 조만식 등에 의해 평양에서 시작되어 전국으로 확산되었다. 18. 지방 9급 O | X

★11 물산 장려 운동은 '한민족 1천만이 한 사람이 1원씩'이라는 구호를 내세웠다. 18. 교육행정 O | X

Self Check ☑

문항	○	×	틀린 이유
01	○	×	
02	○	×	
03	○	×	
04	○	×	
05	○	×	
06	○	×	
07	○	×	
08	○	×	
09	○	×	
10	○	×	
11	○	×	

오답 확인하기

01 조선 형평사가 결성된 지역은 경상남도 진주이다.
02 회사령 폐지에 맞서기 위해 전개되었다.
04 치안 유지법 제정 이전인 1920년에 물산 장려 운동이 시작되었다.
05 조선일보에 대한 설명이다.
07 천도교에 대한 설명이다.
08 조선일보에 대한 설명이다.
09 원산 총파업과 물산 장려 운동은 관련이 없다.
11 민립 대학 설립 운동에 대한 설명이다.

정답

01 X 02 X 03 O 04 X 05 X 06 O 07 X 08 X 09 X 10 O 11 X

★ **12** 물산 장려 운동 때 "조선인이 만든 것을 입고, 먹고, 쓰자."라는 구호를 내세웠고 민족 자본을 육성하려 하였다. 18. 서울시 7급 O | X

13 물산 장려 운동 때 조선어 학회가 참여하였으며, 전국 규모의 문맹 퇴치 운동을 전개하였다. 18. 서울시 7급 O | X

14 [순서나열] 백정의 사회적 차별을 철폐하고자 하는 형평사가 창립되었다. → 민족 협동 전선론에 따라 정우회가 조직되었다. → 김좌진을 중심으로 한 신민부가 조직되었다. → 노동 조건의 개선을 요구한 원산 노동자 총파업이 일어났다. 16. 지방 9급 O | X

15 대구에서 물산 장려 운동이 처음 시작되었다. 16. 법원 9급 O | X

16 조선 물산 장려회는 사회주의 성향의 운동 세력이 주도하였다. 13. 지방 9급 O | X

17 조선 물산 장려회는 조선과 일본 간의 관세 철폐 정책에 대항하였다. 13. 지방 9급 O | X

18 민립 대학 기성회는 민족 연합 전선 단체인 신간회의 후원을 받았다. 13. 지방 9급 O | X

19 형평 운동은 신분 제도가 법적으로 폐지되는 계기가 되었다. 13. 서울시 7급 O | X

20 조선 형평사가 결성된 해에 조선 노농 총동맹이 창립되었다. 13. 서울시 7급 O | X

테마 2 일제 강점기의 사회

기출필수코드 55

01 일제 강점기에 현관과 화장실을 갖춘 개량 한옥이 보급되었고 복도와 응접실, 침실 등 개인의 독립된 공간이 있는 문화 주택이 등장하였다. 20. 경찰 2차 O | X

★ **02** 도시 외곽의 토막촌에는 빈민이 살았다. 18. 국가 9급 O | X

03 번화가에서 최신 유행의 모던 걸과 모던 보이가 활동하였다. 18. 국가 9급 O | X

Self Check

문항	○	×	틀린 이유
12	○	×	
13	○	×	
14	○	×	
15	○	×	
16	○	×	
17	○	×	
18	○	×	
19	○	×	
20	○	×	
01	○	×	
02	○	×	
03	○	×	

오답 확인하기

13 브나로드 운동에 대한 설명이다.
14 형평사 창립 → 신민부 조직 → 정우회 조직 → 원산 노동자 총파업
15 물산 장려 운동은 대구가 아니라 평양에서 일어났다. 대구에서 일어난 경제적 구국 운동으로는 국채 보상 운동이 있다.
16 물산 장려 운동은 민족주의계가 주도하였다.
18 민립 대학 설립 운동은 신간회가 등장하기 이전에 흐지부지되었다.
19 신분 제도가 법적으로 폐지된 것은 형평 운동 이전인 1차 갑오개혁 때의 일이다.
20 조선 형평사는 1923년, 조선 노농 총동맹은 1924년에 조직되었다.

정답

12 O 13 X 14 X 15 X 16 X
17 O 18 X 19 X 20 X

01 O 02 O 03 O

제7막

★ **04** 몸뻬를 입은 여성들이 근로 보국대에서 강제 노동을 하였다. 18. 국가 9급 O | X

05 상류층이 한식 주택을 2층으로 개량한 영단 주택에 모여 살았다. 18. 국가 9급 O | X

06 1920년대에 조선 총독부는 기존의 우측통행 방침을 바꾸어 좌측통행을 일반화하였다. 17. 서울시 7급 O | X

07 1920년대에는 사회주의 운동의 영향으로 식민지 현실의 계급 모순을 비판하는 프로 문학이 등장하였다. 17. 서울시 7급 O | X

★ **08** 1920년대에는 나운규가 일제 강점기 민족의 아픔을 그린 영화 '아리랑'을 제작하였다. 17. 경기 북부 여경 O | X

09 총독부는 백정 출신을 호적에 '도한'으로 써 넣거나 붉은 점을 찍어 차별하였다. 11. 지방 7급 O | X

테마 3 민족 문화 수호 운동의 전개

기출필수코드 56

★ **01** 백남운은 민족 정신으로서 조선 국혼을 강조하였다. 23. 지방 9급 O | X

02 백남운은 민족주의 사학을 계승하여 조선의 얼을 강조하였다. 23. 지방 9급 O | X

★ **03** 백남운은 마르크스 유물 사관을 바탕으로 한국사를 연구하였다. 23. 지방 9급 O | X

04 백남운은 진단 학회를 조직하여 문헌 고증을 중시하는 실증주의 사학을 정립하였다. 23. 지방 9급 O | X

05 박은식은 유교구신론을 써서 유교의 개혁을 주장하였다. 22. 서울 9급 O | X

★ **06** 박은식은 『한국독립운동지혈사』를 저술하였다. 22. 서울 9급 O | X

Self Check ☑

문항	○	×	틀린 이유
04	○	×	
05	○	×	
06	○	×	
07	○	×	
08	○	×	
09	○	×	
01	○	×	
02	○	×	
03	○	×	
04	○	×	
05	○	×	
06	○	×	

오답 확인하기

05 영단 주택이 아니라 문화 주택이다.

01 박은식에 대한 설명이다.
02 정인보에 대한 설명이다.
04 이병도 등에 대한 설명이다.

정답

04 O 05 X 06 O 07 O 08 O 09 O

01 X 02 X 03 O 04 X 05 O 06 O

07 국가 총동원법이 제정된 이후에 백남운이 『조선사회경제사』를 저술하였다.
21. 법원 9급 O | X

08 사회 경제 사학의 대표적인 인물로 백남운이 있다. 21. 법원 9급 O | X

09 신채호는 『대한매일신보』에 「독사신론」을 발표하여 민족주의 사학의 연구 방향을 제시하였다. 21. 소방직 O | X

10 신채호는 유물 사관에 바탕을 두고 한국사가 세계사의 보편 법칙에 따라 발전하였다는 점을 강조하였다. 21. 소방직 O | X

★ **11** 박은식은 일본의 침략상을 폭로하는 『한국통사』를 저술하였다.
20. 지방 9급 O | X

12 박은식은 김원봉의 요청을 받아들여 조선 혁명 선언을 작성하였다.
20. 지방 9급 O | X

★ **13** 신채호는 역사를 '아(我)와 비아(非我)의 투쟁'으로 해석했다. 19. 법원 9급 O | X

14 박은식은 조선사 편수회에 참여하였다. 18. 교육행정 O | X

15 신채호는 '5천년간 조선의 얼'이라는 글을 신문에 연재하여 민족 정신을 고취하였다. 18. 국가 7급 O | X

16 신채호는 '조선심'을 강조하며 정약용 연구를 중심으로 한 조선학 운동을 전개하였다. 18. 국가 7급 O | X

17 주시경은 우리말 큰사전의 편찬을 주도하였다. 18. 국가 7급 O | X

18 주시경은 문법 서적인 『국어문법』을 저술하였다. 18. 국가 7급 O | X

19 주시경은 조선어 연구회를 주도적으로 조직하였다. 18. 국가 7급 O | X

★ **20** 문일평, 안재홍 등은 조선 문화의 독자성과 우수성을 강조하는 조선학 운동을 전개하였다. 18. 경찰 2차 O | X

21 『조선민족사 개론』의 저자는 『조선상고사』와 『조선사연구초』를 저술하였다.
17. 국가 9급 O | X

Self Check

문항	○	×	틀린 이유
07	○	×	
08	○	×	
09	○	×	
10	○	×	
11	○	×	
12	○	×	
13	○	×	
14	○	×	
15	○	×	
16	○	×	
17	○	×	
18	○	×	
19	○	×	
20	○	×	
21	○	×	

제7막

오답 확인하기

07 국가 총동원법 제정 이전인 1933년의 일이다.
10 백남운을 비롯한 사회 경제 사학자에 대한 설명이다.
12 신채호에 대한 설명이다.
14 박은식은 조선사 편수회에 참여하지 않았다.
15 정인보에 대한 설명이다.
16 문일평에 대한 설명이다.
17 우리말 큰사전 편찬은 1931년에 설립된 조선어 학회가 주도했다. 주시경은 1914년에 순국하였다.
19 조선어 연구회는 주시경 사망 이후인 1921년에 조직되었다.
21 『조선민족사 개론』의 저자는 손진태이며, 『조선상고사』와 『조선사연구초』를 저술한 인물은 신채호이다.

정답

07 X 08 O 09 O 10 X 11 O
12 X 13 O 14 X 15 X 16 X
17 X 18 O 19 X 20 O 21 X

Self Check

문항	○	×	틀린 이유
22	○	×	
23	○	×	
24	○	×	
25	○	×	
26	○	×	
27	○	×	
28	○	×	
29	○	×	
30	○	×	
31	○	×	
32	○	×	
33	○	×	
34	○	×	
35	○	×	

22 『조선민족사 개론』의 저자는 진단 학보를 발간한 진단 학회의 발기인으로 활동하였다. 17. 국가 9급 O | X

★ **23** 백남운은 일제 식민 사학의 정체성론을 극복하는 근거를 제공하였다. 17. 하반기 국가 9급 O | X

24 백남운은 우리 고대사를 중국 민족에 필적하는 강건한 민족의 역사로 서술했다. 17. 하반기 국가 9급 O | X

25 신채호는 을지문덕, 최영, 이순신 등 애국 명장의 전기를 써서 애국심을 고취하였다. 17. 지방 9급 O | X

★ **26** 신채호는 『여유당전서』를 발간하여 조선 후기 실학자들을 재평가하였다. 17. 지방 9급 O | X

27 한용운은 일본 불교의 침투에 대항하면서 민족 불교의 자주성을 지키기 위해 노력하였으며, 『조선 불교 유신론』을 저술하였다. 17. 경기 북부 여경 O | X

28 백남운은 『조선민족의 진로』라는 글에서 '연합성 신민주주의'를 제창하였다. 15. 사회복지 O | X

★ **29** 정인보는 『5천년간의 조선 얼』을 강조하였다. 15. 국가 7급 O | X

30 신채호는 『조선상고사』를 연재하여 민족의식을 고취하였다. 15. 국가 7급 O | X

31 정인보는 『조선사연구초』를 저술하여 우리나라 고대사의 독자성을 부각시켰다. 15. 지방 7급 O | X

32 박은식은 조선심의 개념을 중시하고 한글을 그 결정체로 보았다. 14. 지방 9급 O | X

33 박은식은 3·1 운동 때 민족 대표 33인의 한 사람이며, 일제의 사찰령에 반대하였다. 14. 지방 9급 O | X

34 박은식은 양기탁의 추천으로 제국신문의 주필을 지냈다. 14. 지방 7급 O | X

35 조선사 편수회는 식민주의 사관을 토대로 『조선사』를 편찬하여 한국사의 왜곡에 앞장섰다. 14. 경찰 2차 O | X

오답 확인하기

24 신채호에 대한 설명이다.
26 정인보, 안재홍, 문일평 등에 대한 설명이다.
31 신채호에 대한 설명이다.
32 문일평에 대한 설명이다.
33 한용운에 대한 설명이다.
34 이승만에 대한 설명이다.

정답

22 O 23 O 24 X 25 O 26 X
27 O 28 O 29 O 30 O 31 X
32 X 33 X 34 X 35 O

36 박은식은 낭가 사상을 강조하여 민족 독립의 정신적 기반을 만들려고 하였다.
12. 지방 9급 O | X

37 박은식은 국가의 구성 요소를 국혼과 국백으로 나누었다. 12. 지방 7급 O | X

38 박은식은 역사 연구의 목표를 '조선 얼'의 유지에 두었다. 12. 지방 7급 O | X

39 신채호는 묘청의 난을 '조선 역사상 일천년래 제일대 사건'이라고 칭하였다.
11. 국가 7급 O | X

Self Check ☑

문항	○	×	틀린 이유
36	○	×	
37	○	×	
38	○	×	
39	○	×	

오답 **확인하기**

36 신채호에 대한 설명이다.
38 정인보에 대한 설명이다.

정답

36 X 37 O 38 X 39 O

노범석 한국사
기선제압 OX

현대 사회의 발전

01 현대의 정치

Self Check ☑

문항	○	×	틀린 이유
01	○	×	
02	○	×	
03	○	×	
04	○	×	
05	○	×	
06	○	×	
07	○	×	
08	○	×	
09	○	×	
10	○	×	
11	○	×	
12	○	×	

테마 1 광복과 대한민국 정부 수립

기출필수코드 37

01 모스크바 3국 외상 회의 이후에 5·10 총선거가 실시되었다. 24. 국가 9급 O | X

02 모스크바 3국 외상 회의 이후에 좌우 합작 7원칙이 발표되었다. 24. 국가 9급 O | X

★ 03 모스크바 3국 외상 회의 이후에 조선 건국 준비 위원회가 결성되었다. 24. 국가 9급 O | X

04 모스크바 3국 외상 회의 이후에 반민족 행위 특별 조사 위원회가 구성되었다. 24. 국가 9급 O | X

05 유엔 소총회의 결의에 따라 미 군정청이 설치되었다. 23. 국가 9급 O | X

★ 06 유엔 소총회의 결의에 따라 5·10 총선거가 실시되었다. 23. 국가 9급 O | X

07 유엔 소총회의 결의에 따라 좌우 합작 위원회가 구성되었다. 23. 국가 9급 O | X

08 유엔 소총회의 결의에 따라 미·소 공동 위원회가 개최되었다. 23. 국가 9급 O | X

09 좌·우 합작 7원칙 발표 이후에 친일파를 청산하기 위한 반민족 행위 처벌법이 공포되었다. 23. 지방 9급 O | X

10 좌·우 합작 7원칙 발표 이후에 제헌 국회에서 대통령에 이승만, 부통령에 이시영을 선출하였다. 23. 지방 9급 O | X

★ 11 좌·우 합작 7원칙 발표 이후에 임시 민주 정부 수립을 논의하기 위해 제1차 미·소 공동 위원회가 개최되었다. 23. 지방 9급 O | X

★ 12 김구는 좌우 합작 위원회를 구성해 좌우 합작 7원칙을 발표하였다. 22. 국가 9급 O | X

오답 확인하기

03 조선 건국 준비 위원회의 결성은 모스크바 3국 외상 회의보다 이전에 이루어졌다.
05 미 군정청이 설치된 것은 1945년 9월의 일이다.
07 좌우 합작 위원회가 구성된 것은 1946년 7월의 일이다.
08 모스크바 3국 외상 회의의 결정에 따라 미·소 공동 위원회가 개최되었다.
11 좌·우 합작 7원칙 발표 이전인 1946년 3월의 일이다.
12 김규식·여운형 등에 대한 설명이다. 김구는 좌우 합작 위원회에 참여하지 않았다.

정답

01 O 02 O 03 X 04 O 05 X
06 O 07 X 08 X 09 O 10 O
11 X 12 X

★ **13** 김구는 광복 직후 안재홍 등과 함께 조선 건국 준비 위원회를 만들었다.
22. 국가 9급 O | X

★ **14** 김구는 모스크바 3국 외상 회의의 결정 사항이 알려지자 신탁 통치 반대 운동을 펼쳤다. 22. 국가 9급 O | X

15 제헌 국회는 한·일 기본 조약 체결에 반대하는 성명을 내놓았다.
22. 국가 9급 O | X

16 제헌 국회는 통일 3대 원칙이 언급된 7·4 남북 공동 성명을 발표하였다.
22. 국가 9급 O | X

17 제헌 국회는 통일 주체 국민 회의에서 대통령을 뽑는다는 내용의 개헌안을 통과시켰다. 22. 국가 9급 O | X

★ **18** 반민족 행위 처벌법은 제헌 국회에서 제정되었다. 22. 지방 9급 O | X

★ **19** 반민족 행위 처벌법은 농지 개혁법이 제정된 후 제정되었다. 22. 지방 9급 O | X

20 반민족 행위 처벌법에 의해 반민특위와 특별 재판부가 구성되었다.
22. 지방 9급 O | X

21 미·소 공동 위원회는 미·소 양측의 의견 차이로 결렬되었다.
21. 지방 9급 O | X

22 미·소 공동 위원회는 유엔 감시하의 총선거로 정부를 수립한다는 결정을 내렸다. 21. 지방 9급 O | X

23 조선 건국 준비 위원회는 조선 인민 공화국의 수립을 선포하였다.
21. 법원 9급 O | X

24 제2차 미·소 공동 위원회 개최~5·10 총선거 사이의 시기에 '삼천만 동포에게 읍고함'이 발표되었다. 21. 법원 9급 O | X

25 안재홍은 한국 민주당 결성을 주도하였다. 21. 경찰 1차 O | X

26 안재홍은 독립 촉성 중앙 협의회의 회장에 추대되었다. 21. 경찰 1차 O | X

27 안재홍은 조선 건국 준비 위원회의 결성에 참여하였다. 21. 경찰 1차 O | X

Self Check ☑

문항	○	×	틀린 이유
13	○	×	
14	○	×	
15	○	×	
16	○	×	
17	○	×	
18	○	×	
19	○	×	
20	○	×	
21	○	×	
22	○	×	
23	○	×	
24	○	×	
25	○	×	
26	○	×	
27	○	×	

오답 확인하기

13 여운형에 대한 설명이다.
15 1964년에 전개된 6·3 시위에 대한 설명이다.
16 7·4 남북 공동 성명이 발표된 것은 1972년 7월의 일이다.
17 1972년에 통과된 유신 헌법에 대한 설명이다.
19 반민족 행위 처벌법은 농지 개혁법 제정 이전인 1948년 9월에 만들어졌다.
22 1947년 11월 유엔 총회에서 결의한 내용이다.
25 송진우·김성수 등에 대한 설명이다.
26 이승만에 대한 설명이다.

정답

13 X 14 O 15 X 16 X 17 X
18 O 19 X 20 O 21 O 22 X
23 O 24 O 25 X 26 X 27 O

Self Check ☑

문항	○	×	틀린 이유
28	○	×	
29	○	×	
30	○	×	
31	○	×	
32	○	×	
33	○	×	
34	○	×	
35	○	×	
36	○	×	
37	○	×	
38	○	×	
39	○	×	
40	○	×	

28 [순서나열] 조선 건국 동맹을 기반으로 조선 건국 준비 위원회가 조직됨. → 민주주의 임시 정부 수립을 논의하기 위해 제1차 미·소 공동 위원회 개최 → 여운형과 김규식은 좌우 합작 위원회를 조직함. → 제헌 국회가 구성되어 헌법을 제정함. 20. 지방 9급 O | X

★ **29** 여운형은 건국 동맹을 결성하여 일제의 패망과 광복에 대비하였다. 20. 국가 7급 O | X

★ **30** 여운형은 김규식과 함께 좌·우 합작 위원회를 조직하여 활동하였다. 20. 국가 7급 O | X

31 여운형은 평양에서 개최된 전조선 제정당 사회단체 연석회의에 참석하였다. 20. 국가 7급 O | X

32 김구는 단독 정부 수립에는 반대하였으나 5·10 총선거에 후보로 출마하였다. 20. 경찰 2차 O | X

33 조선 건국 준비 위원회는 반민족 행위 처벌법에 근거하여 설치되었다. 19. 국가 7급 O | X

34 조선 건국 준비 위원회는 친일 청산 등을 명시한 좌우 합작 7원칙을 결정하였다. 19. 국가 7급 O | X

35 [순서나열] 이승만의 정읍 발언 → 좌·우 합작 7원칙 발표 → 좌·우 합작 위원회와 한민당을 주축으로 남조선 과도 입법 의원 구성 → 제2차 미·소 공동 위원회 재개 → 여운형 암살 19. 상반기 서울시 7급 O | X

★ **36** 카이로 선언은 미국, 영국, 중국의 정상이 모여 회담을 한 후 나온 선언이다. 19. 상반기 서울시 7급 O | X

★ **37** 좌·우 합작 위원회는 여운형과 김규식 등이 주도하였다. 19. 법원 9급 O | X

38 1948년 5월 10일 총선거는 21세 이상 모든 국민에게 투표권이 부여된 우리나라 최초의 보통 선거이며 198명의 제헌 국회 의원이 선출되었다. 19. 경찰간부 O | X

39 이승만은 5·10 총선거에 불참하였다. 18. 국가 9급 O | X

40 이승만은 좌우 합작 7원칙을 지지하였다. 18. 국가 9급 O | X

오답 **확인하기**

31 김구·김규식 등에 대한 설명으로, 여운형의 암살(1947) 이후의 일이다.
32 김구는 단독 정부 수립에 반대했으며, 5·10 총선거에도 출마하지 않았다.
33 반민족 행위 처벌법은 제헌 국회에서 1948년에 제정되었다.
34 1946년 7월에 결성된 좌·우 합작 위원회에 대한 설명이다.
39 이승만은 5·10 총선거에 참여하였다.
40 이승만은 좌우 합작 7원칙을 지지하지 않았다.

정답

28 O 29 O 30 O 31 X 32 X
33 X 34 X 35 O 36 O 37 O
38 O 39 X 40 X

★ **41** 김구는 탁치 반대 국민 총동원 위원회를 조직하였다. 18. 국가 9급 O | X

42 김구는 남조선 과도 입법 의원의 의장을 역임하였다. 18. 국가 9급 O | X

★ **43** 김구는 평양에서 열린 남북 협상 회의에 참석하였다. 18. 지방 9급 O | X

44 김구는 대통령 직선제를 골자로 하는 발췌 개헌안을 국회에 제출하였다. 18. 지방 9급 O | X

45 카이로 선언에서 미국의 루즈벨트 대통령이 20~30년간의 신탁 통치안을 처음으로 제안하였다. 18. 상반기 서울시 7급 O | X

46 [순서나열] '적당한 시기(in due course)'에 한국을 독립시킬 것을 결의하였다. → 조선 건국 동맹이 조직되었다. → 3국 정상들은 독일에 모여 한국의 독립을 재확인하였다. → '한국 문제에 관한 4개항의 결의서'를 결정하였다. 18. 경찰 1차 O | X

47 제헌 헌법에는 농지는 농민에게 분배하며 그 분배의 방법, 소유의 한도, 소유권의 내용과 한계는 법률로써 정한다는 내용이 명시되어 있다. 18. 경찰 2차 O | X

48 제헌 헌법에는 대통령과 부통령은 국민의 보통 · 평등 · 직접 · 비밀선거에 의하여 각각 선출한다는 내용이 명시되어 있다. 18. 경찰 2차 O | X

49 좌우 합작 7원칙에서는 미 · 소 공동 위원회의 속개를 요청하는 공동 성명을 발표하자고 규정하였다. 18. 경찰 3차 O | X

50 반민족 행위 처벌법의 제정은 제헌 헌법에 명시된 사항이었다. 17. 지방 9급 O | X

51 반민족 행위 처벌법은 여수 · 순천 10 · 19 사건 직후에 국회에서 통과되었다. 17. 지방 9급 O | X

52 조소앙은 제헌 국회 의원에 당선되었다. 17. 지방 9급 O | X

★ **53** 건준위(조선 건국 준비 위원회)는 전국에 지부를 건설하고 치안대를 조직하였다. 17. 하반기 국가 7급 O | X

Self Check ☑

문항	○	×	틀린 이유
41	○	×	
42	○	×	
43	○	×	
44	○	×	
45	○	×	
46	○	×	
47	○	×	
48	○	×	
49	○	×	
50	○	×	
51	○	×	
52	○	×	
53	○	×	

제8부

오답 확인하기

42 김규식에 대한 설명이다.
44 이승만에 대한 설명이다.
45 1945년 2월 얄타 회담 때의 일이다.
48 제헌 헌법에서 정 · 부통령은 국회에서 무기명 투표로 선출되었다.
51 여수 · 순천 10 · 19 사건은 반민법 제정 이후에 일어났다.
52 조소앙은 5 · 10 총선거에 불참했기 때문에 제헌 국회 의원에 당선되지 않았다.

정답

41 O 42 X 43 O 44 X 45 X
46 O 47 O 48 X 49 O 50 O
51 X 52 X 53 O

Self Check

문항	○	×	틀린 이유
54	○	×	
55	○	×	
56	○	×	
57	○	×	
58	○	×	
59	○	×	
60	○	×	
61	○	×	
62	○	×	
63	○	×	
64	○	×	
65	○	×	
66	○	×	
67	○	×	

54 김구는 민족 자주 연맹을 결성하여 남북 협상을 주도하였다. 17. 하반기 국가 7급 O | X

55 남조선 과도 입법 의원은 입법 의원 의원 선거법을 제정하였다. 17. 지방 7급 O | X

56 좌우 합작 위원회에서 발표한 좌우 합작 7원칙은 토지 문제와 친일파 처리 문제 등을 중도적 입장에서 조정한 것이었다. 17. 서울시 7급 O | X

★ **57** 좌・우 합작 7원칙 합의~제헌 국회 개원 사이의 시기에 이승만이 '정읍 발언'을 발표하였다. 17. 법원 9급 O | X

★ **58** 좌・우 합작 7원칙 합의~제헌 국회 개원 사이의 시기에 제주에서 4・3 사건이 발생하였다. 17. 법원 9급 O | X

★ **59** 모스크바 3상 회의 결정문에 근거하여 미・소 공동 위원회가 개최되었다. 16. 국가 9급 O | X

60 모스크바 3상 회의 결정문에 근거하여 유엔 감시 하에 남한에서 총선거가 실시되었다. 16. 국가 9급 O | X

61 모스크바 3상 회의 결정문에 근거하여 한반도에서 미군과 소련군의 군정이 시작되었다. 16. 국가 9급 O | X

62 카이로 회담에서 4개국에 의한 최장 5개년의 한반도 신탁 통치를 결정하였다. 16. 국가 7급 O | X

63 카이로 회담은 제2차 세계 대전 중 최초로 한국의 독립을 국제적으로 보장하였다. 16. 국가 7급 O | X

64 여운형은 미군정의 지원을 받은 좌우 합작 위원회에 참가하였다. 16. 지방 7급 O | X

★ **65** 8・15 광복 직후 여운형은 조선 건국 동맹을 조직하였다. 15. 지방 9급 O | X

★ **66** 김구는 한국 민주당을 결성하여 미군정에 적극적으로 참여하였다. 14. 지방 9급 O | X

67 김구는 미국에서 귀국한 후 독립 촉성 중앙 협의회를 구성하였다. 14. 지방 9급 O | X

오답 확인하기

54 김규식에 대한 설명이다.
57 정읍 발언 발표는 1946년 6월의 일로, 좌・우 합작 7원칙 합의 이전이다.
60 유엔 총회의 임시 위원회의 결정에 따라 남한에서 총선거가 실시되었다.
61 미・소 군정이 실시된 것은 모스크바 3상 회의 이전인 1945년 9월의 일이다.
62 모스크바 3상 회의에 대한 설명이다.
65 1944년의 일이다.
66 송진우, 김성수 등에 대한 설명이다.
67 이승만에 대한 설명이다.

정답

54 X 55 O 56 O 57 X 58 O
59 O 60 X 61 X 62 X 63 O
64 O 65 X 66 X 67 X

68 8·15 광복 직후 모스크바 3상 회의에서 한반도 문제가 논의되었다.

15. 지방 9급 O | X

69 5·10 총선거를 통해 선출된 국회 의원의 임기는 2년이었다.

15. 서울시 7급 O | X

70 우익 세력은 신탁 통치 반대 운동을 하였다. 12. 지방 9급 O | X

71 [순서나열] 카이로 회담 → 얄타 회담 → 건국 준비 위원회 결성 → 1차 미·소 공동 위원회 → 제주도 4·3 사건 12. 경찰 3차 O | X

72 모스크바 3상 회의 이후 공동 위원회에서 소련은 표현의 자유를 내세워 모든 단체의 회담 참여를 주장하였다. 11. 국가 9급 O | X

★ **73** 모스크바 3상 회의에서 미국은 한국의 즉시 독립을, 소련은 4개국 신탁 통치를 제안하였다. 10. 지방 9급·7급 O | X

테마 2 6·25 전쟁

기출필수코드 38

01 6·25 전쟁 중 국군과 유엔군이 인천 상륙 작전을 감행하였다.

23. 지방 9급 O | X

★ **02** 6·25 전쟁 중 대통령 직선제를 포함한 발췌 개헌안이 국회에서 통과되었다.

23. 지방 9급 O | X

03 6·25 전쟁 중 이승만 정부가 북한 송환을 거부하는 반공 포로를 석방하였다.

23. 지방 9급 O | X

04 6·25 전쟁 중 미국이 한반도를 미국의 태평양 지역 방위선에서 제외한다는 애치슨 선언을 발표하였다. 23. 지방 9급 O | X

05 6·25 전쟁 발발 이후부터 정전 협정 체결 사이에 초대 대통령에 한하여 중임 제한을 철폐하는 개헌안이 관철되었다. 20. 지방 7급 O | X

06 정전 회담의 주요 쟁점은 군사 분계선 설정 문제, 포로 교환 문제 등이었다.

18. 경찰 2차 O | X

Self Check ☑

문항	○	×	틀린 이유
68	○	×	
69	○	×	
70	○	×	
71	○	×	
72	○	×	
73	○	×	
01	○	×	
02	○	×	
03	○	×	
04	○	×	
05	○	×	
06	○	×	

오답 확인하기

72 미·소 공동 위원회에서 '미국'이 주장한 내용이다.

73 미국은 '4개국 신탁 통치'를, 소련은 '임시 정부 수립안'을 제안하였다.

04 미국이 애치슨 선언을 발표한 것은 6·25 전쟁 발발 이전인 1950년 1월의 일이다.

05 정전 협정 체결 이후인 1954년의 일이다.

정답

68 O 69 O 70 O 71 O 72 X 73 X

01 O 02 O 03 O 04 X 05 X 06 O

Self Check ☑

문항	○	×	틀린 이유
07	○	×	
08	○	×	
09	○	×	
10	○	×	
11	○	×	
12	○	×	
13	○	×	
14	○	×	
01	○	×	
02	○	×	
03	○	×	
04	○	×	
05	○	×	

★ **07** 제헌 헌법이 적용되던 시기에, 판문점에서 휴전 협정이 체결되었다.
17. 지방 9급 O | X

08 서울 수복과 1·4 후퇴 사이에 대규모 해상 작전인 흥남 철수가 이루어졌다.
17. 국가 7급 O | X

09 서울 수복과 1·4 후퇴 사이에 맥아더 장군이 유엔군 총사령관직에서 해임되었다.
17. 국가 7급 O | X

10 개성과 판문점 등지에서 휴전 회담이 진행되었다. 15. 국가 7급 O | X

11 휴전 회담에서 공산군 측은 38도선을 경계로 휴전할 것을 요구하였다.
15. 국가 7급 O | X

★ **12** 휴전 회담에서 유엔군 측은 제네바 협정에 따른 포로의 자동 송환을 주장하였다.
15. 국가 7급 O | X

13 휴전 협정이 체결되고 같은 해 한·미 상호 방위 조약이 체결되었다.
10. 국가 7급 O | X

★ **14** 휴전 협정이 체결되자 이승만은 거제도에 수용되어 있던 반공 포로들을 석방하였다.
10. 국가 7급 O | X

테마 3 민주주의의 시련과 발전

기출필수코드 39

★ **01** 박정희 정부는 대통령 직선제 개헌을 추진하였다. 23. 국가 9급 O | X

02 박정희 정부는 3·1 민주 구국 선언을 발표하였다. 23. 국가 9급 O | X

03 박정희 정부는 반민족 행위 특별 조사 위원회를 구성하였다. 23. 국가 9급 O | X

04 박정희 정부는 베트남 파병에 필요한 조건을 명시한 브라운 각서를 체결하였다.
23. 국가 9급 O | X

05 4·19 혁명 때 대학 교수단 4·25 선언문이 발표되었다. 22. 지방 9급 O | X

오답 확인하기

07 휴전 협정 체결은 1차 개헌(발췌 개헌)이 적용될 때의 일이다.
09 맥아더는 1·4 후퇴 이후인 1951년 4월에 사령관직에서 해임되었다.
12 유엔군 측은 포로의 '자유' 송환을 주장하였다.
14 이승만이 반공 포로들을 석방한 것은 휴전 협정 체결 직전의 일이다.

01 이승만 정부 때(1952년 1차 개헌)와 1980년대 후반 전두환 정부 때(1987년 6월 민주 항쟁)의 일이다.
02 1976년 재야 민주 인사들이 명동 성당에서 발표한 것이다.
03 이승만 정부 때의 일이다.

정답

07 X 08 O 09 X 10 O 11 O 12 X 13 O 14 X

01 X 02 X 03 X 04 O 05 O

★ **06** 유신 헌법에는 대통령은 국회를 해산할 수 있다고 규정되어 있다.
22. 지방 9급 O | X

★ **07** 유신 헌법에는 대통령의 임기는 7년으로 하며, 중임할 수 없다고 규정되어 있다.
22. 지방 9급 O | X

08 유신 헌법에는 대법원장은 대통령이 국회의 동의를 얻어 임명한다고 규정되어 있다.
22. 지방 9급 O | X

09 유신 헌법에는 대통령은 국정 전반에 걸쳐 필요한 긴급조치를 할 수 있다고 규정되어 있다.
22. 지방 9급 O | X

10 노태우 정부 시기에 남북한 동시 유엔(UN) 가입, 서울 올림픽 개최 등의 사실이 있었다.
22. 서울 9급 O | X

11 노태우 정부 시기에 금융 실명제 실시, 6·29 선언 등의 사실이 있었다.
22. 서울 9급 O | X

12 [순서나열] 부·마 민주 항쟁 → 3·1 민주 구국 선언 → 5·18 민주화 운동 → 6월 민주 항쟁
22. 소방직 O | X

13 유신 헌법이 시행 중인 시기에 부·마 민주 항쟁이 일어났다.
21. 국가 9급 O | X

14 유신 헌법이 시행 중인 시기에 국민 교육 헌장을 선포하였다.
21. 국가 9급 O | X

15 유신 헌법이 시행 중인 시기에 한·일 협정 체결을 반대하는 6·3 시위가 있었다.
21. 국가 9급 O | X

★ **16** 4·19 혁명 발발부터 유신 헌법 공포 사이에 7·4 남북 공동 성명이 발표되었다.
21. 지방 9급 O | X

17 4·19 혁명 발발부터 유신 헌법 공포 사이에 5·18 민주화 운동이 일어났다.
21. 지방 9급 O | X

18 사사오입 개헌이 이루어진 정부 시기에 진보당 사건으로 조봉암을 처형하였다.
21. 법원 9급 O | X

Self Check ☑

문항	○	×	틀린 이유
06	○	×	
07	○	×	
08	○	×	
09	○	×	
10	○	×	
11	○	×	
12	○	×	
13	○	×	
14	○	×	
15	○	×	
16	○	×	
17	○	×	
18	○	×	

제8막

오답 확인하기

07 1980년 8차 개헌에 대한 설명이다.
11 금융 실명제 실시는 김영삼 정부 때의 일이고, 6·29 선언 발표는 전두환 정부 때의 일이다.
12 3·1 민주 구국 선언 → 부·마 민주 항쟁 → 5·18 민주화 운동 → 6월 민주 항쟁
14 유신 헌법 제정 이전인 1968년의 일이다.
15 유신 헌법 제정 이전인 1964년의 일이다.
17 유신 헌법 공포 이후인 1980년의 일이다.

정답

06 O 07 X 08 O 09 O 10 O
11 X 12 X 13 O 14 X 15 X
16 O 17 X 18 O

Self Check ☑

문항	○	×	틀린 이유
19	○	×	
20	○	×	
21	○	×	
22	○	×	
23	○	×	
24	○	×	
25	○	×	
26	○	×	
27	○	×	
28	○	×	
29	○	×	
30	○	×	
31	○	×	

★ **19** 사사오입 개헌이 이루어진 정부 시기에 지방 자치제를 전면적으로 실시하였다.
21. 법원 9급 O | X

20 8차 개정 헌법에 따라 통일 주체 국민 회의에서 대통령을 선출하였다.
21. 법원 9급 O | X

21 유신 헌법이 적용된 시기에 고위 공무원의 재산 등록을 의무화하였다.
21. 소방직 O | X

22 3차 개헌은 임시 수도 부산에서 개정되었다. 20. 지방 9급 O | X

★ **23** 3차 개헌은 '사사오입'의 논리로 통과되었다. 20. 지방 9급 O | X

24 사사오입 개헌안은 대통령이 국회 의원의 3분의 1을 직접 지명하도록 규정하였다.
19. 지방 7급 O | X

25 사사오입 개헌안에는 대통령 선거인단에 의한 간접 선거로 대통령을 선출한다는 조항을 두었다. 19. 지방 7급 O | X

★ **26** 사사오입 개헌안에는 당시 재임 중인 대통령에 대해서는 중임 제한 규정을 적용하지 않는다는 내용이 있었다. 19. 지방 7급 O | X

27 서울대학교 문리대 선언문 발표 이후 이승만 대통령이 하야하였다.
19. 서울시 9급 O | X

28 [순서나열] 대통령과 부통령을 직선, 임기는 4년 → 대통령을 통일 주체 국민 회의에서 선출, 임기는 6년 → 대통령을 대통령 선거인단에서 선출, 임기는 7년 → 대통령을 직선으로 선출, 임기는 5년 19. 상반기 서울시 7급 O | X

29 4·19 혁명 때 경무대를 향해 돌진하던 시위대에 경찰이 총격을 가하였다.
19. 상반기 서울시 7급 O | X

30 4·19 혁명 때 서울의 봄이라고 불리는 대규모 학생 시위가 벌어졌다.
19. 상반기 서울시 7급 O | X

31 유신 헌법이 시행된 시기에 방직 회사인 YH 무역의 여성 노동자들이 신민당사에서 농성을 벌였다. 19. 경찰 1차 O | X

오답 **확인하기**

19 1990년대 김영삼 정부가 추진한 정책에 대한 설명이다.
20 8차 개정 헌법에 따라 대통령 선거인단이 대통령을 간접 선출하였다.
21 1990년대 김영삼 정부 때의 일이다.
22 1952년 발췌 개헌(1차 개헌)은 임시 수도인 부산에서 통과되었다.
23 1954년 사사오입 개헌(2차 개헌)에 대한 설명이다.
24 1972년에 제정된 유신 헌법에 대한 설명이다.
25 1980년에 제정된 8차 헌법에 대한 설명이다.
30 서울의 봄은 1980년 5월에 전개되었다.

정답

19 X 20 X 21 X 22 X 23 X
24 X 25 X 26 O 27 O 28 O
29 O 30 X 31 O

32 김영삼 대통령 집권 시기에 부동산 실명제를 실시하였다. 19. 경찰간부 O | X

★ 33 정부가 4·13 조치로 대통령 직선제 요구를 거부한 것은 6월 민주 항쟁의 원인이 되었다. 18. 교육행정 O | X

34 제4공화국 시기에 통일 주체 국민 회의 대의원들의 간접 선거로 대통령이 선출되었다. 18. 서울시 7급 O | X

35 정전 협정과 이승만 하야 선언 사이의 시기에 임시 수도 부산에서 자유당을 창당하였다. 17. 하반기 국가 7급 O | X

36 정전 협정과 이승만 하야 선언 사이의 시기에 점령지 구호(GARIOA) 원조가 전개되었다. 17. 하반기 국가 7급 O | X

★ 37 [순서나열] 5·16 군사 정변 → 4·19 혁명 → 3·1 민주 구국 선언 → 10월 유신 → 5·18 민주화 운동 → 6·29 민주화 선언 17. 서울시 7급 O | X

38 4·19 혁명은 유신 체제에 대한 저항이었다. 17. 법원 9급 O | X

39 4·19 혁명으로 인해 신군부가 권력을 장악하게 되었다. 17. 법원 9급 O | X

★ 40 6월 민주 항쟁은 대통령이 하야하는 계기가 되었다. 17. 법원 9급 O | X

★ 41 4·19 혁명과 6월 민주 항쟁의 결과로 헌법이 개정되었다. 17. 법원 9급 O | X

42 제헌 헌법은 임기 4년의 대통령을 국회에서 간접 선거로 선출하고, 국회는 단원제로 구성하는 것을 내용으로 하였다. 17. 경기 북부 여경 O | X

★ 43 3차 개헌은 내각 책임제와 양원제 국회를 구성하는 것을 내용으로 하였다. 17. 경기 북부 여경 O | X

★ 44 김영삼 정부는 중국, 소련과 국교를 맺었다. 16. 교육행정 O | X

45 김영삼 정부는 경제 협력 개발 기구(OECD)에 가입하였다. 16. 교육행정 O | X

46 김영삼 정부 때 한·일 국교를 정상화하였다. 16. 법원 9급 O | X

★ 47 김영삼 정부 때 지방 자치제를 전면 실시하였다. 16. 법원 9급 O | X

Self Check

문항	O	×	틀린 이유
32	O	×	
33	O	×	
34	O	×	
35	O	×	
36	O	×	
37	O	×	
38	O	×	
39	O	×	
40	O	×	
41	O	×	
42	O	×	
43	O	×	
44	O	×	
45	O	×	
46	O	×	
47	O	×	

제8막

오답 확인하기

35 자유당 창당(1951)은 정전 협정 체결 이전의 일이다.

36 정전 협정 체결 이전인 1945년 9월에 점령지 구호 원조가 전개되었다.

37 4·19 혁명 → 5·16 군사 정변 → 10월 유신 → 3·1 민주 구국 선언 → 5·18 민주화 운동 → 6·29 민주화 선언

38 유신 체제에 저항한 민주화 운동으로는 3·1 민주 구국 선언, 부·마 항쟁 등이 있다.

39 12·12 사태(1979)에 대한 설명이다.

40 4·19 혁명에 대한 설명이다.

44 노태우 정부 때의 일이다.

46 한·일 국교 정상화(1965)는 박정희 정부 때 시행되었다.

정답

32 O 33 O 34 O 35 X 36 X
37 X 38 X 39 X 40 X 41 O
42 O 43 O 44 X 45 O 46 X
47 O

Self Check ☑

문항	○	×	틀린 이유
48	○	×	
49	○	×	
50	○	×	
51	○	×	
52	○	×	
53	○	×	
54	○	×	
55	○	×	
56	○	×	
01	○	×	
02	○	×	
03	○	×	

48 김영삼 정부 때 국가 보위 비상 대책 위원회를 구성하였다. 16. 법원 9급 O | X

★ **49** 3 · 15 부정 선거는 4 · 19 혁명 발발의 중요한 계기가 되었다. 15. 서울시 9급 O | X

50 3 · 15 부정 선거는 이승만의 대통령 당선 가능성이 높은 상황에서 실시되었다. 15. 서울시 9급 O | X

51 4 · 19 혁명 이후 과도 정부가 출범하고, 내각 책임제와 양원제를 골자로 하는 헌법으로 개정되었다. 14. 국가 9급 O | X

★ **52** 6월 민주 항쟁의 결과 5년 단임의 대통령 직선제 개헌이 이루어졌다. 13. 국가 9급 O | X

53 6월 민주 항쟁으로 대통령의 중임 제한을 없애고 간선제를 골자로 하는 헌법을 제정하였다. 13. 국가 9급 O | X

54 이승만이 하야 성명을 발표한 후 허정을 수반으로 하는 과도 정부가 수립되었다. 11. 지방 9급 O | X

55 4 · 19 혁명 이후 총선거 결과 민주당의 윤보선과 장면이 각각 대통령과 국무총리에 선임되었다. 11. 지방 9급 O | X

★ **56** [순서나열] 유신 헌법 공포 → 3선 개헌 → 10 · 26 사태 → 5 · 18 민주화 운동 → 6월 민주 항쟁 11. 지방 7급 O | X

테마 4 통일 정책

기출필수코드 40

★ **01** 유신 헌법이 시행 중인 시기에 7 · 4 남북 공동 성명이 발표되었다. 21. 국가 9급 O | X

02 7 · 4 남북 공동 선언과 남북 기본 합의서 발표 사이에 최초로 금강산 관광이 시작되었다. 20. 법원 9급 O | X

★ **03** 7 · 4 남북 공동 선언과 남북 기본 합의서 발표 사이에 남북한이 동시에 유엔에 가입하였다. 20. 법원 9급 O | X

오답 확인하기

48 국가 보위 비상 대책 위원회는 전두환 정권 때 구성되었다.
53 유신 헌법에 대한 내용이다. 6월 민주 항쟁의 결과 직선제를 골자로 하는 헌법을 제정하였다.
56 3선 개헌 → 유신 헌법 공포 → 10 · 26 사태 → 5 · 18 민주화 운동 → 6월 민주 항쟁

01 유신 헌법 제정 직전인 1972년 7월의 일이다.
02 현대 그룹의 주도로 해로를 통해 금강산 관광이 최초로 시작된 것은 1998년의 일이다.

정답

48 X 49 O 50 O 51 O 52 O
53 X 54 O 55 O 56 X

01 X 02 X 03 O

04 7·4 남북 공동 선언과 남북 기본 합의서 발표 사이에 남북한이 비핵화 공동 선언을 체결하였다. 20. 법원 9급 O | X

05 [순서나열] 4·27 판문점 선언 → 7·4 남북 공동 성명 → 남북 기본 합의서 → 6·15 남북 공동 선언 19. 경찰 1차 O | X

06 7·4 남북 공동 성명서는 남북 기본 합의서와 동시에 작성된 문서이다. 18. 지방 9급 O | X

★ **07** 7·4 남북 공동 성명서에는 남북 조절 위원회를 구성하기로 합의한 내용이 담겨 있다. 18. 지방 9급 O | X

★ **08** 7·4 남북 공동 성명서는 분단 후 최초로 열린 남북 정상 회담의 결과로 발표된 성명서이다. 18. 지방 9급 O | X

09 7·4 남북 공동 성명~남북 기본 합의서 발표 사이에 4·19 혁명이 발발하였다. 18. 국가 7급 O | X

★ **10** 7·4 남북 공동 성명~남북 기본 합의서 발표 사이에 금융 실명제가 실시되었다. 18. 국가 7급 O | X

11 7·4 남북 공동 성명~남북 기본 합의서 발표 사이에 5·18 민주화 운동이 발발하였다. 18. 국가 7급 O | X

★ **12** 김영삼 정부 때 남북 기본 합의서를 체결하였다. 17. 하반기 국가 9급 O | X

13 노무현 정부 때 10·4 남북 공동 선언을 체결하였다. 17. 하반기 국가 9급 O | X

★ **14** 8차 개헌이 적용되던 시기에, 남한과 북한은 함께 유엔에 가입하였다. 17. 지방 9급 O | X

15 7차 개헌이 적용되던 시기에, 민족 통일을 위한 남북 공동 성명이 발표되었다. 17. 지방 9급 O | X

★ **16** [순서나열] 남북이 유엔에 동시 가입하였다. → '남북 사이의 화해와 불가침 및 교류·협력에 관한 합의서'가 체결되었다. → 북한 핵시설 동결과 경수로 발전소 건설 지원 등을 명시한 '북·미 제네바 기본 합의서'가 채택되었다. → 분단 후 처음으로 금강산 관광 사업이 실현되었다. 17. 하반기 지방 9급 O | X

Self Check

문항	O	×	틀린 이유
04	O	×	
05	O	×	
06	O	×	
07	O	×	
08	O	×	
09	O	×	
10	O	×	
11	O	×	
12	O	×	
13	O	×	
14	O	×	
15	O	×	
16	O	×	

오답 확인하기

04 남북 기본 합의서 채택 직후에 남북한은 한반도 비핵화에 관한 공동 선언을 체결하였다.
05 7·4 남북 공동 성명 → 남북 기본 합의서 → 6·15 남북 공동 선언 → 4·27 판문점 선언
06 '한반도 비핵화에 관한 공동 선언'에 대한 설명이다.
08 6·15 남북 공동 선언에 대한 설명이다.
09 4·19 혁명은 1960년에 발발하였다.
10 금융 실명제는 1993년 김영삼 정부 때 시행되었다.
12 노태우 정부 때 체결하였다.
14 남북한 유엔 동시 가입은 9차 개헌이 적용될 때의 일이다.
15 남북 공동 성명이 발표된 것은 7차 개헌 직전의 일이다.

정답

04 X 05 X 06 X 07 O 08 X
09 X 10 X 11 O 12 X 13 O
14 X 15 X 16 O

Self Check

문항	○	×	틀린 이유
17	○	×	
18	○	×	
19	○	×	
20	○	×	
21	○	×	
22	○	×	
23	○	×	
24	○	×	

17 '남북 기본 합의서' 채택 이후 이산가족의 고향 방문이 시작되었다.
17. 교육행정 O | X

★ **18** '남북 기본 합의서' 채택 이후 남북이 동시에 유엔 회원국이 되었다.
17. 교육행정 O | X

19 평양에서 남북 정상 회담(2000년, 2007년)이 개최되었다. 16. 법원 9급 O | X

★ **20** 6·15 남북 공동 선언 이후 경의선 복구 사업이 추진되었다. 15. 교육행정 O | X

21 남북 기본 합의서는 남북 불가침을 위한 남북 군사 공동 위원회 설치를 명시하였다.
14. 국가 7급 O | X

★ **22** 7·4 남북 공동 성명 발표 이후 남북 조절 위원회가 설치되었다.
13. 지방 9급 O | X

23 7·4 남북 공동 성명의 결과로 경의선 및 동해선 철도가 연결되었다.
13. 지방 9급 O | X

★ **24** 1972년 7·4 남북 공동 성명에서 자주적, 평화적, 민족대단결의 통일 원칙에 합의하였다.
10. 서울시 9급 O | X

오답 확인하기

17 1985년의 사실이다.
18 남북 기본 합의서 발표 이전인 1991년 9월의 일이다.
23 6·15 남북 공동 선언 이후의 일이다.

정답

17 X 18 X 19 O 20 O 21 O
22 O 23 X 24 O

CHAPTER 02 현대의 경제 · 사회 · 문화

테마 1 현대의 경제 · 사회 · 문화 기출필수코드 57

01 남한의 농지 개혁법은 한국 민주당과 지주층의 반발로 중단되었다. 24. 지방 9급 O | X

02 남한의 농지 개혁법에 따라 주택 개량, 도로 및 전기 확충 등도 추진하였다. 24. 지방 9급 O | X

03 남한의 농지 개혁법은 유상 매수, 유상 분배의 방식으로 시행되었다. 24. 지방 9급 O | X

04 남한의 농지 개혁법은 자작농이 감소하고 소작농이 증가하는 결과를 낳았다. 24. 지방 9급 O | X

05 이승만 정부 때 한·미 원조 협정을 체결하였다. 21. 국가 9급 O | X

★06 이승만 정부는 농지 개혁에 따른 지가증권을 발행하였다. 21. 국가 9급 O | X

★07 이승만 정부는 제분, 제당, 면방직 등 삼백 산업을 적극 지원하였다. 21. 국가 9급 O | X

08 이승만 정부는 제1차 경제 개발 5개년 계획을 추진하였다. 21. 국가 9급 O | X

09 장면 내각 시기에 화폐 개혁이 단행되었다. 21. 경찰 1차 O | X

10 장면 내각 시기에 주민등록증 발급이 시작되었다. 21. 경찰 1차 O | X

★11 2차 석유 파동~경제 협력 개발 기구 가입 사이에 저금리, 저유가, 저달러의 3저 호황을 경험하였다. 20. 국가 9급 O | X

12 2차 석유 파동~경제 협력 개발 기구 가입 사이에 베트남 파병을 시작하고 브라운 각서를 체결하였다. 20. 국가 9급 O | X

Self Check ☑

문항	○	×	틀린 이유
01	○	×	
02	○	×	
03	○	×	
04	○	×	
05	○	×	
06	○	×	
07	○	×	
08	○	×	
09	○	×	
10	○	×	
11	○	×	
12	○	×	

오답 확인하기

01 한국 민주당과 지주층의 반발이 아니라 6·25 전쟁으로 중단되었다.

02 1970년대에 추진된 새마을 운동에 대한 설명이다.

04 자작농이 증가하고 소작농이 감소하는 결과를 낳았다.

08 장면 내각에서 경제 개발 5개년 계획을 수립하였고, 박정희 군정 때인 1962년 1차 경제 개발 5개년 계획이 실제로 시행되었다.

09 박정희 군정 시기인 1962년에 실시되었다.

10 박정희 정부 때인 1968년 1·21 사건(김신조 사건)을 계기로 주민등록증 발급이 시작되었다.

12 1960년대의 일로, 2차 석유 파동 이전이다.

정답

01 X 02 X 03 O 04 X 05 O
06 O 07 O 08 X 09 X 10 X
11 O 12 X

제8막

Self Check ☑

문항	○	×	틀린 이유
13	○	×	
14	○	×	
15	○	×	
16	○	×	
17	○	×	
18	○	×	
19	○	×	
20	○	×	
21	○	×	
22	○	×	
23	○	×	
24	○	×	
25	○	×	
26	○	×	

13 2차 석유 파동~경제 협력 개발 기구 가입 사이에, 일본과 대일 청구권 문제에 합의하고 한·일 기본 조약을 체결하였다. 20. 국가 9급 O | X

★ **14** 농지 개혁법의 대상에는 농지 이외 임야도 포함되었다. 19. 지방 9급 O | X

15 농지 개혁법에 따라 중앙 토지 행정처가 분배 업무를 주무하였다. 19. 지방 9급 O | X

★ **16** 농지 개혁법에 따라 농지를 분배받은 농민은 평년 생산량의 30%를 5년간 상환하였다. 19. 지방 9급 O | X

17 베트남 파병은 한·미 상호 방위 원조 협정을 체결하는 계기가 되었다. 19. 지방 9급 O | X

18 1960년대에 귀속 재산 처리법을 공포하였다. 19. 상반기 서울시 9급 O | X

★ **19** 1970년대 중화학 공업을 적극 육성하였다. 19. 법원 9급 O | X

20 김종필·오히라 메모~브라운 각서 체결 사이에, 마산에 수출 자유 지역이 건설되었다. 18. 국가 9급 O | X

21 김종필·오히라 메모~브라운 각서 체결 사이에, 경부 고속 국도가 개통되었다. 18. 국가 9급 O | X

22 '덮어 놓고 낳다 보면 거지꼴을 못 면한다' 표어 시기에 군사 정부가 경제 개발 5개년 계획을 추진하였다. 17. 하반기 국가 9급 O | X

23 '딸 아들 구별 말고 둘만 낳아 잘 기르자' 표어 시기에 유신 체제가 성립되었고, 2차례의 오일 쇼크와 중화학 공업 과잉 중복 투자에 따른 경제 불황이 있었다. 17. 하반기 국가 9급 O | X

24 '잘 키운 딸 하나 열 아들 안 부럽다' 표어 시기에 6월 민주 항쟁과 저금리, 저유가, 저달러의 3저 호황이 있었다. 17. 하반기 국가 9급 O | X

25 미군정기에는 미국식 민주주의 교육과 6-3-3학제가 도입되었다. 17. 지방 9급 O | X

26 1950년대에는 경제적 어려움 속에서도 초등학교 의무 교육제가 시행되었다. 17. 지방 9급 O | X

오답 확인하기

13 2차 석유 파동 이전인 1965년의 일이다.
14 남한의 농지 개혁은 임야와 산림을 제외한 농지를 대상으로 하였다.
15 미군정은 1948년 신한 공사를 해체하고 중앙 토지 행정처를 설치하여 귀속 농지의 매각을 담당하도록 하였다.
17 한·미 상호 방위 원조 협정을 체결한 것은 1950년 1월의 일이다.
18 귀속 재산 처리법 공포는 1949년의 사실이다.
20 마산은 브라운 각서 체결 이후인 1970년에 수출 자유 지역으로 선정되었다.
21 경부 고속 국도는 브라운 각서 체결 이후인 1970년에 개통되었다.

정답

13 X 14 X 15 X 16 O 17 X
18 X 19 O 20 X 21 X 22 O
23 O 24 O 25 O 26 O

★ **27** 1960년대에는 입시 과열을 막기 위해 중학교 무시험 추첨제가 도입되었다. 17. 지방 9급 O | X

★ **28** 1970년대에는 국가주의 이념을 강조한 국민 교육 헌장이 제정되었다. 17. 지방 9급 O | X

★ **29** 농지 개혁법에 따라 신한 공사를 설립해 귀속 농지를 관리하도록 하였다. 17. 교육행정 O | X

★ **30** 농지 개혁법에 따라 지주로부터 농지를 매입하고 지가 증권을 발행하였다. 17. 교육행정 O | X

31 1990년대 대학 수학 능력 시험이 실시되었다. 17. 지방 7급 O | X

★ **32** 노태우 정부 때 금융 실명제가 전면 실시되었다. 17. 서울시 9급 O | X

33 남한의 농지 개혁법 시행 결과 소작지가 크게 줄어들고 자작지가 늘어났다. 16. 지방 9급 O | X

★ **34** 남한의 농지 개혁법 시행 결과 지주 소유 토지를 몰수하여 농민에게 무상으로 분배하였다. 16. 지방 9급 O | X

★ **35** 농지 개혁법은 유상 매수, 유상 분배를 원칙으로 하였다. 15. 사회복지 O | X

★ **36** 농지 개혁에서 호당 3정보 이하 농지는 매수 대상에서 제외하였다. 15. 국가 7급 O | X

37 1970년대 연간 대외 수출액이 100억 달러를 넘어섰다. 15. 국가 7급 O | X

★ **38** 1980년대 저금리 · 저유가 · 저달러의 3저 현상으로 호황을 맞이하였다. 15. 국가 7급 O | X

★ **39** 1990년대 경제 협력 개발 기구(OECD)에 가입하였다. 15. 국가 7급 O | X

40 이승만 정부는 귀속 재산 처리법에 따라 일본인이 소유했던 재산과 공장 등을 민간인에게 불하하였다. 14. 지방 7급 O | X

Self Check ☑

문항	○	×	틀린 이유
27	○	×	
28	○	×	
29	○	×	
30	○	×	
31	○	×	
32	○	×	
33	○	×	
34	○	×	
35	○	×	
36	○	×	
37	○	×	
38	○	×	
39	○	×	
40	○	×	

오답 확인하기

28 국민 교육 헌장은 1968년에 제정되었다.
29 신한 공사는 일본의 소유였던 재산(토지 등)을 처리하는 기구였다.
32 김영삼 정부에 대한 설명이다.
34 남한의 농지 개혁은 유상 매입, 유상 분배를 원칙으로 하였다.

정답

27 O 28 X 29 X 30 O 31 O
32 X 33 O 34 X 35 O 36 O
37 O 38 O 39 O 40 O

MEMO

노범석

주요 약력

박문각 공무원 한국사 온라인, 오프라인 전임교수
전) EBS 공무원 한국사 강사
전) KG패스원 공무원 한국사 전임교수
전) 강남구청 인터넷수능방송 강사
전) 두로경찰간부학원 한국사 교수
전) 을지대학교 한국사 특강 교수

주요 저서

2025 박문각 공무원 노범석 한국사 기본서
2025 박문각 공무원 노범석 한국사 필기노트
2025 박문각 공무원 노범석 한국사 기출문제 1100제
2025 박문각 공무원 노범석 한국사 기필코 단원별 실전문제
2025 박문각 공무원 노범석 한국사 기선제압 OX
2025 박문각 공무원 노범석 한국사 적중동형 국가직·지방직 봉투모의고사 Vol.1
2024 박문각 공무원 입문서 시작! 노범석 한국사
박문각 한국사능력검정시험 노범석 원샷 한능검 심화 1/2/3급

노범석 한국사 ✧✦ 기선제압 OX

초판 인쇄 | 2025. 2. 20. **초판 발행** | 2025. 2. 25. **편저** | 노범석
발행인 | 박 용 **발행처** | (주)박문각출판 **등록** | 2015년 4월 29일 제2019-000137호
주소 | 06654 서울시 서초구 효령로 283 서경 B/D 4층 **팩스** | (02)584-2927
전화 | 교재 문의 (02)6466-7202

저자와의 협의하에 인지생략

정가 20,000원
ISBN 979-11-7262-604-4